北京大學中國語言學研究中心

早期北京話珍稀文獻集成
主編 劉雲
日本北京話教科書匯編
分卷主編 陳穎 陳曉

官話指南·改訂官話指南

[日]吴啓太 [日]鄭永邦 編著
孙文舫 校注

国家出版基金项目
NATIONAL PUBLICATION FOUNDATION

北京大学出版社
PEKING UNIVERSITY PRESS

圖書在版編目 (CIP) 數據

官話指南·改訂官話指南/（日）吴啓太、（日）鄭永邦編著；孙文訪校注．—北京：北京大學出版社，2018.7

（早期北京話珍本典籍校釋與研究）

ISBN 978-7-301-29681-3

Ⅰ．①官… Ⅱ．①吴… ②鄭… ③孙… Ⅲ．①北京話—史料②北京話—對外漢語教學—教材 Ⅳ．① H172.1

中國版本圖書館 CIP 數據核字（2018）第 149100 號

書　　名	官話指南·改訂官話指南 GUANHUA ZHINAN·GAIDING GUANHUA ZHINAN
著作責任者	［日］吴啓太　［日］鄭永邦　編著　孙文訪　校注
責任編輯	路冬月　宋立文
標準書號	ISBN 978-7-301-29681-3
出版發行	北京大學出版社
地　　址	北京市海淀區成府路 205 號　100871
網　　址	http://www.pup.cn　　新浪微博：@ 北京大學出版社
電子信箱	zpup@pup.cn
電　　話	郵購部 62752015　發行部 62750672　編輯部 62753374
印 刷 者	北京虎彩文化傳播有限公司
經 銷 者	新華書店
	720 毫米 ×1020 毫米　16 開本　20.75 印張　329 千字
	2018 年 7 月第 1 版　2018 年 7 月第 1 次印刷
定　　價	86.00 元

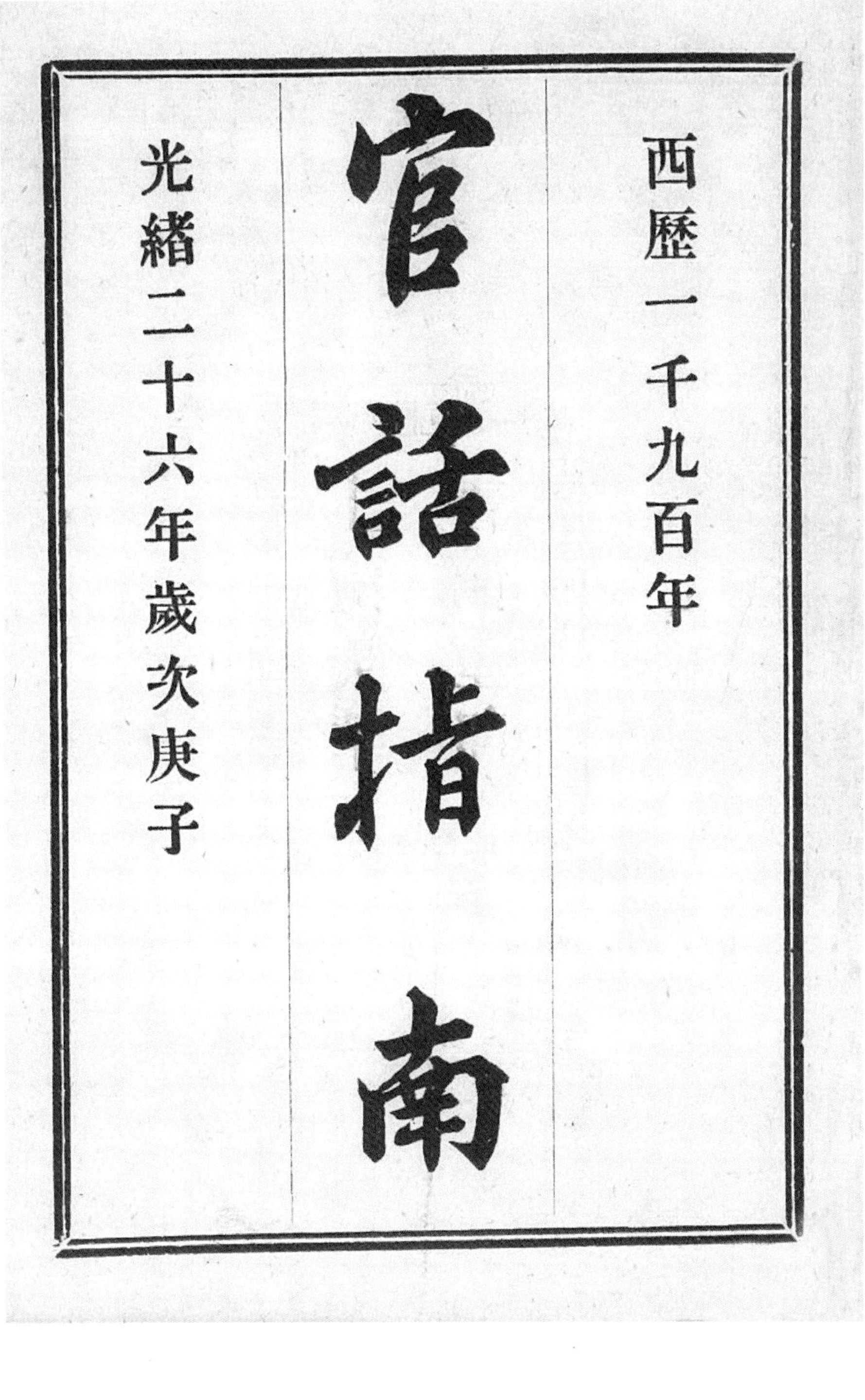
西歷一千九百年

官話指南

光緒二十六年歲次庚子

《官話指南》書影（來源：日本關西大學アジア文化研究センター鱒澤彰夫氏寄贈圖書）

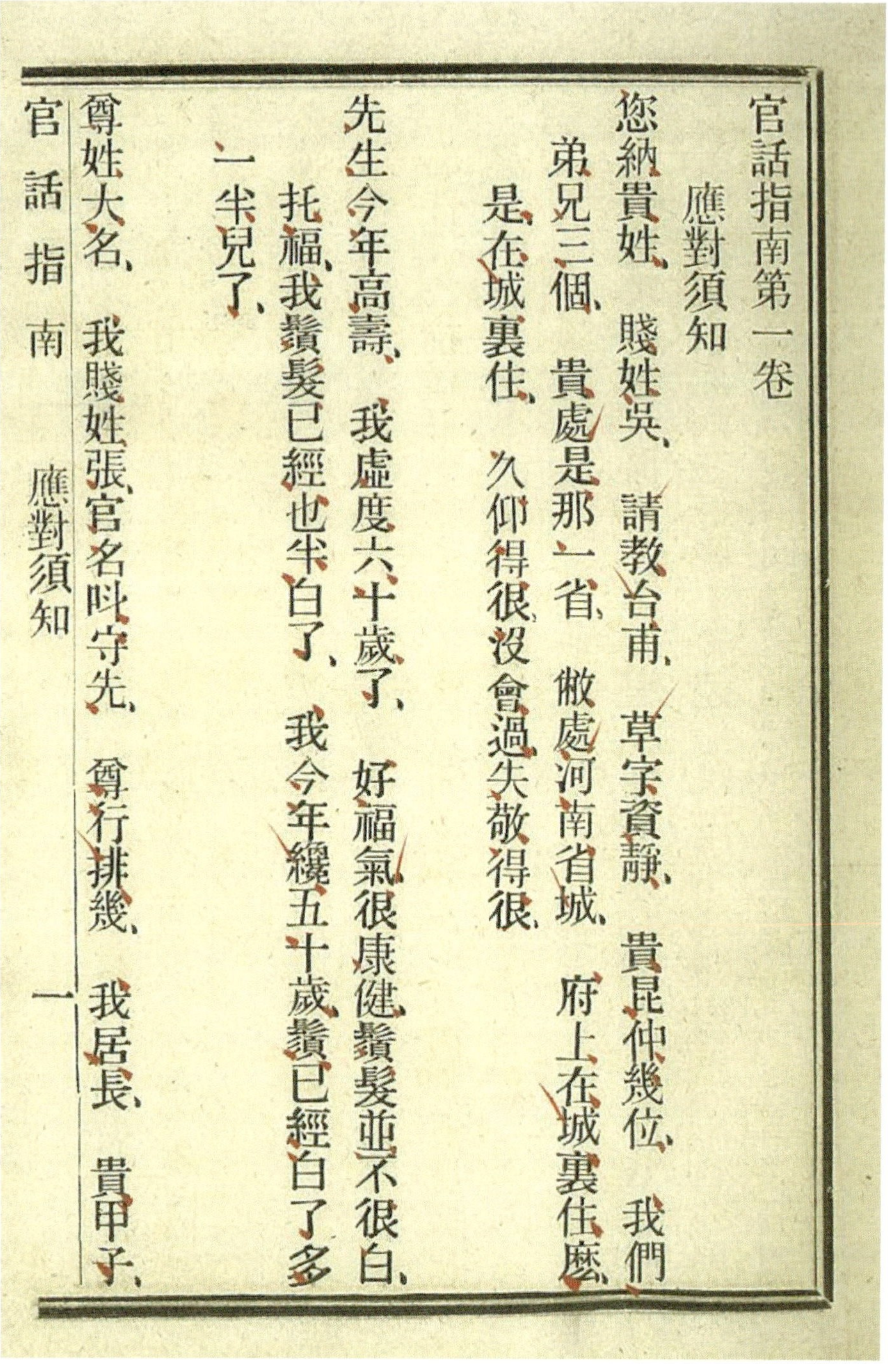
官話指南第一卷

應對須知

您納貴姓、 賤姓吳、 請教台甫、 草字資靜、 貴昆仲幾位、 我們弟兄三個、 貴處是那一省、 敝處河南省城、 府上在城裏住麽、 是在城裏住、 久仰得很沒會過失敬得很、

先生今年高壽、 我虛度六十歲了、 好福氣很康健鬚髮並不很白、 托福、我鬚髮已經也半白了、 我今年纔五十歲鬚已經白了多一半兒了、

尊姓大名、 我賤姓張官名叫守先、 尊行排幾、 我居長、 貴甲子、

《官話指南》書影（來源：日本關西大學アジア文化研究センター鱒澤彰夫氏寄贈圖書）

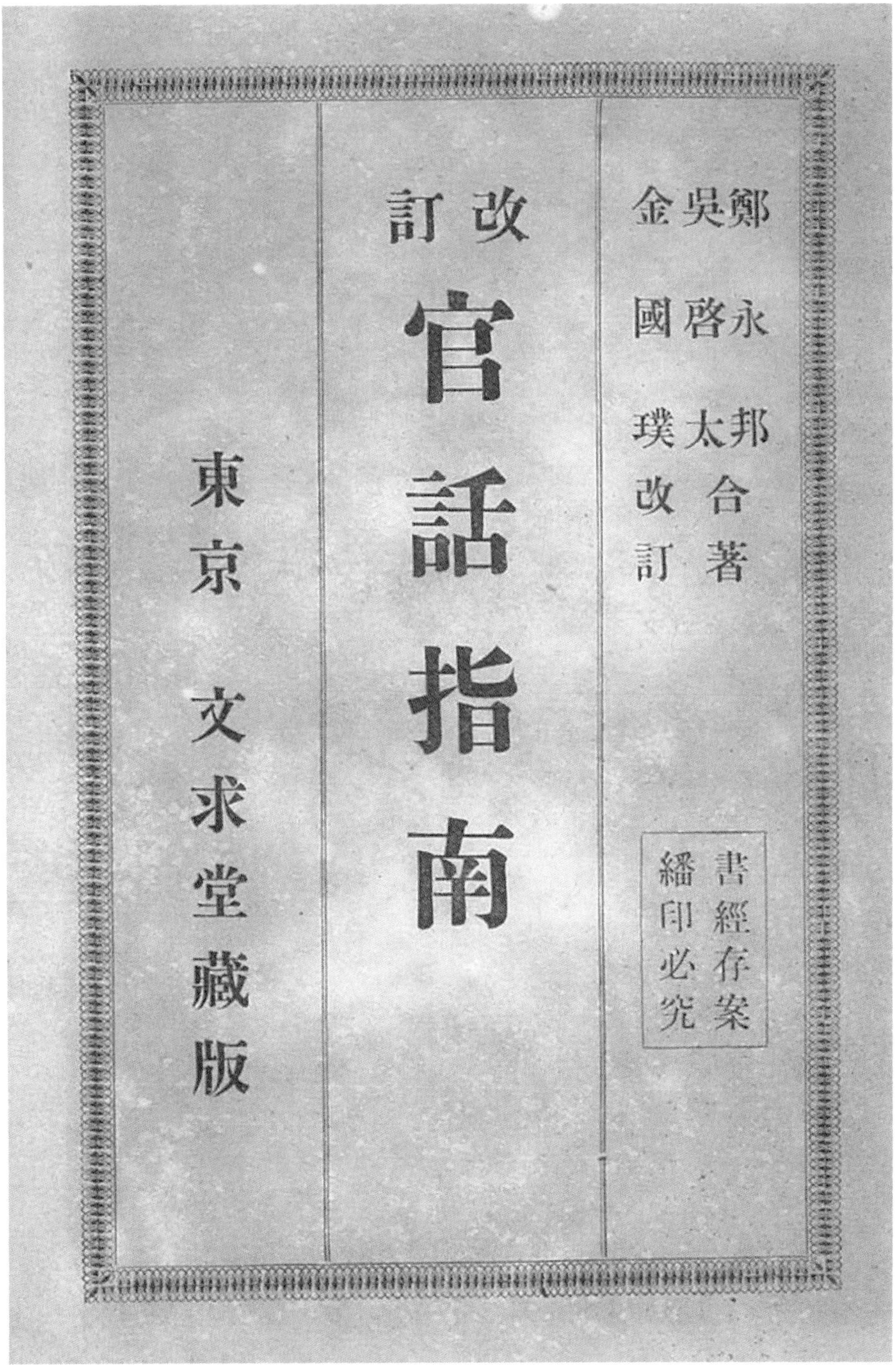
鄭永邦
吳啓太　合著
金國璞　改訂

改訂
官話指南

書經存案
繙印必究

東京　文求堂藏版

《改訂官話指南》書影（來源：日本關西大學アジア文化研究センター鱒澤彰夫氏寄贈圖書）

官話指南

吳啓太　鄭永邦　合著

金國璞　改訂

官話指南第一卷

酬應瑣談第一章

您這是初次到這兒來麼。　我從先來過一盪、住了幾天、就囘去
了、這是第二盪來。　是、您這盪來、是打算在這兒開甚麼買賣麼。
我這盪、是我們本國行裏派我來、看一看這本地買賣的情形、然
後囘去、再商量將來是開甚麼買賣。　是了、那麼您打算住多少
日子囘去呢。　也不過倆來月的光景罷。　後來您若是打聽甚

《改訂官話指南》書影（來源：日本關西大學アジア文化研究センター鱒澤彰夫氏寄贈圖書）

總 序

語言是文化的重要組成部分,也是文化的載體。語言中有歷史。

多元一體的中華文化,體現在我國豐富的民族文化和地域文化及其語言和方言之中。

北京是遼金元明清五代國都(遼時爲陪都),千餘年來,逐漸成爲中華民族所公認的政治中心。北方多個少數民族文化與漢文化在這裏碰撞、融合,産生出以漢文化爲主體的、帶有民族文化風味的特色文化。

現今的北京話是我國漢語方言和地域文化中極具特色的一支,它與遼金元明四代的北京話是否有直接繼承關係還不是十分清楚。但可以肯定的是,它與清代以來旗人語言文化與漢人語言文化的彼此交融有直接關係。再往前追溯,旗人與漢人語言文化的接觸與交融在入關前已經十分深刻。本叢書收集整理的這些語料直接反映了清代以來北京話、京味文化的發展變化。

早期北京話有獨特的歷史傳承和文化底藴,於中華文化、歷史有特別的意義。

一者,這一時期的北京歷經滿漢雙語共存、雙語互協而新生出的漢語方言——北京話,它最終成爲我國民族共同語(普通話)的基礎方言。這一過程是中華多元一體文化自然形成的諸過程之一,對於了解形成中華文化多元一體關係的具體進程有重要的價值。

二者,清代以來,北京曾歷經數次重要的社會變動:清王朝的逐漸孱弱、八國聯軍的入侵、帝制覆滅和民國建立及其伴隨的滿漢關係變化、各路軍閥的來來往往、日本侵略者的占領,等等。在這些不同的社會環境下,北京人的構成有無重要變化?北京話和京味文化是否有變化?進一步地,地域方言和文化與自身的傳承性或發展性有着什麽樣的關係?與社會變遷有着什麽樣的關係? 清代以至民國時期早期北京話的語料爲研究語言文化自身傳承性與社會的關係提供了很好的素材。

了解歷史才能更好地把握未來。新中國成立後, 北京不僅是全國的政治中心, 而且是全國的文化和科研中心, 新的北京話和京味文化或正在形成。什麽是老北京京味文化的精華? 如何傳承這些精華? 爲把握新的地域文化形成的規律, 爲傳承地域文化的精華, 必須對過去的地域文化的特色及其形成過程進行細致的研究和理性的分析。而近幾十年來, 各種新的傳媒形式不斷涌現, 外來西方文化和國内其他地域文化的衝擊越來越强烈, 北京地區人口流動日趨頻繁, 老北京人逐漸分散, 老北京話已幾近消失。清代以來各個重要歷史時期早期北京話語料的保護整理和研究迫在眉睫。

"早期北京話珍本典籍校釋與研究(暨早期北京話文獻數字化工程)"是北京大學中國語言學研究中心研究成果, 由"早期北京話珍稀文獻集成""早期北京話數據庫"和"早期北京話研究書系"三部分組成。"集成"收録從清中葉到民國末年反映早期北京話面貌的珍稀文獻并對内容加以整理, "數據庫"爲研究者分析語料提供便利, "研究書系"是在上述文獻和數據庫基礎上對早期北京話的集中研究, 反映了當前相關研究的最新進展。

本叢書可以爲語言學、歷史學、社會學、民俗學、文化學等多方面的研究提供素材。

願本叢書的出版爲中華優秀文化的傳承做出貢獻!

王洪君、郭鋭、劉雲

二〇一六年十月

“早期北京話珍稀文獻集成”序

清民兩代是北京話走向成熟的關鍵階段。從漢語史的角度看，這是一個承前啓後的重要時期，而成熟後的北京話又開始爲當代漢民族共同語——普通話源源不斷地提供着養分。蔣紹愚先生對此有着深刻的認識：“特别是清初到19世紀末這一段的漢語，雖然按分期來説是屬於現代漢語而不屬於近代漢語，但這一段的語言（語法，尤其是詞彙）和‘五四’以後的語言（通常所説的‘現代漢語’就是指‘五四’以後的語言）還有若干不同，研究這一段語言對於研究近代漢語是如何發展到‘五四’以後的語言是很有價值的。”（《近代漢語研究概要》，北京大學出版社，2005年）然而國内的早期北京話研究并不盡如人意，在重視程度和材料發掘力度上都要落後於日本同行。自1876年至1945年間，日本漢語教學的目的語轉向當時的北京話，因此留下了大批的北京話教材，這爲其早期北京話研究提供了材料支撑。作爲日本北京話研究的奠基者，太田辰夫先生非常重視新語料的發掘，很早就利用了《小額》《北京》等京味兒小説材料。這種治學理念得到了很好的傳承，之後，日本陸續影印出版了《中國語學資料叢刊》《中國語教本類集成》《清民語料》等資料匯編，給研究帶來了便利。

新材料的發掘是學術研究的源頭活水。陳寅恪《〈敦煌劫餘録〉序》有云：“一時代之學術，必有其新材料與新問題。取用此材料，以研求問題，則爲此時代學術之新潮流。”我們的研究要想取得突破，必須打破材料桎梏。在具體思路上，一方面要拓展視野，關注“異族之故書”，深度利用好朝鮮、日本、泰西諸國作者所主導編纂的早期北京話教本；另一方面，更要利用本土優勢，在“吾國之舊籍”中深入挖掘，官話正音教本、滿漢合璧教本、京味兒小説、曲藝劇本等新類型語料大有文章可做。在明確了思路之後，我們從2004年開始了前期的準備工作，在北京大學中國語言學研究中心的大力支持下，早期北京話的挖掘整理工作於2007年正式啓動。本次推出的“早期北京話珍稀文獻集成”是階段性成果之一，總體設計上“取異族之故書與吾國之舊籍互相補正”，共分“日本北京話教科書匯編”“朝鮮日據時期漢語會話書匯編”“西人北京話教科書匯編”“清代滿漢合璧文獻萃編”“清代官話正音文獻”“十全福”“清末民初京味兒小説書系”“清末民初京味兒時評書系”八個系列，臚列如下：

“日本北京話教科書匯編”於日本早期北京話會話書、綜合教科書、改編讀物和風俗紀聞讀物中精選出《燕京婦語》《四聲聯珠》《華語跬步》《官話指南》《改訂官話指南》《亞細亞言語集》《京華事略》《北京紀聞》《北京風土編》《北京風俗問答》《北京事情》《伊蘇普喻言》《搜奇新編》《今古奇觀》等二十餘部作品。這些教材是日本早期北京話教學活動的縮影，也是研究早期北京方言、民俗、史地問題的寶貴資料。本系列的編纂得到了日本學界的大力幫助。冰野善寬、内田慶市、太田齋、鱒澤彰夫諸先生在書影拍攝方面給予了諸多幫助。書中日語例言、日語小引的翻譯得到了竹越孝先生的悉心指導，在此深表謝忱。

“朝鮮日據時期漢語會話書匯編”由韓國著名漢學家朴在淵教授和金雅瑛博士校注，收入《改正增補漢語獨學》《修正獨習漢語指南》《高等官話華語精選》《官話華語教範》《速修漢語自通》《速修漢語大成》《無先生速修中國語自通》《官話標準：短期速修中國語自通》《中語大全》《“内鮮滿”最速成中國語自通》等十餘部日據時期（1910年至1945年）朝鮮教材。這批教材既是對《老乞大》《朴通事》的傳承，又深受日本早期北京話教學活動的影響。在中韓語言史、文化史研究中，日據時期是近現代過渡的重要時期，這些資料具有多方面的研究價值。

“西人北京話教科書匯編”收録了《語言自邇集》《官話類編》等十餘部西人編纂教材。這些西方作者多受過語言學訓練，他們用印歐語的眼光考量漢語，解釋漢語語法現象，設計記音符號系統，對早期北京話語音、詞彙、語法面貌的描寫要比本土文獻更爲精準。感謝郭鋭老師提供了《官話類編》《北京話語音讀本》和《漢語口語初級讀本》的底本,《尋津録》、《語言自邇集》(第一版、第二版)、《漢英北京官話詞彙》、《華語入門》等底本由北京大學圖書館特藏部提供, 謹致謝忱。《華英文義津逮》《言語聲片》爲筆者從海外購回, 其中最爲珍貴的是老舍先生在倫敦東方學院執教期間, 與英國學者共同編寫的教材——《言語聲片》。教材共分兩卷: 第一卷爲英文卷, 用英語講授漢語, 用音標標注課文的讀音; 第二卷爲漢字卷。《言語聲片》采用先用英語導入, 再學習漢字的教學方法講授漢語口語, 是世界上第一部有聲漢語教材。書中漢字均由老舍先生親筆書寫, 全書由老舍先生録音, 共十六張唱片, 京韵十足, 殊爲珍貴。

上述三類"異族之故書"經江藍生、張衛東、汪維輝、張美蘭、李無未、王順洪、張西平、魯健驥、王澧華諸先生介紹, 已經進入學界視野, 對北京話研究和對外漢語教學史研究産生了很大的推動作用。我們希望將更多的域外經典北京話教本引入進來, 考慮到日本卷和朝鮮卷中很多抄本字跡潦草, 難以辨認, 而刻本、印本中也存在着大量的異體字和俗字, 重排點校注釋的出版形式更利於研究者利用, 這也是前文"深度利用"的含義所在。

對"吾國之舊籍"挖掘整理的成果, 則體現在下面五個系列中:

"清代滿漢合璧文獻萃編"收入《清文啓蒙》《清話問答四十條》《清文指要》《續編兼漢清文指要》《庸言知旨》《滿漢成語對待》《清文接字》《重刻清文虚字指南編》等十餘部經典滿漢合璧文獻。入關以後, 在漢語這一强勢語言的影響下, 熟習滿語的滿人越來越少, 故雍正以降, 出現了一批用當時的北京話注釋翻譯的滿語會話書和語法書。這批教科書的目的本是教授旗人學習滿語, 却無意中成爲了早期北京話的珍貴記録。"清代滿漢合璧文獻萃編"首次對這批文獻進行了大規模整理, 不僅對北京話溯源和滿漢語言接觸研究具有重要意義, 也將爲滿語研究和滿語教學創造極大便利。由於底本多爲善本古籍, 研究者不易見到, 在北京大學圖書館古籍部和日本神户市外國語大學竹越孝教授的大力協助下, "萃編"將以重排點校加影印的形式出版。

"清代官話正音文獻"收入《正音撮要》(高静亭著)和《正音咀華》(莎

彝尊著）兩種代表著作。雍正六年（1728），雍正諭令福建、廣東兩省推行官話，福建爲此還專門設立了正音書館。這一“正音”運動的直接影響就是以《正音撮要》和《正音咀華》爲代表的一批官話正音教材的問世。這些書的作者或爲旗人，或寓居京城多年，書中保留着大量北京話詞彙和口語材料，具有極高的研究價值。沈國威先生和侯興泉先生對底本搜集助力良多，特此致謝。

《十全福》是北京大學圖書館藏《程硯秋玉霜簃戲曲珍本》之一種，爲同治元年陳金雀抄本。陳曉博士發現該傳奇雖爲崑腔戲，念白却多爲京話，較爲罕見。

以上三個系列均爲古籍，且不乏善本，研究者不容易接觸到，因此我們提供了影印全文。

總體來説，由於言文不一，清代的本土北京話語料數量較少。而到了清末民初，風氣漸開，情况有了很大變化。彭翼仲、文實權、蔡友梅等一批北京愛國知識分子通過開辦白話報來“開啓民智”“改良社會”。著名愛國報人彭翼仲在《京話日報》的發刊詞中這樣寫道：“本報爲輸進文明、改良風俗，以開通社會多數人之智識爲宗旨。故通幅概用京話，以淺顯之筆，達樸實之理，紀緊要之事，務令雅俗共賞，婦稚咸宜。”在當時北京白話報刊的諸多欄目中，最受市民歡迎的當屬京味兒小説連載和《益世餘譚》之類的評論欄目，語言極爲地道。

“清末民初京味兒小説書系”首次對以蔡友梅、冷佛、徐劍膽、儒丐、勳鋭爲代表的晚清民國京味兒作家群及作品進行系統挖掘和整理，從千餘部京味兒小説中萃取代表作家的代表作品，并加以點校注釋。該作家群活躍於清末民初，以報紙爲陣地，以小説爲工具，開展了一場轟轟烈烈的底層啓蒙運動，爲新文化運動的興起打下了一定的群衆基礎，他們的作品對老舍等京味兒小説大家的創作産生了積極影響。本系列的問世亦將爲文學史和思想史研究提供議題。于潤琦、方梅、陳清茹、雷曉彤諸先生爲本系列提供了部分底本或館藏綫索，首都圖書館歷史文獻閱覽室、天津圖書館、國家圖書館提供了極大便利，謹致謝意！

“清末民初京味兒時評書系”則收入《益世餘譚》和《益世餘墨》，均係著名京味兒小説家蔡友梅在民初報章上發表的專欄時評，由日本岐阜聖德學園大學劉一之教授、矢野賀子教授校注。

這一時期存世的報載北京話語料口語化程度高，且總量龐大，但發掘和整理却殊爲不易，稱得上“珍稀”二字。一方面，由於報載小説等欄目的流行，外地作者也加入了京味兒小説創作行列，五花八門的筆名背後還需考證作者是否爲京籍，以蔡友梅爲例，其真名爲蔡松齡，查明的筆名還有損、損公、退化、亦我、梅蒐、老梅、今睿等。另一方面，這些作者的作品多爲急就章，文字錯訛很多，并且鮮有單行本存世，老報紙殘損老化的情況日益嚴重，整理的難度可想而知。

上述八個系列在某種程度上填補了相關領域的空白。由於各個系列在内容、體例、出版年代和出版形式上都存在較大的差異，我們在整理時借鑒《朝鮮時代漢語教科書叢刊續編》《〈清文指要〉匯校與語言研究》等語言類古籍的整理體例，結合各個系列自身特點和讀者需求，靈活制定體例。“清末民初京味兒小説書系”和“清末民初京味兒時評書系”年代較近，讀者群體更爲廣泛，經過多方調研和反復討論，我們決定在整理時使用簡體横排的形式，儘可能同時滿足專業研究者和普通讀者的需求。“清代滿漢合璧文獻萃編”“清代官話正音文獻”等系列整理時則采用繁體。“早期北京話珍稀文獻集成”總計六十餘册，總字數近千萬字，稱得上是工程浩大，由於我們能力有限，體例和校注中難免會有疏漏，加之受客觀條件所限，一些擬定的重要書目本次無法收入，還望讀者多多諒解。

“早期北京話珍稀文獻集成”可以説是中日韓三國學者通力合作的結晶，得到了方方面面的幫助，我們還要感謝陸儉明、馬真、蔣紹愚、江藍生、崔希亮、方梅、張美蘭、陳前瑞、趙日新、陳躍紅、徐大軍、張世方、李明、鄧如冰、王强、陳保新諸先生的大力支持，感謝北京大學圖書館的協助以及蕭群書記的熱心協調。“集成”的編纂隊伍以青年學者爲主，經驗不足，兩位叢書總主編傾注了大量心血。王洪君老師不僅在經費和資料上提供保障，還積極扶掖新進，“我們搭臺，你們年輕人唱戲”的話語令人倍感温暖和鼓舞。郭鋭老師在經費和人員上也予以了大力支持，不僅對體例制定、底本選定等具體工作進行了細致指導，還無私地將自己發現的新材料和新課題與大家分享，令人欽佩。“集成”能够順利出版還要特别感謝國家出版基金規劃管理辦公室的支持以及北京大學出版社王明舟社長、張鳳珠副總編的精心策劃，感謝漢語編輯室杜若明、鄧曉霞、張弘泓、宋立文等老師所付出的辛勞。需要感謝的師友還有很多，在此一併致以誠摯的謝意。

“上窮碧落下黄泉，動手動脚找東西”，我們不奢望引領“時代學術之新潮流”，惟願能給研究者帶來一些便利，免去一些奔波之苦，這也是我們向所有關心幫助過“早期北京話珍稀文獻集成”的人士致以的最誠摯的謝意。

劉　雲

二〇一五年六月二十三日

於對外經貿大學求索樓

二〇一六年四月十九日

改定於潤澤公館

整理點校凡例

自1876年9月始，日本的中國語教育開始轉向北京官話。此後陸續出版了大批北京話教材、讀本和工具書，爲研究這一時期的北京話和域外漢語教學留下了寶貴資料。日本學界對這批文獻非常重視，已將代表性教材影印出版，主要收録在《中國語學資料叢刊》（波多野太郎編，不二出版社，1985年）和《中國語教本類集成》（六角恒廣編，不二出版社，1995年）兩部巨著之中。在國内，《日本明治時期漢語教科書彙刊》（張美蘭主編，廣西師範大學出版社，2011年）和《日本漢語教科書匯刊（江户明治編）》（李無未主編，中華書局，2015年）的影印出版也給研究者帶來便利。美中不足的是，這批教材底本均爲竪排，異形詞、異體字、俗字和别字極多，一些手抄本字迹模糊，利用不便。爲了方便讀者使用，我們精選一批口語化程度高的代表性教材，重新録入後加以點校、注釋，横排出版。本套叢書主要服務於北京話研究，整理中儘可能保持彼時北京話的原貌。相關體例如下：

一　關於標點、符號

底本的標點不合規範，斷句也偶有舛誤。整理本依據《標點符號用法》，并結合文義重新標點。底本原有的批注一律放在脚注中，用※提示，以區别於整理者的新注釋。此外，底本中難以辨識的文字用□表示，并出注説明。例如：

不在過強的人的左右爲□[①]，因爲生出是非來，常是弱的敗。

注釋：①底本字迹模糊，似“美”，又似“業”，列此備考。

二　關於底本訛誤之處

凡係底本中明確的錯訛、衍文、脱漏、倒文之處，均在整理本中直接更正

并出校注。舉例如下:

1. 錯别字

這麽著大家就把酒席都撤[①]了。

注釋:①撤:原作“撒”。

因繁體字或異體字而造成的錯訛,整理後不易看出,可稍作説明:

趕到了他們平上,硬説是才彀[①]五兩三錢銀子。

注釋:①彀:原作“殼”。够。

2. 衍文

做買賣别太手緊了,恐怕耽誤生意;也别太手松了,恐怕傷了[①]本錢。

注釋:①底本“了”後還有一“了”字,當爲衍字,今删。

3. 脱漏

像這[①]樣兒挖肉補瘡的事情,聽着真令人可憐可慘。

注釋:①底本無“這”字,據文義補。

4. 倒文

房德[①]就走到右邊兒廊子底下門磡兒上坐下了。

注釋:①房德:原作“德房”,二字序誤,今改。

三　關於字形

簡體字、繁體字、異體字、疑難字均原樣録入。有的字與現在的用法有較大差異,在首次出現時注釋説明。例如:

就咂着嘴兒讚了讚,驪蹤[①]了半天,總搆[②]不着。

注釋:①驪蹤:躥縱。向上跳。※驪:上平,驤也,下倣此。※蹤:去聲,跳也,下倣此。

②搆：够。To plot, reach up to. ［美］富善（Chauncey Goodrich）《北京音袖珍字典》（*A Pocket Dictionary* （*Chinese-English*） *and Pekingese Syllabary*, 1891年, 107頁） ※搆：讀上平，以物及物也，下倣此。

人名、地名、書名的用字如果轉換後易引起混淆，則保留原字。

四 關於詞形

部分北京話詞彙的漢字形體無規範可依，同一個詞在不同作者筆下和不同詞典中往往有不同形體，以“嚼裹”一詞爲例，還有“嚼過”“嚼骨”“嚼果”“嚼谷”“嚼谷兒”“嚼棍”“嚼咕”等形式。類似情況極多，如“腦油—鬧油、頜磣—憨蠢、疙瘩—疙疸、合式—合適、皮氣—脾氣”。這些豐富的異形詞恰恰展現了彼時北京話最鮮活的面貌，對於考察北京話口語詞的面貌、詞源和定型過程都極有價值，如統一爲一個詞形，既無必要，也難令人信服。“與其改而不足信，改而不能盡，甚或改後反生歧義，莫如一律不改。”（許逸民《古籍字體轉換釋例》）因此，我們對底本中的異形詞采取“悉依其舊”的處理方式，保留原詞形，疑似的異形詞也都用現代漢語規範詞形注釋。例如：

> 他們彼此生了疑心，嫉妒很利害①，各自分散開了。
> 注釋：①利害：厲害。

讀音完全相同的一組詞，詞義部分相同，注釋時補充説明。例如：

> 他那門口兒寫著①“賈寓”，那就是他家。
> 注釋：①著：着，助詞。

與現今的叫法不一致的地名和品名，也當作異形詞處理，均保持原貌，例如“戒壇寺”“海甸”。一些詞的用字與現今規範用字不同，如補語標記“得”作“的”、語氣詞“了”作“咯”“喇”、“這麽”作“這們”、“做事”作“作事”、“什麽”作“甚麽”等，這些特殊用字往往反映了當時北京話的特殊發音,也當作異形詞處理,不作改動。

底本中一些帶有污辱蔑視色彩的用詞(如“拳匪”等)僅代表原作者當時的個人立場,這類情況循例均不加更改。

五 關於注釋

1. 對一些有特色的北京話口語詞加以注釋。如:

老太太、大姑児[①],您可憐我一個大。

注釋:①大姑児:乞丐乞討時對中青年婦女的稱呼。(王秉愚編著《老北京風俗詞典》,中國青年出版社,2009年,149頁)

2. 涉及讀者可能比較陌生的書名、人名、歷史事件、歷史人物或特殊專名時儘可能注釋説明,并爲規範起見注明引用來源。例如:

貴班次[①]?

候補知州。

注釋:①班次:職位品級。[美]富善(Chauncey Goodrich)《官話萃珍》(*A Character Study in Mandarin Colloquial*, 1898/1916):“問作官的品職爲貴班次。”

3. 注釋詞義中有需要説明的異體字和校對情況時,先説明字形和校對情況,再注釋。如:

我剛才問他來著,他説他是珐藍作[①]的人。

注釋:①原作“珐是藍作”。珐藍作:製造加工珐藍的工廠。

爲方便讀者使用,所有注釋均采用脚注形式,各頁以①起始,獨立編序。目録不出注釋,序言視同正文處理。

六 關於書影

此次點校所據均爲已出版或公開的影印本。爲了更好地呈現原書面貌,卷首附有原書的書影。其中,《燕京婦語》原書現爲日本鱒澤彰夫先生個人收藏,其書影出自鱒澤彰夫先生編著的《影印燕京婦語》(好文出版社,2013年),《虎頭蛇尾》書影出自日本關西大學圖書館長澤文庫藏本,《伊蘇普喻言》書影出自日本關西大學東西學術研究所藏本,《北京風土編》書影出自日本筑波大學附屬圖書館藏本,《搜奇新編》書影出自日本滋賀大學附屬圖書館藏本,《華語跬步》書影出自日本東洋文庫藏本,《亞細亞言語集》書影出自日本神户市外國語大學圖書館藏本,《北京事情》《北京風俗問答》《北京紀聞》《四聲聯珠》《今古奇觀》《急就篇》《華言問答》《中國話》《生意筋絡》《中等官話談論新篇》《官話指南》《改訂官話指南》十二種書影均出自日本關西大學アジア文化研究センター鱒澤彰夫氏寄贈圖書。

附書影的原則是儘量做到與點校本所使用的爲同一版本。但由於年代久遠,各書版本衆多,且多藏於日本,故此有兩種書影與點校本版本不一致:一種爲《官話指南》,點校本所使用的是1903年版,而其書影爲1900年版,但這兩個版本的内容和版式均相同;一種爲《虎頭蛇尾》,點校本爲排印本,其書影爲寫本,内容亦基本一致。另外,因編者能力有限,無法得見《官話續急就篇》《京華事略》點校本的原書,因此其書影暫付闕如。以上望讀者諒之。

本卷的編校工作由北京大學出版社崔蕊老師統籌,宋思佳、路冬月、唐娟華、王鐵軍、何杰杰等責編老師也付出了大量心血。高淑燕老師在疑難字識别方面提供了幫助,蔣春紅老師提供了《華語跬步》的底本,羅菲菲、郝小焕、謝超、趙正婕、農蕾、朱斯雲、趙芹、趙旭、曠濤群、吴蕓莉、李紅婷、許静、李郭然、黎楠婷在前期準備過程中予以協助,在此一併致以謝意。

陳穎、陳曉

二〇一七年十月

總目録

官話指南

解 題

《官話指南》是由吴啓太和鄭永邦編著，金國璞與黄裕壽校對的中級北京官話口語教科書，是日本近代漢語教育史上具有特殊地位并極具影響力的經典教科書之一。在問世之後的半個多世紀裏，該書不僅一直被日本漢語教學機構和學習者列爲必讀書目，而且還被其他國家的漢語教學機構采用，出現了韓語、英語、法語等譯本。《官話指南》取材于清末民初的口語素材，較爲全面地呈現了當時北京官話的面貌，爲我們研究北京官話系統提供了書面材料。另外作爲外國人學習漢語的中級教材，《官話指南》也爲對外漢語中級教材的編寫提供了一種可借鑒的形式。

日本自 1871 年與清政府正式建立外交關係之後，迫切需要培養大批漢語人才，因此當年外務省即設立了第一所專門教授漢語的學校——漢語學所。1873 年又設立了東京外國語學校，之後“日清社”“興亞會支那學校”等一批民間漢語教學機構應運而生。隨着漢語教育的興起，一批適應教學需要的教材也相繼出版。這些教材一部分爲截取《語言自邇集》而編成的教材，一部分爲自編教材，而自編教材又以口語入門教材爲主，屬中級水平的教材寥寥無幾。《官話指南》便是僅有的兩部[①]中級教科書中使用最廣、影響力最大的教科書之一。

《官話指南》於 1882 年（明治十五年）在東京印刷出版，其後分别於 1893 年和 1900 年由九江書局和福州美華書局出版了活字版，分别於 1900 年和 1903 年由上海美華書館和上海别發洋行翻印了其複刻本。譯本包括 1900 年英國駐烟臺領事金璋（Hopkings，Lionel Charles）翻譯，上海别發洋行出版的英譯本；1905 年法國神甫布舍（H. Boucher）翻譯，上海天主教會出版的法譯本和法譯注釋本；1905 年吴泰壽翻譯，東京文求堂出版的日譯本；1925 年飯河道雄翻譯，大連大阪屋號出版的日譯本。此次校訂的《官話指南》爲 1903 年

① 除了《官話指南》以外，另外一部中級水平的北京官話口語教科書爲金國璞與平岩道知合編，1898 年積嵐樓書屋發行的《北京官話談論新篇》。

(光緒二十九年歲次癸卯)由上海别發洋行鉛印出版的複刻本。

《官話指南》的編者吴啓太和鄭永邦均爲日本駐華使館的翻譯生,其父輩均從事與漢語翻譯相關的工作。吴啓太之父吴碩三郎爲日籍華裔,1878年曾任上海領事館翻譯,其家族世代爲唐通事。鄭永邦之父鄭永寧先後擔任過日本外務省漢語大譯官,漢語學所督長,駐華公使館翻譯、參贊等職。吴啓太與鄭永邦分别于1879年和1880年被北京公使館録取爲翻譯生,帶薪學習漢語,兼作見習翻譯。

《官話指南》第一篇序文的撰寫者田邊太一曾任駐華使館參贊、代理公使。根據序文所提供的年代,吴啓太和鄭永邦即在其任期内作爲翻譯生在華學習漢語,田邊太一由此爲兩位編者作序。第二篇序文的撰寫者黄裕壽與金國璞亦爲《官話指南》的校對者。金國璞①曾在京教授日本留學生,1897年到日本東京外國語學校教授漢語。在日期間獨立或與其他學者合作編寫了數本漢語教科書,如1902年由東京文求堂發行的《北京官話士商便覽》等。黄裕壽的生平不詳。據六角恒廣考證,金國璞與黄裕壽均爲編者的漢語老師。

《官話指南》共包括兩篇序文、凡例和正文。在凡例部分,兩位編者對漢語的四聲、輔音和元音的發音特點及發音時應注意的事項、連讀變調進行了描寫,并用實例對句重音進行了説明。凡例部分編者并未采用威妥瑪《語言自邇集》所使用的拼音系統,而是采用傳統的音韻學術語(如寬音、窄音、張口音、閉口音、撮②口音等)進行描寫,在語音的系統性和準確性上雖不及《語言自邇集》,但編者在每一個部分均列舉實例,并結合自己的發音體驗進行説明,簡單易懂,亦能起到給學習者以指引的作用。

正文部分包括四卷:應對須知、官商吐屬、使令通話、官話問答。"應對須知"包括45個獨立的簡短對話,話題主要涉及詢問姓名、年齡、病情,以及拜訪、日常出行、觀景等日常生活的各個方面。"官商吐屬"在整本教材中占據了將近一半的篇幅,共包括40章,涉及官場和商場中的各類話題,如官場中官員的升遷、補缺、赴任,商場上的典當、租賃、貨物的進出、客棧管理等。"使令通

---

① 參見六角恒廣著、王順洪譯《日本中國語教育史研究》,北京語言學院出版社,1992年;六角恒廣著、王順洪譯《日本中國語教學書志》,北京語言文化大學出版社,2000年。

② 撮:原作"嘬"。

話”包括 20 章，主要涉及的是日常起居中的話題，如煮粥、烤麵包、晾曬衣物、購買日常用品、請大夫看病、换錢、請客等。“官話問答”也包括 20 章，主要包括官場中的各類應酬和官場事務的處理，如上任拜見、商務糾紛的協調等。

作爲中級口語教材，《官話指南》取材廣泛，内容豐富，對生活起居、商務和外交往來的諸多方面均有涉及。在編寫上基本采用會話形式。除“應對須知”爲簡短的一問一答形式之外，其他三個部分或爲一個個完整的生活場景，或爲一個個完整的事件，具有很强的故事性和趣味性。語言上常用詞彙和句式均貼近現實生活，具有極高的實用性。

《官話指南》呈現了當時北京官話的語言特徵。在詞彙方面使用了大量的北京話口語詞，如：今兒個、明兒個、提溜、抽冷子、出門子、歸了包堆、過節兒等。其中很多詞現在的北京話還在使用。在語法方面也保留了當時的使用特點，如“了”作爲進行體標記的用例，如“我去的時候，他們正在地裏鋤地了。”這些均爲北京官話口語系統的研究提供了一手材料。

序

吴生[①]駐燕京三年，學其語言，頃者輯切日用者，編成一書，名曰《官話指南》。蓋皆出於其自課自得之餘，宜乎親切明著，不負其名也。有功斯學，可謂偉矣，抑予有恐焉。前之脩斯學者，苦無成書，耳聽而手抄，日累而月積，漸乃有得，其入之難也如是，而得之却深焉。今也既有成書，它人數年之工可一朝了之。入之太易，恐得之不深。讀斯書者，莫狎於其入之易，而思更致其力，指南而到南，以期有成。是予之所望於學者，而亦吴生之志也。

明治十四年十二月田邊太一叙於燕京公署

① 吴生：日本駐華公使館學生譯員吴啓太，本書的作者之一。

序

語言之學，雖文人之緒餘，原無關乎經濟才能之大，然無成書以爲嫻習之助，但偶聽人之談論，依稀彷彿而傚颦之，不惟隨學隨忘，諸多罣漏①，滋管窺蠡測②之虞，即輕重緩急之間，剛柔高下之際，亦必不能一一酷肖。玆有吴啟太、鄭永邦者，皆東洋長崎人也。因隨公使駐北京，公餘之暇，即潛心於語言之學。天資既敏，人力亦勤，積數年之攻③苦，而憑空結篆，設爲問答之詞，藏諸囊篋，久已累牘連篇。僕等偶然過訪，適其稿置案頭，急索而觀之。見其口吻之合，神氣之真，與其發④揮議論之詳切，實爲動中肯綮⑤。因慫恿之俾刷印成書，以公諸世，誠善本也。苟殫心於此者，按其程式，奉爲楷模，循序漸進而學之，如行路者之有嚮導，絶不致爲迷途所惑。較之偶聽人談論，依稀彷彿而傚颦者，其相去不已天淵乎。僕等觀是書而佩服深之，爰爲之校對一番，并爲之序，以述其顛末云。

光緒七年辛巳小陽月下浣燕京　黄裕壽、金國璞⑥拜序

---

① 罣漏："掛一漏萬"的縮語。列舉不同，必多遺漏。

② 管窺蠡測：比喻見識片面狹隘，看不到事物的整體。

③ 攻：致力於學習或研究。

④ 發：發。

⑤ 綮：原作"棨"。動中肯綮：比喻常常打中要害或抓住問題的關鍵。

⑥ 金國璞：原作"金璞國"。

凡例

余駐北京學語言三年於今，時延請師儒，賴其口講指畫，漸有所領悟，然不過滄海之一粟耳。是編係平日課本，其中遺漏，指不勝屈。今刷印成書，只爲初學計，遺笑大方，自知不免。

京話有二，一爲俗話，一爲官話。其詞氣之不容相混，猶涇渭之不容並流。是編分門别類，令學者視之井井有條，釐然不紊。庶因人因地而施之，可以知所適從。

初學華語者，須知有四聲，有輕重音（輕音，即窄音；重音，即寬音）①，有輕重念、出入氣等項，是不竢論。此外尚有張口音、閉口音，又有撮口音。如“巴、寒、張、大”等音，皆是張口音也。如“木、父、不、屋”等音，皆是閉口音也。如“火、去、出、姑”等音，皆是嘬口音也。另有由“タ、チ、ツ、テ、ト”②母音③所出之音，如“倒、將、跳、知、早、斗、頭、凳、地、釘、天、秋”等音，必須舌端用力，達至上牙床，方爲盡善，不然則往往致有謬誤。此雖屬末節，而讀者，不可不知也。

初學四聲之法，最難解説，今舉梗概。如上平，其發聲時，係自上落下而止，聲音較短。如下平，其發聲時，係向右傍④一擲而止，聲音較短。如上聲，其發聲時，係半含其音，漸漸而上，聲音較長。如去聲，其發聲時，係半含其音，向左傍漸漸垂下，聲音較長。又如上平，其發聲時，係如點首之狀。如下平，其發聲時，係如人將首向右傍稍轉之狀。如上聲，係如人仰首之狀。如去聲，係如人將首向左下垂之狀。

凡言語内，如值⑤有兩上聲字相連者，其上一字，應讀下平，其下一字，應讀上聲，所謂逢上必倒是也（言兩上聲字相值，則必倒一字之聲也）。

---

① 括號内爲底本雙行小字注釋。

② タチツテト：日语五十音图中第四行的音，即 ta、ti、tu、te、to。

③ 母音：元音。

④ 傍：旁。

⑤ 值：遇到。

凡輕音字，則不多用喉力，如係重音字，則多用喉力。如“金”字，本屬牙音[①]，係輕音，則讀時，宜多用牙力，少用喉力。如“輕”字，亦屬牙音，係重音，則讀時，宜多用喉力，少用牙力。又如“身”字，本屬齒音[②]，係輕音，則讀時，宜多用齒力，少用喉力。如“生”字，亦屬齒音，係重音，則讀時，宜多用喉力，少用齒力。又如“敦”字，屬舌音[③]，而係輕音；“東”字，亦屬舌音，而係重音。如“搬”字，屬唇音[④]，而係輕音；“邦”字，亦屬唇音，而係重音。皆可類推。至屬喉音[⑤]之字，其間亦有輕音重音之别。譬如“一”字，本屬喉音，係輕音者，則宜用喉上之力而發。係重音者，則宜用喉下之力而發。如“寒”字，係輕音；“杭”字，係重音。又如“安”字，係輕音；“昂”字，係重音。此類皆是也。蓋漢字音，末有“ン、ム”[⑥]音，而日本原音，亦有“ン、ム”音者，均屬輕音，如“心”“金”等字是也。音末無“ン、ム”音者，概係重音，如“星”字、“經”字等是也。

凡由齒内所出之音，多有誤由牙内而發者，致聽者渺茫誤會。玆畧舉數音，欲學者留神。譬如“知”音，本係由齒内所發出者，若誤由牙内而發，則成“機”音也。“石”音，亦係齒音，若誤爲牙音，則成“席”音也。“是”音，亦係齒音，若誤爲牙音，則成“細”音也。“章”音，亦係齒音，若誤爲牙音，則成“江”音也。“水”音，亦係齒音，若誤爲牙音，則成“許”音也。余歷年留意考察，始得其錯誤之由，乃表而出之如此。

凡説清話字句之間，有宜重念者，最爲緊要。蓋重念之字，實與語言之意，大有關切。譬如：“我可以給你錢。”唯一句言語，而有四種念法，如左：

---

① 牙音：音韵學上的“七音”之一，即舌根音，因發音部位靠近大牙而得名，如三十六字母中的“見、溪、群、疑”四母。（參見《大辭海·語言學卷》，上海辭書出版社，2003年，72頁。以下“齒音、舌音、唇音、喉音”各條同。）

② 齒音：音韵學上的“七音”之一，包括齒頭音和正齒音兩類。齒頭音即舌尖前塞擦音和擦音，如三十六字母中的“精、清、從、心、邪”五母。正齒音即舌面前塞擦音和擦音，即三十六字母中的“照、穿、牀、審、禪”五母。

③ 舌音：音韵學上的“七音”之一，包括舌頭音和舌上音兩類。舌頭音即舌尖中塞音和舌尖中鼻音，如三十六字母中的“端、透、定、泥”四母。舌上音即舌面前塞音和舌面前鼻音，如三十六字母中的“知、徹、澄、娘”四母。

④ 唇音：音韵學上的“七音”之一，包括重唇音和清唇音。重唇音即雙唇塞音和雙唇鼻音，如三十六字母中的“幫、滂、並、明”四母。輕唇音即唇齒擦音和唇齒鼻音，如三十六字母中的“非、敷、奉、微”四母。

⑤ 喉音：音韵學上的“七音”之一，如三十六字母中的“曉、匣、影、喻”四母。

⑥ ンム：指“nmu”这个音。

我¯可以給你錢。（“我”字重念，其意“我獨能與汝錢，而他人不能與汝錢也”。）

我可¯以給你錢。（“可”字重念，其意“我實能與汝錢，非不能與也”。）

我可以給你¯錢。（“你”字重念，其意“我止[①]能與汝錢，而不能與他人錢也”。）

我可以給你錢¯。（“錢”字重念，其意“我止能與汝錢，而不能與汝他物也”。）

舉此一端，他可推知。

凡出氣之音，讀時應用力，將其音向外放出字音。由タチツテト、カキクケコ、パピプペポ[②]各等音而出者，皆有出入氣之別，餘者無此分別也。

標記之式，原可以獨出心裁，各人用各人之記，殊不必舍己從人。但恐初學漫無定式，無所適從，因僭[③]擬一法，分別詳列於左。

凡字之四聲，上平，則在字之右肩加一圈，如“聲○”字是也。其下平，在字之右脚加一圈，如“讀○”字是也。其上聲，在字之左肩加一圈，如“○請”字是也。其去聲，在字之左脚加一圈，如“○四”字是也。

凡字之應出氣者，在字之左肩加一竪，如“ˈ茶”字是也。

凡字之應重念者，在字之右邊畫一横，如“船¯”字是也。

凡字之重音，在字之左邊加一横，如“¯京”字是也。

明治十四年十二月 吴啟太、鄭永邦 自識

---

① 止：只。

② カキクケコパピプペポ：分别指日语五十音图中的 ka、ki、ku、ke、ko、pa、pi、pu、pe、po。

③ 僣：僭。本指地位在下的冒用地位在上的人的名義或禮儀、器物。此處爲謙辭。

目　録

第一卷　應對須知

您納[①]貴姓？
賤姓吴。
請教台甫？
草字資静。
貴昆仲幾位？
我們弟兄三個。
貴處是那[②]一省？
敝處河南省城。
府上在城裏住麽？
是，在城裏住。
久仰得很。没會過，失敬得很。

先生今年高壽？
我虚度六十歲了。
好福氣，很康健[③]，鬚髮[④]並不很白。
托福，我鬚髮已經也半白了。
我今年纔五十歲，鬚已經白了多一半兒子。

尊姓大名？
我賤姓張，官名[⑤]叫守先。
尊行排幾？
我居長。
貴甲子？
我還小哪，今年二十四歲。

---

① 您納：第二人稱單數的敬稱形式。
② 那：哪，疑問代詞。
③ 康健：健康。
④ 鬚髮：鬍鬚和頭髮。
⑤ 官名：舊時指人的正式名字，大名。

恭喜在那兒?[①]

我在通州做買賣。我和[②]你令叔相好,故此特來請安。

不敢當。請問寶號?

小號"信昌"。

久違久違,實在渴想[③]得很。今兒早起聽見老兄到了,特過來拜訪。

不敢當。勞您駕,我本要到府上請安去,就因爲昨天晚上纔到的,行李各件還没拾掇好了,箱子也還没打開了,身上的衣服都没换哪。恕兄弟明天再過去謝步[④]。

不敢當。

少見少見。我這幾天没見着你,很想你,莫不是又病了麽?

可不是麽。

我那天看你病纔好,臉上氣色還没復元兒哪,怕是你出到外邊兒去又重落[⑤]了。

我這回是着點兒凉,覺着頭疼,渾身酸痛。

那總得請大夫好好兒治一治就得了[⑥]。

這個人實在靠不住,説話竟是雲山霧照的。

您想和他要準兒,那算是白用心了。您還不知道他那脾氣嗎?一味的愛説大話,胡吹混嗙[⑦],您要是信他的話,那就難免要上檔[⑧]了。

您這一向貴恙都好了麽?

---

① 恭喜在那兒:在哪兒高就。也説"高就在哪裏"。

② 和:原作"却"。

③ 渴想:非常想念。

④ 謝步:親友前來拜訪、慶祝或吊唁,事後赴其家回拜以示感謝。

⑤ 重落:病開始好轉時又突然惡化。

⑥ 得了:行了。

⑦ 胡吹混嗙:胡亂吹嘘。

⑧ 您要是信他的話,那就難免要上檔:底本"您"和"檔"序誤,今改。上檔:上當。

托福都好了,可是咳嗽纔輕省[①]一點兒。

這回您病的日子久了,雖然都好了,還得請大夫吃幾劑補藥,安心調養纔好哪。

是,承您關照,謝謝。

你在這兒可以隨便,不要拘禮。

我蒙您的抬愛,已經不拘禮了。

照這麽樣就好,我以後有事纔可以敢勞動你。

您肯叫我做事,那就是賞我臉了。

昨天蒙你賞我的那茶葉味道很好。謝謝,謝謝。

好説,我這回到崇安去,就到了武彝山[②]逛了兩天。不過買了一點兒茶葉,送了去的不多,不成敬意的很。

好説,朋友交情要緊是在情意,不在東西。

你上那兒去?

我想上張老師那兒拜客去。

那麽我求你替我問張兄好,説我很想他,有閒空兒請他來坐坐。

前幾天我去的時候,他也托我問您[③]好來着。因爲他夫人有一點兒欠安,所以他總没能出門。

凡人説話總要誠實。

那是一定的理。若是有撒謊騙人的事,叫人看破了,自己也丢臉。

你所論的正合我的心了。

這件東西你看是真的是假的?

---

① 輕省:減輕。

② 武彝山:武夷山。

③ 您:原作"總"。

我看是假的。

我也看是這麽着,就因爲分辨不出來不敢説。

是,你没細看這刻的也粗,顔色也不光潤。

我們倆如今都閒着,可作甚麽[1]好呢?

你看有甚麽可做的,我看實在難的很。若説做生意,你我又没有本錢。若説做夥計,又没手藝。

照你這麽説,偺們倆豈不餓死了麽?

究竟上天不生無禄的人[2],等慢慢再打算就是了。

我想到那兒逛逛,就是我一個人又懶怠去。

我也想去逛逛,因爲没有伴兒不高興。既是這麽着,偺們倆一同去好不好?

您納可以一塊兒搭伴兒去,與我也很方便了。

您納説話聲音太小,人好些個聽不清楚。

我的聲音生來不能大,對人説話又不敢大聲嚷,所以顯着聲兒小。

凡人説話嗓子要緊,若嗓子好,自然響亮,字音清楚,自然没含糊。

我剛纔隔着槅扇和他説話,你聽見了麽?

我没聽見,近來我的耳朵有點兒聾。

不管怎麽樣,我求你千萬别把這個事給洩漏了,這是一件機密的事情。

既是這麽着,我不説總不至於壞事了罷。

你懂得中國話麽?

略會一點兒那厦門的話,别處不甚懂。

---

① 甚麽:什麽。

② 上天不生無禄的人:表示天無絶人之路。

中國話本難懂,各處有各處的鄉談[①],就是官話通行。

我聽見人説,官話還分南北音哪。

官話南北腔調[②]兒不同,字音也差不多。

老没見了,您納還認得我麽?

瞧着好面善[③],不記得在那兒會過,失敬得很,不敢冒昧稱呼。

偺們倆前年在張二家一個桌子上喝酒,您怎麽忘了麽?

提起來我認得了,您是何二爺麽?

您納這一向好,我有件事託你辦辦。

甚麽事請説罷。

我記得前天新聞紙[④]上記載,有一位會寫字書[⑤]的姓祝,實在羡慕得很。聽説你認得他,所以懇求閣下代爲介紹。

那容易,我總要給您効勞的。您放心罷,交給我了。

所有偺們逛過的這些個名勝地方,就是我們今兒晌午到的那座山上景致好的很。

是,我是喜歡那半山亭外兩三里的竹徑。

頂好[⑥]是打[⑦]那竹徑,轉過灣兒去,在那塊大石頭上坐着,聽那水聲兒,真叫人萬慮皆空。

你昨兒去遊湖回來,早啊,是晚哪?

回來有四更天了。

---

① 鄉談:家鄉話,方言土語。

② 腔調:口音,語調。

③ 面善:面熟。

④ 新聞紙:報紙。

⑤ 書:原作“畫”。

⑥ 頂好:最好。

⑦ 打:從,自,表示起點。

想昨兒晚上月亮很好，湖上風景一定是更好看了。
夜景比白天還好，足有加倍的好看。

這個廟很大。
大的很，在這兒算是第一個大廟。後頭還有一座寶塔，高的很。
好上去麽？
有一層的塔梯，如今拿開了，不好上去了。
那梯子爲甚麽拿開了？
因爲人多上去竟混嘈蹋[①]。

昨兒前半夜月亮很好，我躺在炕上看窻户上的月光，捨不得睡了。可是赶[②]到了夜深了，忽然颳起一陣風來，黑雲彩在滿天上直飛，打的霹雷很利害[③]。
那巧了是在我睡着了之後罷，我可知道昨兒晚上下雨來着。

這時正晌午，太陽很毒，暑氣很利害，怎麽好出門呢？
但是我有要緊的事[④]，没法子得出門。
就是有要緊的事，也要待一會兒，等太陽斜過去凉快些兒，再出門去罷。
也好。

早起天纔亮，我起來出去走動，看見瓦上的霜厚的很。
原來昨兒夜裏有大霜，怪不得我睡到五更天醒了，覺着冷的很，可就嫌棉被窩[⑤]太薄了。

夜深了，想這時候有三點鐘了。

---

① 嘈蹋：糟蹋。
② 赶：等到。
③ 利害：厲害。
④ 事：原作“是”。
⑤ 被窩：泛指被褥。

我剛纔聽見自鳴鐘噹噹的打了兩下兒似的。

那架鐘怕不準罷，看看我那個表，這個表走到三點鐘了，到底鐘還是慢點兒。

你看四季的時候，那一季兒好？

四季兒各有好處。

你喜歡那季兒？

這個不用問，誰不是頂喜歡的春暖花香？誰不怕夏熱秋凉？最怕的是冬天太冷。

我喜歡春秋兩季。

聽説你上學房[①]，在那兒啊？

學房就在這拐彎兒，那門口有報子[②]。

師傅是那一位？

師傅是姓金的。

同窻朋友有多少？

不多。

你看過《史記》麽？

没看過。

讀書人不可不看《史記》，看過《史記》，纔知道歷代的興敗、人物的好歹哪。學的是甚麽字？

學的是王右軍[③]的字帖。

那好極了。

---

① 學房：私塾、學塾的俗稱，是舊時私人設立的學堂。

② 報子：海報或廣告一類的宣傳品。

③ 王右軍：王羲之(303－361)，東晉書法家，有"書聖"之稱。曾官拜右軍將軍，人稱王右軍。其書法兼善隸、草、楷、行各體，廣采衆長，自成一家，影響深遠。王羲之無真迹傳世，著名的《蘭亭集序》等帖，皆爲後人臨摹。

你的師傅教法好不好？

很好。講書極細心，寫字的筆畫很講究，改詩文很用心，不埋没我們的一點兒好處。品行端正，規矩嚴緊。

這樣的好師傅，你肯用心，還怕學問有不進益①的麼？

和尚！

阿彌陀佛。

大和尚在山上了麼？

大和尚昨兒下山去了。

請問你的法名？

僧人名字叫了空。俗家怎麼稱呼？

俗家姓顧。

你這一塊地很大，並没人作田園②，豈不可惜麼？

這一塊地不中用了，土是鹹的，種甚麼都不長。

今兒個是令尊大人的千秋，我特意來拜壽。預備一點兒薄禮，請您賞收，千萬别推辭，還請您帶我去見一見令尊大人致賀。

不敢當，實在勞駕費心了。

嗐，這孩子實在没出息。整天家遊手好閒，不做點兒正經事。

他老子娘③也不管他麼？這麼由着他的性兒鬧，多偺④是個了手⑤啊？

依我說，不如把他活口兒的埋了就完了。

---

① 進益：學業、品德上的進步。

② 田園：田地和園圃。

③ 老子娘：父母雙親。

④ 多偺：多咱，什麼時候。

⑤ 了手：完畢，結束。

無論作甚麼事情，都要[1]努力向前。不可自己哄自己，纔能勾[2]往上巴結[3]哪！

雖是那麼說，我的差使不悮[4]就是了。我不能像人家，竟會要馬前刀兒[5]，溜溝子[6]捧臭脚[7]。幹那些下賤營生，我是來不及[8]的。

作好官的皇上一定喜歡，不會作官的，皇上必要有氣的。好歹總在乎各人。

這還用說麼？人操守好，再明白公事，那一定保得住。若是才幹平常的，又愛要錢，那就快回家抱孩子去了。

如今的京官大人們都好，也都有本事，認真辦事。所以這些外官，也都學得好了。

甚麼事都得有個榜様兒，上行下効。在上的不要錢，在下的還敢貪贓嗎？

他來過幾回，我總没大理他，他還涎皮賴臉的儘自[9]來，實在是不知好歹的一塊死肉[10]！

他是個欺軟怕硬的草鷄毛[11]，那兒算是人呢！你老别理他，他自然的就不來了。

那個姑娘剛纔起[12]這兒過，也不知是誰家的，長得很標緻，又穩重。明兒

---

① 要：原作"耍"。
② 能勾：能够。
③ 巴結：努力拚搏，奮進。
④ 悮：誤。
⑤ 要馬前刀兒：在衆人面前表現才能。
⑥ 溜溝子：逢迎，拍馬屁。
⑦ 捧臭脚：拍馬屁。
⑧ 來不及：做不到，做不出來。
⑨ 儘自：總是，一直。也作"緊自"。
⑩ 死肉：比喻没有活力的人。
⑪ 草鷄毛：比喻膽怯的人。"草鷄"指母鷄。
⑫ 起：從，自。

給我們舍親[1]作個媒,這個姑娘真不錯。

我認得是那邊兒張老二跟前的[2],若給你們令親説,倒也配得過。

這個孩子有出息兒,又能熬夜,又能作活,有耐心煩兒[3],靠得住。怎麽不叫人疼呢?

你是那麽説,我瞧他很懶,一黑就睡。俗語兒説的:馬尾兒穿豆腐——提不起來了[4]。實在叫人生氣。

素日受您的栽培,我本就感激不盡。現在爲這件事,又承您抬愛。像這麽疼我,怎麽補報您的情呢?

那兒的話呢,我這不過効點兒勞,你倒不必這麽多心。

牙没了,甚麽都嚼不動了。燉[5]的爛爛兒的纔好哪,别弄的那麽挺梆硬的不能吃。

我的牙比你的强,不論甚麽硬的、脆的都能吃,連瓜子兒還能磕哪!

我請教你這件事應當怎麽辦。我心裡想着他若是一定不依,我就給他實端出來怎麽樣?

我告訴你,你的性子太耿直,也得隨和些兒纔好。凡事也不可太刻薄,人家既肯認不是也就罷了,何苦老没完呢?

這個猫怎麽總不管閒事?滿地的耗子他也不拿,明兒個不用餧[6]他就好了。

---

① 舍親:對他人稱自己的親戚的謙辭。

② 跟前的:北方人稱親生子女爲"跟前的"。

③ 耐心煩兒:耐心。

④ 馬尾兒穿豆腐——提不起來了:比喻事情糟糕,不能提。也比喻人提不起精神。"馬尾"指馬尾巴上的毛。

⑤ 燉:炖。

⑥ 餧:餵。

這耗子真鬧的兇，吵的睡不着覺，東西也咬了個稀爛，這可怎麼好？

有兩個狗在那兒搭配[①]，一個姑娘握着眼睛不肯瞧。雖然是那麼樣，可又從手縫兒裏偷着看，你説可笑不可笑？

人到了歲數兒了，春心是要動的。外面兒雖是害羞，難道他心裏就不動情嗎？這也怪不得他。

我在台階兒上站着，他抽冷子[②]把我望[③]後一推，幾乎没栽[④]了個大觔斗。

那兒有這麼促狹[⑤]的呢？他再不敢和我這麼頑[⑥]兒。他要招着我，我就攢足了勁兒，給他一個冷不防[⑦]，叫他吃不了得兜着走。

---

① 搭配：禽獸交配。

② 抽冷子：猛然，突如其來。

③ 望：往。

④ 栽：原作"裁"。

⑤ 促狹：捉弄人。

⑥ 頑：玩。

⑦ 冷不防：没有預料到，突然。

第二卷 官商吐屬

第一章

您貴姓?

豈敢,賤姓王。

府上在那兒住?

舍下在東單牌樓總布胡同。

您在那衙門行走[①]?

我是在兵部當差。

您到舍下來是有甚麽事情麽?

是,我來是和您打聽一件事情。是我聽見説您這西院裡那處房要出租,是真的麽?

不錯,是真的。怎麽您要租麽?

是,我打算要租。

您來遲了,那個房子我已經租出去了。

您租給誰了?

我租給我們一個親戚了。

那就是了,那麽您别處還有房麽?

我别處没房了。我有個朋友,他有一處房要出租。

在甚麽地方?

在這北邊兒安福胡同。

有多少間房子?

有三十多間房子。

三十多間房子太多,我住不了那麽些個。

您若是住不了那麽些間,您可以都租下,除了您自己住多少間,下剩多少間,您可以轉租給别人住。

---

① 行走:清代把不設專門官職的機構或非專任的官職稱爲"行走"。北洋軍閥統治時期,把額外派遣的官職稱爲"行走",不屬正式編制,如參事上行走、秘書上行走,多爲閑差。

那麼我就是包租了？

不錯，您包租。

我包租，我又怕一時租不出去，我每月得如數給房東房錢。

我想那層[①]倒没甚麽可慮的，脚下[②]房子往外租着很容易。

那麽我租妥之後，除了我住多少間，下餘多少間，還要求您替我招租。

那好辦。赶您租妥之後，您可以告訴我説，您是匀出多少間來出租，我可以替您找住房的。

那麽着很好了。可是，您知道一月是多少房錢麽？

我那個朋友告訴過我，每月是七十吊錢的房錢。

七十吊錢的房錢太多。

您聽着這房錢彷彿是太多，您不知道那房子可是頂好。院子又大，地勢又好，離大街也近，買東西也很方便。

那麽我租那房子，還有茶錢[③]麽？

那茶錢自然是[④]有的。

怎麽我起您手裡租房，還得給茶錢呢？

雖然您是起我手裡租房，没有别的中人，到底這茶錢您也是得給。我告訴明白您納，您給的這茶錢並不是我落[⑤]，也不是我那個朋友得，是給我的那個朋友的底下人們大家分的。

那麽是幾分兒茶錢[⑥]呢？

就是一茶一房[⑦]。

那就是了，那麽我還得有舖保[⑧]罷？

舖保自然是得有的，您找得出舖保來麽？

---

① 那層：那一點，回指上文提到的内容。

② 脚下：現在，目前，眼下。

③ 茶錢：中介費。北京租房一般靠房牙(房屋交易中介人)或友人代租，租者第一個月付雙倍房租，稱爲單茶錢。如果房好，則第一個月要付三倍房租，稱爲雙茶錢。

④ 是：原作“自”。

⑤ 落：得到，獲得。

⑥ 幾分兒茶錢：是問“單茶錢還是雙茶錢”。

⑦ 一茶一房：意思是付單茶錢，即七十吊房租七十吊茶錢。

⑧ 舖保：以店鋪的名義所做的擔保。

是，我找得出舖保來。
您都是有甚麽舖保？
要甚麽舖保有甚麽舖保。
那就行了。您打算多喒瞧那房子去？
我打算過一兩天我來，同您看看去。
那麽偺們一兩天準見。
是，一兩天準見。

第二章

您貴姓？
豈敢，賤姓李。未領教您納？
我賤姓趙。
貴處是甚麽地方？
敝處張家口。
到京來有甚麽貴幹？
我是賣貨來了。
您販來的是甚麽貨物？
我販來的是皮貨。
您在那兒住着了？
我在城外頭店裡住着了。
在那個店裏住着了？
在西河沿大成店裏住着了。
今年皮貨的行情怎麽樣？
今年皮貨的行情還算是平和。
我聽見説，前幾年皮貨的行情很大。
不錯，前幾年皮貨的行市大的很了。
是怎麽個緣故呢？
總是因爲貨短的緣故。

您現在帶來的貨,都賣完了麽?

還没都賣完了。

您賣完了皮貨,是帶回銀子去呀,還是販貨回去呢?

是販貨回去。

都是販回甚麽貨物去呢?

竟[①]是洋廣雜貨[②]。

您在張家口是有舖子麽?

是有鋪子。

寳字號?

小號"益泰"。

您向來[③]往回裏帶貨,都是買誰家的貨呀?

那也倒不一定。誰家的貨合式[④],我就買誰家的。

既是這麽着,我現在有個朋友,他在哈達門[⑤]外頭新開了個洋廣雜貨棧。他都是自己起廣東置來的貨,價值[⑥]比別的棧裏全便宜。您後來[⑦]買甚麽貨,可以到他那棧裏買去。

令友那個棧房,寳字號是甚麽?

字號是"德發"。

那麽底下[⑧],我到那棧裏買貨去,我提您就得了?

是,等底下我也可以同您去一盪[⑨]。

那更好了!我請問您納,您當初也做過買賣麽?

是做過買賣。

---

① 竟:净,都,全。

② 洋廣雜貨:外國貨和廣東貨。清末店鋪以此爲招牌,以示新式時興。

③ 向來:從來,一向。

④ 合式:合適。

⑤ 哈達門:哈德門的諧音,即崇文門。

⑥ 價值:價格,價錢。

⑦ 後來:以後。

⑧ 底下:以後。

⑨ 盪:趟。"京語發音,往往有些字音含混不清,量詞'趟',北京人發音有時介乎 tàng 和 dàng 之間,所以作品中直音書寫作'盪',是有道理的。"(清)文康著、(清)董恂評、爾弓校釋《兒女英雄傳》,齊魯書社,1990 年)

您都是做過甚麽買賣?
我開過藥棧。
是在城外頭麽?
不錯,是在城外頭。
現在那個藥棧還開着了麽?
没有,關了有七八年了。
那麽您現在有甚麽貴幹呢?
我現在是行醫。
您行醫是竟瞧門脈①呀,是還出馬②呢?
早起瞧門脈,晌午出馬。
您行醫總比做買賣强啊!
也倒没甚麽别的强的,不過是不像做買賣那麽累心就是了。
您府上在那兒住?
舍下是在東四牌樓報房胡同住。
等改天我到府上望看③您去。
豈敢,我過兩天還要到店裏望看您去哪。
不敢當,您没事的時候,可以到店裏去,偺們談一談。
是,那麽偺們改天見。

第三章

老弟是起家裏來麽?
喳,是起家裏來。
老弟還没定規④日子起身哪?
也就是這三五天就起身了,今兒個是特意來見兄台辭行。

---

① 瞧門脈:坐診。
② 出馬:出診。
③ 望看:看望,探望。
④ 定規:决定,確定。

這實在多禮了。老弟這盪是連家眷都去麽？
可不是麽，打算連家眷都去。
是和人搭幫走啊，還是自己單走呢？
是和人搭幫走。
搭幫走的那位也是作官的麽？
是作官的。他是新捐[1]的通判[2]，到外頭候補[3]去。
像您這到省之後，就可以上任去罷？
是，到省之後，大概就可以上任去了。
您補的這個缺是煩缺[4]麽？
不是煩缺，是簡缺。
現在署您這個缺的那位姓甚麽？
是一位姓周的。
是補過實缺[5]的麽？
也是新近纔補的缺，這等我到任之後，他就交卸上新任去了。
那麽老弟這幾天總在家罷？
是，這兩天總在家。
我這兩天還要到府上給老弟送行去哪。
不敢當。我也要回去了。
您回去了，到家裏都替我請安問好罷。
是，回去都替您說。

---

① 捐：通過捐獻錢財而得到官職。

② 通判：官名。在知府下掌管糧運、家田、水利和訴訟等事項。

③ 候補：待補官職的缺額。

④ 煩缺：繁缺，政務繁忙的官缺。清朝的官缺按照政務難易的等次分爲簡缺、中缺、要缺、最要缺等。由易到難，按衝、繁、疲、難四個字分別概括：衝是當地要道；繁是政事紛紜；疲是追討稅糧積欠的，任務很重；難是治安極差，發案率高。四字中占一字的稱爲簡缺，占兩字稱中缺，占三字爲要缺，占全了就是最要缺。新任知縣只能派簡缺或中缺，然後再轉要缺或最要缺。（參見完顏紹元《說官衙門道》，上海辭書出版社，2014年，3頁）

⑤ 實缺：本官出缺，由他官暫代其職。

第四章

回稟老爺,李老爺給您拜年來了。
你去請進來,讓到書房裏坐。
兄台新喜了!
老弟新喜了!
兄台請上,我給您拜年。
不敢當,一說就是了。
老弟請坐喝茶。
兄台請坐。
老弟今兒個是頭一天出來麼?
我是起昨天出來的。
得拜幾天哪?
也不過五六天就拜完了。
打算多喒到省裏去呀?
我打算初八進省。
得多喒回來?
得過了節回來罷。
老弟起頭年封了印[①],總沒到衙門去罷?
封了印之後還去了兩盪,辦了幾件零碎的事情。
趕開了印[②]之後,就該忙了罷?
可不是麼,趕開了印之後,就所[③]没甚麽閒功夫了。
是,老弟請再喝盃茶罷。
不喝了,我該走了。

---

① 封印:舊時官署於歲暮年初停止辦公,稱爲"封印"。
② 開印:舊時官署次年正月開封用印,恢復正常辦公。
③ 所:完全,都。

忙甚麼了,天還早哪。
是因爲該去的家數多,去晚了不像事。
那麼勞老弟的駕,到家裏先替我請安道新喜罷。
是,回去都替您説。

第五章

老兄,我昨兒個聽見説,您現在升任太守了,所以我今兒個特意給您道喜來了。
不敢當,實在勞駕得很了。
老兄大概得多喒上新任去呀?
還不能預定了,總得等上司派委員來接署,纔能交卸了。
您交卸之後,是就上新任去呀,是還得先進省裏去呢?
是先得到省裏去。
請問老兄貴科分[①]?
我是辛酉[②]科的舉人[③]。
會試[④]是那科呢?
會試是壬戌[⑤]科。
原來老兄是連捷[⑥],實在是才高得很了。
承過獎了,不過是一時的徼倖就是了。
老兄太謙了。請問老兄都是榮任過甚麼地方?

---

① 科分:科舉中試之年份。
② 辛酉:爲干支之一,順序爲第五十八個。干支紀年法是中國曆法上自古以來就一直使用的紀年方法。干支是天干和地支的總稱。甲、乙、丙、丁、戊、己、庚、辛、壬、癸十個符號叫天干,子、丑、寅、卯、辰、巳、午、未、申、酉、戌、亥十二個符號叫地支。把干支順序相配正好六十,爲一周,周而復始,循環使用。
③ 舉人:明、清兩代稱鄉試録取者爲"舉人"。
④ 會試:科舉時代各省舉人在京城進行的考試。
⑤ 壬戌:爲干支之一,順序爲第五十九個,在辛酉之後。
⑥ 連捷:科舉考試時連續考中。一般指鄉試考中舉人後,接着會試又考中進士。

我是做過一任上元縣知縣①,後來俸滿,蒙前任撫台②保升今職。數年以來,寸功未立,實在慚愧得很了。

那兒的話呢!老兄如此大才,無怪上游③器重。况且又愛民如子,如今升任太守,實在是彼處百姓之福也。

不敢當,不敢當。

那麼等老兄行期有日,我再過來送行就是了。

那實在當不起,這就勞駕得很了,等改天我再到貴衙門謝步去。

豈敢,豈敢。

第六章

老弟,我聽見説,前幾天晚上有幾個人到東街上一個銀號裏搶去了,是有這麽件事麽?

不是搶銀號去了,是和銀號打架來着。

是爲甚麽打架呀?

是因爲有一個無賴子④撿了一張銀票,到銀號裏取銀子去了。銀號裏人説:"這是一張失票,已經有人掛了失票了。你等一等,我們把那個丢銀票的那個人找來,你們倆人當面一説,他也不能白⑤了你,總得謝和⑥你幾兩銀子。"那個無賴子不答應,説是:"這張銀票是我各人⑦的,我就知道拿銀票來取銀子。你們説是别人丢的銀票,那都不與我相干,我通⑧不管那些個,你們就是給我銀子,没别的話!"銀號裏不肯給他銀子,這麽着,他要把那張原銀票拿回去,銀號裏把那張銀票也扣下了,不肯給他,這麽着他就走了。趕到晚上那個無賴子

---

① 知縣:明朝以來縣一級最高行政長官的正式稱呼。

② 撫台:明、清巡撫的别稱。

③ 上游:上級。

④ 無賴子:無賴。

⑤ 白:事後不給好處或報酬。

⑥ 謝和:用禮品表示感謝。也説"謝候"。

⑦ 各人:自己。

⑧ 通:全部。

又約了四個無賴子，到銀號裏打架去了。趕他們到了銀號，就這麽一駡，把櫃上的一個夥計，也[①]揪出來給打了，把攔櫃[②]上擱着的算盤也給摔了。這個工夫兒汛官[③]聽見説了，當是搶銀號的了，就帶兵去把他們五個人都拿了去了，送了縣了。後來查明白了，他們是打架的，就把他們五個人都枷號[④]在東街上了，半個月之後纔能放他們了。

第七章

院子裏坐着的那個拿着包袱的人，是幹甚麽的？
他是個賣珐藍[⑤]的。
你認得他麽？
我不認得他。
你不認得他，怎麽知道他是賣珐藍的呢？
我剛纔問他來着，他説他是珐藍作[⑥]的人。
那麽他那包袱裏包着的就是藍貨[⑦]麽？
大概就是罷。
那麽你出去把他叫進來。
掌櫃的，你進來罷。
你是賣珐藍的麽？
是。

---

① 也：原作“他”，據《改訂官話指南》（鄭永邦、吴啓太合著，金國璞改訂，東京文求堂藏版，1928年）改。

② 攔櫃：櫃台。

③ 汛官：駐防官。

④ 枷號：舊時將犯人上枷標明罪狀示衆。

⑤ 珐藍：珐琅。又稱“法藍、佛郎”，亦稱“景泰藍”。珐琅一詞源于中國隋唐時古西域地名拂菻。當時東羅馬帝國和西亞地中海沿岸諸地製造的搪瓷嵌釉工藝品稱拂菻嵌或佛嵌、佛朗機，簡稱爲拂菻。出現景泰藍後轉音爲發藍，後又爲珐琅。一九一八年至一九五六年，珐琅與搪瓷同義合用。珐藍作：製作加工珐琅的工廠。

⑥ 是珐藍作：底本“珐”和“是”錯序，今改。

⑦ 藍貨：珐琅製品。

你這包袱裹包着的,是甚麽藍貨呀?
這是一對琺藍瓶。
你打開包袱我看看。
您看,這對瓶好不好?
這對瓶太大,有比這對小一點兒的没有了?
我們局子裹,有一對比這個小的,是作様子的,不是賣的。您要買多大尺寸的,那都可以定燒。
我白[①]問一問,像這對瓶得多少塊錢?
這對瓶得一百多塊錢。
你們有甚麽小物件没有?
您問的是甚麽小物件哪?
就像甚麽小筆桶、小印色盒子、小爛燈這些個小物件。
您説的這幾様兒小物件,現在做着了,還没燒得了。
那麽得多喒就燒得了?
過個四五天就可以燒得了。
等這小物件燒得了,你可以拿幾様兒來,再把你們局子裹那對瓶様子拿來,我瞧瞧。若是合式,我可以照様兒定燒一對。
是,我過幾天給您拿來罷。
你們局子在甚麽地方?
我們局子在後門大街。
寳字號?
小號“廣成”。
你們先頭裹[②],也來這公館裹賣過東西麽?
我們先頭裹,没來這公館裹賣過東西。
這對瓶,我嫌他太大,你可以拿回去罷。
是,我失陪了您納。
你回去了。

---

① 白:“憑空。你就～想想,也能咂摸過味兒來。”(參見陳剛《北京方言詞典》,商務印書館,1985年,6頁)
② 先頭裹:以前,之前。

第八章

你們老爺在家裏了麽?

是,在家裏了。

你進去告訴你們老爺,就提我在後門住,姓徐,來見你們老爺有話説。

是。

我們老爺請您進來,到書房裏坐。

老弟久違。

彼此,彼此。

這一向倒好啊?

好啊您納。您倒好?

托福,托福。

老弟偺們這一向没見,是上甚麽地方去了麽?

可不是麽,我是出了邊外。

上甚麽地方去了?

出口[①]收租子去了。

是了。

大哥,我今兒個特意來,和您商量一件事。

是甚麽事情?

我有個朋友,他在京西住家[②]。他有幾頃地,有一處果木園子、一處菜園子。因爲他現在等錢用,託我把他這地畝[③]、園子給他典出去,所以我來問問您納。若是您願意典過來,我可以給您辦辦。

這個地畝,現在是他自己種着哪,還是有佃户種着呢?

---

① 出口:北京話中多指到張家口及以北地區。

② 住家:家庭定居于某地。

③ 地畝:田地。

是他自己種着了。

他打算典多少銀子呢?

他打算要典一千兩銀子。

他若是打算典一千兩銀子,我怕是凑不出那麽些個來。

那麽您可以凑得出多少來呢?

若凑個六七百兩銀子還可以行。

那層您等我回去,和他商量去罷。

可是,他打算典多少年呢?

這層我也問他來着,他説是不用寫典多少年,就寫錢到回贖就得了。

不寫典多少年,總不大妥當。因爲這幾年,我若是放下外任[1]來,我就得用這個銀子,所以總還是説明白了典幾年纔好哪。

是,那我還可以和他商量。您約摸,您大概還得幾年,可以放下外任來呀?

我約摸着還得過個五六年罷。

我想和他商量寫五六年,他也没甚麽不願意的。

還有那地契,您都看見了麽?

我都看見了。

是幾張紅契[2]、幾張白契[3]?

兩張紅契、兩張白契。

那麽您就回去,和他商量去罷。他若是願意就這銀數兒辦,願意寫五六年,偺們就辦。

趕這事定妥的時候,您還得先照回地去哪。

那層是這麽着,您若是肯出切實的保,保這事决不錯的,那我就不必先照地去了。

這事是决不錯的,那我可以落切實的保。

既是這麽着,那我就憑您一句話了。趕偺們把事情都辦完了之後,我再同他到地裏看一看去就得了。

---

① 外任:舊指在京城以外的地方作官。

② 紅契:舊時買賣田地、房産等時,把經過納税而由官府蓋印的文契稱爲“紅契”。

③ 白契:相對于紅契而言,尚未經官署蓋印的房産、田地買賣、典當等的文契稱爲“白契”。

第九章

回稟老爺,大恒布舖的徐掌櫃的來了,說是要見您有話說。
你出去請進來,讓在客廳裏坐。
是,我們老爺請您到客廳裏坐哪。
徐掌櫃的,您怎麼這麼閒在[①]呀?
我是來找您說句話。
是,您請坐。
您坐下。您這幾天没出門麼?
没有,因爲我這幾天,有點兒不舒坦,所以没出去。
現在倒大好了?
是,大好了。
我來找您,是和您借一項[②]銀子。
是用多少呢?
總得五百兩銀子。
是又買着甚麼俏貨了麼?
不是,是因爲我倒過一個舖子來。
倒過一個甚麼舖子來呀?
倒過一個錢舖來。
是幾間門面?
兩間門面。
在甚麼地方兒?
在偺們這城外頭,八寶街路西裡。
原先是誰的舖子?
原先是一個南邊人的舖子。

---

① 閒在:空閑。
② 項:量詞。

怎麼是關了之後，纔倒的麼？

没關，是因爲那鋪子的東家是候選知縣，新近選上了，他得出去作官去，他又没有弟兄本家，可以照應買賣，所以得倒出去。

您是多少銀子倒過來的？

一千銀的倒價。

連傢俱都在其内麼？

是，連傢俱一包在内。

倒價都給完了麼？

是都給完了。

那麼您現在就是用銀子作買賣了？

不錯，我手裏現在還有五百兩銀子，不彀[①]週[②]轉的，還得有五百兩銀子纔行哪。

是，我可以借給您五百兩銀子就是了。

費心，費心。您可以作項[③]怎麼個利息？

這是甚麼話呢！偺們這樣兒的交情，您用這點兒銀子，還提甚麼利錢哪！您若是給利錢，我就不借了。

是了，那麼我從命了。

豈敢，那個錢鋪原來是甚麼字號？

原字號是“德合”。

您倒過來還改字號麼？

是，改字號。

打算改甚麼字號呢？

打算改“裕成”字號，您想好不好？

這個字號很好。這錢行的買賣，您也通達[④]麼？

那錢行的買賣，我不通行。我們舍姪學的是錢行，我打算把他安置在那鋪子裏了事。

---

① 彀：够。

② 週：周。

③ 作項：開價，定價。

④ 通達：通曉。也説“通行”。

這倒很妥當。打算多喒開市呀?
總得下月初間纔能開市哪。
等開市,我過去給您道喜去。
不敢當。我也要回去了。
您忙甚麼了,再坐一坐兒罷。
不咖[①]了,我舖子裏還有事哪!
那項銀子明天晚上我給您送到舖子裏去罷。
就是就是。
您回去了。
您請進去罷。

第十章

回稟老爺,劉木匠來了要見您。
叫他進來。
劉師傅,我們老爺叫你進去哪。
老爺,您好啊?
好啊,您好啊?
好啊您納。
怎麼這程子[②]我總沒見你呀?
我是回了一盪家。
幹甚麼回家去了?
回家收莊稼去了。
今年你們那兒年頭兒[③]怎麼樣?
彀八成年紀呀。

---

① 不咖:否定詞。也作"不介""不價","咖/介/價"用以加强否定語氣。
② 程子:陣子,一段時間。
③ 年頭兒:收成。

你種着有多少畝地呀?

我種着有一頃多地。

今年打了有多少石[①]粮食啊?

今年打了有一百石粮食。

你這回來應[②]着甚麼活了没有?

還没應着活了。我今兒來見您,是因爲有一處活我要應,就是没有薦主[③],我打算求您給我舉薦舉薦。

你要應那兒的活呀?

西城江老爺那兒,不是要蓋房了麼,我打算要應那個活。

我聽見説,江老爺找了好幾個人看過了,可不知道有人應妥了没有。

不錯,我聽見説,有三個人看過了,有倆要了八千兩銀子,有一個要了七千五百兩銀子。江老爺都不願意,所以都還没定規了。

那麼若是你包那個活,自然總比别人便宜點兒啊。

那是自然的。我若是包那個活,不但比别人便宜幾百兩銀子,工程準還要堅固,一點兒也不能含糊。

我給你説説那倒容易。可有一層,我聽見説,江老爺的意思,打算説定規了之後,立合同的時候,先給一半兒銀子,下剩那一半兒銀子,總得等完了活纔能給呢。你可以先墊辦[④]的起麼?

是,我也知道是先領一半兒銀子,我也打算了打算,可以墊辦的了。因爲我有個朋友開着個甎瓦窑,用多少甎瓦,他都可以供,不用給現錢,趕完了活再給錢,很可以行。還有我的個小舅子,現在開着個木廠子[⑤],他存着的木料很多,我可以隨便用,也不用先給錢。我領這一半兒銀子,不過是預備着買石頭、買灰[⑥]、開發大家的工錢。算了一算,也不差甚麼[⑦]彀了。

---

① 石:市制容量單位,十斗爲一石。

② 應:承接,承辦。

③ 薦主:薦引人,介紹人。

④ 墊辦:墊補。

⑤ 木廠子:承接土木工程、出售桌椅等粗製木器的廠子。

⑥ 灰:灰。

⑦ 不差甚麼:差不多。

既是這麼樣,很好了。趕明天我就見江老爺去,給你説説。
那麼費老爺的心罷。我多喒來聽老爺的信哪?
你後兒來聽信罷。
是了,那麼我回去了。
你回去了。

第十一章

老弟是甚麼時候來的?

我先來過一盪了,聽説是您没在家,這麼着我又上别處去了。這剛纔我回來,聽他們説您還没回來了,所以我在這兒竟①等着您回來哪。

那麼叫老弟受②等。

好説您納。您是上那兒去了一盪?

我是出城去,到莊稼地裏看了看。

現在的莊稼所都長起來了罷?

是,都長起來了。

那麼今年秋收有望了。

按着脚下看,今年準可以豐收的。

您到莊稼地裏,看見他們種地的做活了麼?

是,我去的時候,他們正在地裏鋤地了。趕晌午的時候,他們就都回去吃晌飯去了。這麼着我就找了一棵大樹③,在樹底下凉快了半天,瞧了會子④放牛放羊的,趕凉快彀了,我這纔趨達⑤着回來了。

您倒真是會高樂⑥的。

---

① 竟:一直,從頭到尾。
② 受:忍耐某種遭遇,如受累、受罪等。
③ 樹:樹。
④ 會子:一會兒。
⑤ 趨達:溜達。
⑥ 高樂:享樂,快活。

甚麽會高樂呀！不過是在家裏坐着也是悶得慌，睡晌覺起來，也是不舒服，莫若出去𨇤達𨇤達倒好。

您這倒也是養身之法。

那兒的[①]話呢。老弟今兒到舍下來，是有甚麽話説麽？

大哥，我來是有件爲難的事，要求您替我辦辦。

是甚麽事情？

是因爲我兄弟現在忽然要分家。

你們弟兄們素日不是很和睦麽？怎麽他忽然想起要分家來呢？

我也不知道是甚麽緣故，我想他大概是受了人的挑唆了，所以纔要和我分家。

莫非偺們這些親友裏頭，誰還能離間你們弟兄麽？

偺們這些親友裏頭，自然誰也不能挑唆他分家呀！我知道，他近來交了幾個新朋友，都不是很好的人，我想必是他們挑唆的。

那麽您來找我，打算是怎麽個辦法呢？

我來是因爲我兄弟素日和您對勁[②]，我打算求您這幾天，把他找到您家裏來，勸勸他，總是能叫他不分家纔好哪。

我把他找來勸勸他，那倒没甚麽不行的。可有一層，我們倆平常雖然對勁，無奈令弟的那個左皮氣[③]，我也不敢保他準聽我的話。儻或他不聽勸，又該當怎麽辦呢？

他若實在不聽勸，那没法子，只可由着他分家就是了。

若是他一定要分家，您打算是怎麽個分法呢？

我們的房産是兩處住房、兩處舖面房。西城那處住房，和城外頭那處舖面房，那兩處的房契，全都在外頭押着了。現在就是我們住着的這處房，和我們舖子那個房子，這兩處的房契没押，我可以分給他這兩處房産就是了。其餘我們家裏的傢俱東西，他愛甚麽，都可以拿了去，我决没甚麽不願意的。

您這麽辦，是公道極了，親友們决不能有甚麽議論您的了。

---

① 的：原作"是"。

② 對勁：相處融洽和諧。

③ 皮氣：脾氣。左皮氣：倔脾氣。

第十二章

老兄,怎麽這程子,我總没見您哪?

我回家收莊稼去了。

今年收成的怎麽樣啊?

今年收成的還算好啊。

您種着有多少地呀?

我的地不多,纔一頃多地。

今年您打了有多少石糧食啊?

打了有一百多石糧食。

那麽今年您打的糧食比去年多?

是,去年纔打了六十石糧食,今年比去年多打着有四十多石糧食了。

您去了日子不少了罷?

可不是麽,我去了有倆多月了。

怎麽您這盪回家去了這麽些日子呢?

我是和人打了一塲官司,又賣了一回地。

您是和誰打官司來着?

是和我們一個地隣打官司來着。

是爲甚麽事情?

是因爲我有十幾畝窪地,每年夏天一下大雨就淹了,所以這幾年,我也没種,竟荒着了。我那個地緊挨着一個姓于的地畝,這幾年我不是没種那個地麽,可就叫那個姓于的零碎佔了有幾畝地去。我常在外頭,所以也不知道這個事。趕我這盪回去,聽見我們長工説,我就親自到地裏去一查,可不是叫他佔了我的地去了麽!這麽着我就找那個姓于的去,問他這件事。他一定不認,我可就到衙門去,把他告下來了。趕知縣查明白了,就叫他把佔去我的地,都給我退出來了。這麽着我就都把他賣出去了。

是了。像您每年打的這個糧食,都是留着自己吃啊,還是賣呢?

不是都留着自己吃,我們家裏也就是留個三四十石糧食,下賸的都就賣了。

您的糧食都是賣在甚麽地方啊?

離我們住的那個地方有幾里地,有個大鎮店[①],每五天一集。我們都是拿牲口馱上糧食,到那個鎮店上賣去。

到了鎮店上,是賣給糧食店哪,還是賣給客人呢?

都是賣給客人的時候多。

是您自己賣給客人麽?

不是,都是經紀[②]給賣。

那經紀都是奉官的麽?

是奉官的,他們都得有官給的牙帖[③],纔能當經紀了。

賣糧食用的斛斗[④],那也都是官定的麽?

是,那都是官定的。

那麽那經紀挣的,都是甚麽錢呢?

那經紀就是得用錢[⑤]。

那糧食的行情,是經紀定麽?

不是經紀定。

是誰定呢?

没人定,大概是這麽着,若是這天糧食來的多,自然行市往下落。若是這天糧食來的少,自然行市往上長。這是一定的理,並不是有人先定出一個行市來。

是了,您這麽説,我就明白了。

---

① 鎮店:集鎮。

② 經紀:買賣雙方的中間人。

③ 牙帖:牙行經營時用的營業執照。明清時期,牙商要呈官府批準纔能領取,領了"牙帖"纔能營業。"牙帖"大致分爲上、中、下三等,按時换領。牙行:舊時爲買賣雙方説合交易而從中收取傭金的商行。亦指其行主。

④ 斛斗:斛與斗,都是盛裝糧食的量器名。

⑤ 用錢:傭錢。舊時買賣時付給中間人的報酬。

第十三章

老弟,我來是問你一件事情。

您是問甚麽事情?

你西山裏,不是有一處果木園子麽?

不錯,是有一處果木園子。

是多少畝地的園子啊?

五十多畝地的園子。

每年你那園子是自己收果子賣呀,還是把樹包給别人呢?

前些年,我都是自己收果子賣。這幾年,我可是把樹包給别人。

你都是包給誰呢?

我都是包給海淀、順義雜貨舖。

我今兒個來見你,是因爲我有個相好的[①],他現時在西城開了一個乾果子舖,他再三的求我,給他辦這包果子的事情。我知道你有果木園子,所以我來問問你,若是你願意過年[②]把樹包給他,我可以給你們拉這縴。

他若是願意包,那也没甚麽不行的。

他還叫我問問這包果子,都是怎麽個規矩。

那麽您這個相好的,他是外行麽?

可不是麽!他本是外行,他這是頭一回作這果行的買賣。

那包果子,也没有多規矩,就是結果子的時候,我同他到園子裏看一看,然後就商量包價是多少。趕説妥了,把銀子給了,這一年的果子就是他的了。

趕包妥之後,還得有個看果子的了罷?

那是自然的,總得找一個人,黑下白日[③]在園子裏看着纔行哪。

這個看園子的,是偺們給他找啊,還是他各人找呢?

---

① 相好的:親密的朋友。

② 過年:明年。

③ 黑下白日:白天黑夜,整天。

那是隨他。若是他託偺們給他找，偺們就給他找；若是他願意他自己找也使得[1]。

那看園子的人，不至于偷果子賣呀？

那是這麽着，若我給他找的人，那自然我得下保[2]。若是有偷果子賣的事情，有我一面承管了。

那看園子的，每月就是給他工錢，没别的麽？

是，就是給他工錢。不過還有那搭窩棚用的席、木板、繩子、杆子，這些個東西，都是包果子的給他買。趕後來拆窩棚的時候，可也是那包果子的把這些個東西拿回去。

那麽若是樹上掉下果子來，該當怎麽樣呢？

若是平常掉下來的果子不多，那就在地下擱着，等包果子的多喒去了，告訴他就是了。若是偶然遭大風，或是遭雹子，掉下來的果子太多了，那個看園子的應當趕緊的去告訴那個包果子的，叫他好去收那掉下來的果子。

是了，我回去就照着你所説的這話，告訴我那相好的。等他有甚麽話，我再來見你罷。

就這麽樣罷。

第十四章

劉才。

喳。

書房裏那架坐鐘[3]不走了，你回頭到祥盛鐘表舖，把許掌櫃的請來，給收拾收拾。

是了。

辛苦衆位。

---

① 使得：行得通，可行。

② 下保：作保證。

③ 坐鐘：座鐘。放在桌案上的時鐘。區别于挂鐘。

您來了,您請坐。

我們老爺打發我來,請許掌櫃的到宅裏,有一架坐鐘,給收拾收拾。

您在那宅裏?

我在富宅裏。

是棉花胡同富宅麽?

不錯,是棉花胡同富宅。

您貴姓?

我賤姓劉,未領教您納。

我賤姓許。

啊,您就是許掌櫃的,您照應點兒罷。

彼此彼此。

您那宅裏,還是那位姓朱的管事麽?

不是,換了人了。

換了那位了?

換了一位姓范的。

怎樣,那位姓朱的擱下了[①]麽?

可不是麽,散了[②]。

是爲甚麽散[③]的?

是因爲病散的。

是得了甚麽病了?

他本來是個弱身子,又吃烟[④]。今年他忽然一忌烟[⑤],烟也没斷成,可就得了病了,一天比一天重,後來簡直的成了癆病了,甚麽都不能幹了。這麽着他就把事情辭了,回家養病去了。

是了。可是您知道,是竟[⑥]收拾鐘啊,是還收拾表呢?

---

① 擱下了:"差事擱下了"的省略,指請辭或解雇。

② 散了:此處指解除雇傭關係。

③ 散:原作"敢"。

④ 吃烟:抽大烟。

⑤ 忌烟:戒大烟。

⑥ 竟:只,光,就。

我們老爺就説道收拾鐘，可沒提還收拾表。到底據我想，您把收拾表的傢伙[①]帶上，萬一收拾表了也不定。

那麽偺們這就走罷。

掌櫃的，您先請在書房裏坐一坐，我進裏頭告訴我們老爺去。

是了。

許掌櫃的，這一向好啊？

好啊，富老爺倒好？

好啊您納。買賣好啊？

托您福，倒還好。

現在打夜作[②]了麽？

是，打夜作了。

現在舖子裏幾位夥計？

脚下是四個夥計。

幾個徒弟？

倆徒弟。

都可以上案子做活了麽？

有一個可以上案子做活了，那個是新來的，還不行哪。

您見天也在舖子裏做活麽？

我是不能整工夫在舖子裏做活，總是在外頭辦事的時候多。

脚下您那舖子裏，每月做多少錢的手工啊？

現在每月，也就是做個四百來吊錢的手工。

四百多吊錢的手工，也就算不少了。

不過算可以的就是了，到底比上從先[③]可差多了。

先頭裏，每月可以做多少錢的手工呢？

早先每月總做七百吊錢的手工。

敢情先頭裏，每月做這麽些個手工哪。

---

① 傢伙：工具。

② 打夜作：夜裏工作。

③ 從先：從前。

是,那個時候,每月總有這麼些個。

今兒個我請您來,給瞧瞧這架坐鐘,是怎麼個緣故不走了。

我瞧瞧,這個鐘是鍒子[①]折了。

那麼得換一根新鍒子了罷?

不用換新的了,我把這根鍒子拿到舖子去釘上,再拿回來安上就得了。

那麼更好了,您請喝茶罷。

您喝罷。

我請問您納,像您這貴行都是學幾年哪?

我們敝行都是學六年。

是還得寫個字據麼?

是,得寫一張字據。

這張字據是徒弟剛一上舖子就寫麼?

不是,先得瞧一年,若是徒弟好,纔寫字據哪。

那麼赶他學滿了之後,是還在本舖子裏耍手藝[②]啊,是就上別處耍手藝去呢?

那都是隨他的便。若是他還願意在本舖子裏耍手藝,也是給他開出工錢來,按着夥計一個樣。若是他不願意在本舖子裏耍手藝,願意上別處當夥計去,也使得。

那就是了。還有上回,我託您給買一個醒鐘[③],您給買了没有?

是,我在這城裏頭,各舖子裏,都給您找了,没有。新近有我們一個同行的人,下天津買貨去,我已經託他到洋行裏給您找一找。若是有,他回來的時候,就給您帶來了。

那實在費心的很了。

那兒的話呢!我也該回去了,偺們改天見罷。

您回去了,累肯[④]您納。

好說好說。

---

① 鍒子:鐵鏈兒。

② 耍手藝:靠技藝謀生。

③ 醒鐘:鬧鐘。

④ 累肯:使人受累。

第十五章

老弟是解[1]家裏來麽?

喳,是解家裏來。

怎麽這幾天我没見你呀,是幹甚麽來着?

我是出外打圍[2]去了。

是同誰去的?

是同着我們一個街坊去的。

是上那兒打圍去了?

上東山打圍去了。

多喒回來的?

昨兒晚上回來的。

打了些個甚麽野牲口來?

打了些個野雞、野猫,還打了個野猪。

那麽你們這盪圍打的不錯呀。

不錯可是不錯,到底受的累也不輕。

受了甚麽累了?

我們倆人是一個人騎着一匹馬去的。趕到了離東山還有幾里地,有個鎮店,我們可就在那個鎮店上,找了個店住下了。趕第二天,我們就在店裏吃完了飯,把那兩匹馬寄放在店裏了,我們倆就揹着槍,趟達着上山去了。趕到了山上,我們先是竟打了些個野雞、野猫。趕天有平西[3]的時候,忽然跑來了個野猪,我們倆就拿槍一打,可就打死了。那個地方又雇不出人來抬那個野猪,這麽着我們倆人就把那個野猪拉回店裏去了。趕回來的時候,我們就用一匹馬馱着野猪,我們倆人換替[4]着騎那一匹馬,趕到了家,就累的動不得了。您

① 解:從。

② 打圍:打獵。

③ 平西:太陽將要落下。

④ 换替:替换,倒换。

説受的這個累還輕麽？

你們雖然受了些個累，到底還打着野牲口了。我們有個親戚，前幾天打圍去了。不但没打着甚麽，倒把他的一匹馬丢了。

怎麽打圍去會把馬丢了呢？

他告訴我説，他騎着一匹馬，上北山打圍去了。他把他的那匹馬就拴在山底下一棵樹上了，他就揹着槍，上山找野牲口去了。他找了半天，連一個野牲口也没找着，這麽着他就下山來了。趕到了山底下一瞧，他的那匹馬没了。這個工夫兒，天忽然下起雪來了，他就頂着雪，各處找了會子，也没有。這個時候，天也就黑上來了，他就找了一個破廟，將就着住了一夜。趕到第二天早起，他就覺着身上很不舒服。他没法子，就扎掙[①]着到衙門裏去報了官。那個官把他丢馬的緣故都問明白了，可就和他説："我這就派差到各處給你找馬去。若是這本地人偷了你的馬去，終久[②]總找的着。若是過路的人把你的馬偷了去了，那可就難找了。你先回家去就是了。"這麽着他就雇了一匹驢回來了。到了家病更利害了，到如今還没好了。你瞧他這運氣，有多麽背呀！

第十六章

兄台，您没聽見説，偺們那個朋友馮子園死了麽？

我没聽見説呀，他是多喒死的？

今兒早起有人説，他是昨兒晚上死的。

你知道他是甚麽病死的麽？

我聽見説，他不是好死的。

是怎麽死的？

説是吞烟死的[③]。

他爲甚麽吞烟死了呢？

---

① 扎掙：掙扎。

② 終久：終究。

③ 吞烟死的：此處指以吞食鴉片的方式自殺。

我聽見説是這麼件事。他有一個朋友，是外鄉人，去年到京裏來，有幾千兩銀子交給他收着，那個人可就回家去了。趕到今年，那個人又上京來了，可就和他要那幾千兩銀子，子園就不認了。這麼着那個人到衙門去，就把他告下來了。趕官把子園傳到衙門去一問，子園説，並没這麼件事，又説："若是我存着他的銀子，必有個憑據。如今他一點兒憑據没有，這是他訛我了。"這麼着官就問那個人，有甚麼憑據没有。那個人説因爲相好，當初並没立憑據。官説："你既没有憑據，竟憑口説，我不能給你辦這個事。"這麼着就散了。那個人起那麼[1]一氣，可就回家去了。到了家不多幾天，就弔死了。趕知縣去驗屍的時候，起死鬼套褲[2]裏頭，翻出一張陰狀[3]來，上頭寫的都是告子園的話。這麼着他聽見這個風聲不好，他一害怕，就吞烟死了。

你提這件事情，我想起來了，今年春天，我恍惚聽見人説，他和人打官司來着，巧了就是爲這件事。

光景[4]就是這件事罷。

還有一件事，你管保不知道。在偺們没認得他之先[5]，他已經就作過一件屈心[6]的事了。

作過一件甚麼屈心的事？

他先頭裏，不是開過一個錢舖麼？

不錯，他是開過一個錢舖。

他開錢舖的時候，有一個外省的人，和他相好，就在他那舖子裏借住。後來那個人得了重病了，臨死的時候，可就和他説："我那箱子裏，有一千多兩銀子。偺們倆相好一塲，我死之後，所有我那銀子和東西都求你給我寄回家裏去。"他當時就都答應了，趕那個人死之後，他就變了心了。他竟把東西給那個人寄回家去了，可就把那一千多兩銀子昧起來了。後來那個人家裏給他來信，問他死鬼留下銀子没有，他就寫了一封回信，告訴人家説，没留下銀子。趕後

---

① 起那麼：從那時，從那次。

② 套褲：套在褲子外面以禦寒或保護褲子的無腰褲。

③ 陰狀：請求鬼神受理的訴狀。

④ 光景：可能，大概。副詞。

⑤ 之先：之前。

⑥ 屈心：虧心，昧良心。

來他忽然得了一場病,他在家裏養病的時候,他舖子裏有一個夥計,就偷了他幾百兩銀子跑了。趕他病好了,就把買賣也收了。

您這都是聽誰説的?

我這都是聽有在他舖子裏學過買賣的一個徒弟説的。

像他先頭裏,既然做過一件屈心的事了,就該當悔改纔是的,怎[①]麽後來又做這麽件屈心的事呢?到如今還是各人把各人的命要了。

你不知道,凡這宗[②]没良心的人,大概都是這麽着,若是一見錢,立刻就把天理報應全都忘在九霄雲外去了。他現在吞烟死了,這簡直的就是遭了報了。

第十七章

老兄,剛纔那個姓馬的進來,找您是説甚麽話來着?

他説他現在要贖當[③],托我給他借幾十吊錢,另外還託我給他找個跟官[④]的事情。

他託您這兩件事,您都應了麽?

是,我都應了。我這麽告訴他的,我説:"現在我手底下[⑤]没錢,等我上别處給你借去。若是借着了,你就使唤。若是借不着,你再另打主意就是了。至於説找事這層,等底下有跟官的事,我必給你舉薦。"

依我勸您,他託的這兩件事,您都别給他管。

怎麽?

您若是給他借錢,他一定不還您。

你怎麽知道他一定不還我呢?

他向來借人家的錢都没還過,所以我知道他如今借您的錢,將來也是一定不還您。

---

① 怎:原作"您"。

② 宗:種。量詞。

③ 贖當:用錢贖回抵押在當鋪的物品。

④ 跟官:舊時指跟隨和侍候官員。

⑤ 手底下:手裏。

我想這幾十吊錢,他不至於不還我。

別説幾十吊錢,就是幾吊錢,他也是不還。况且他借這個錢,也不是真拿去贖當。

他不是拿去贖當,是拿去幹甚麽呢?

他是拿去耍去。

怎麽,他還耍錢[①]麽?

他最愛耍錢,他整天家竟在寶局[②]上。

他家裏都是有甚麽人哪?

他母親早死了,現在就是他父親還活着了。

他没有弟兄姐妹麽?

他没有哥哥,也没有兄弟,就有一個姐姐,早就出了門子[③]了。

他還没成家了麽?

他没成家了。

他父親有多大年紀了?

他父親今年總有七十多了。

是個做甚麽的?

是木作[④]的手藝,先頭裏開過一個小木廠子,後來也關了。如今是竟仗着給人家做活,掙錢來過日子。

他這個人會幹甚麽呀?

他任甚麽[⑤]都不會幹,就會花錢。

他没學過買賣麽?

他學過一回買賣。

他學過甚麽買賣?

他在一個藥舖裏學過買賣,去了有一個月,掌櫃的就不要他了。

是爲甚麽不要他了?

---

① 耍錢:賭博。

② 寶局:賭場。

③ 出門子:出嫁。

④ 木作:木器製作。

⑤ 任甚麽:無論什麽。

是因爲他又饞又懶,不守舖規,所以就不要他了。

那麼他後來没作别的事麽?

他後來又跟過一回官。

跟過甚麽官?

那一年,有一個外任的官,進京引見[①]來了,住在城外頭會館裏了,有人把他舉薦了去當跟班的。那個官見天叫他出去給買古玩玉器各様兒的東西,他就撒開了一賺錢,倆月的工夫,他就賺了有好幾百兩銀子。後來那個官知道他這個毛病了,可就把他辭了。現在那幾百兩銀子,巧了是都花完了,所以纔來找您給借錢。依我勸您,也别給他借錢,也别給他找事。您若是給他借錢,他必不還您。若是給他找事,他必不能給您作臉[②],索性不管他的事倒好。

那麽據你這麽説,將來他父親死了,他可就要遭[③]了。

我早給他斷就了,他父親死之後,他一定抱沙鍋[④]。

那麽他託我的那兩件事,我怎麽回復他呢?

您就告訴他,錢是借不出來,找事是没有,就得了嗎!

這麽着,我就照您這話告訴他,免得他望了。

第十八章

李起!

喳!

你把這套書給琉璃廠寳文堂書舖裏送了去,告訴俞掌櫃的説,叫他給配一個書套。還有這個單子也交給他,叫他按着這個單子上所開的書,每一部先拿一套,交給你帶回來我看看。

是,老爺若没甚麽别的事,我現在就去罷。

我没别的事,你這就去罷。

---

① 引見:清制,五品以下京官和四品以下外官,授官時文官由吏部、武官由兵部帶領朝見皇帝。

② 作臉:露臉,争光。

③ 遭:糟。

④ 抱沙鍋:乞丐寒冬抱着裝有炭火的砂鍋取暖,比喻窮困到極點。也説"抱火盆兒"。

辛苦衆位,俞掌櫃的在舖子裏了麽?

是,在裏頭了,您請進來坐罷。

辛苦俞掌櫃的。

李爺,您起宅裏來麽?

是,起宅裏來。

您來是有甚麽事麽?

可不是麽,我們老爺打發我拿這套書來,叫您給配個套。這兒還有一個單子您瞧瞧,我們老爺説,叫您按着這個單子上所開的書,每一部交給我拿回一套去先看看。

這個書套我們給配一個就是了。這個單子上所開的書,我們這舖子裏就有兩部,下餘的那幾部,我還得上別處找去。

那麽您就先把舖子所有的這兩部,交給我帶回去,下餘的那幾部,您上別處給找找去,過幾天我再上您這兒取來罷。

我想您不用上這兒取來了,趕過幾天,若是我找着了,我就親自給送到宅裏去罷。

那更好了。

這兩套書給您包好了。

那麽我失陪了。

您回去了。

回老爺知道,那套書我交給俞掌櫃的了,告訴他給配個套了。您要的那幾部書,他們那舖子裏就有兩部,叫我先把那兩部拿了兩套來,給您看看。下餘的那幾部,俞掌櫃的得上別處找找去。趕過幾天,他若是找着了,他親身[①]給您送來。

是了,你先把這兩套書擱在書槅子上去罷。

辛苦李爺。

俞掌櫃的,您纔進城麽?

可不是麽,纔進城。

您這拿來的都是甚麽書啊?

---

① 親身:親自。

這就是上回老爺叫找的那幾部書,我都找着了,拿來了。

我們老爺下天津去了。

多喒走的?

昨兒早起起的身。

是有官差去的麼?

不是官差,是辦自己私事去了。

得去多少日子?

連來帶去,總得十天罷。

那麼我拿來的這書怎麼樣呢?

我們老爺留下話了,說是若是您拿了書來,就先留下罷。

那麼您瞧,這是六套書,那個原單子上開的是八部,上回您拿了兩套來,我今兒個每一部,又拿了一套來,前後共總[①]拿八套書來。還有這個單子,也託您交給老爺,所有這幾部書的價值,都在這個單子上寫着了。

是了。還有配套的那套書,您給配得了没有?

配得了,我今兒個忘了帶來了,等底下我再來的時候給帶來罷。

那就是了。

您想我可以多喒來好呢?

我算計着,我們老爺總得月底纔能回來了。這麼着罷,趕我們老爺回來的時候,我出城請您去罷。

那倒不用勞動您納,我月底月初,還有别的事進城來了,我可以順便到這兒來,打聽打聽就得了。

那麼也好。

那麼我失陪了。

您回去了。

偺們過幾天見。

---

① 共總:總共。

第十九章

老兄,怎麽我來找您好幾盪,您都没在家,您是忙甚麽了?

我是給人説合事情了。

您是給人説合甚麽事情來着,告訴得我,告訴不得?

没甚麽告訴不得的。是我們舍親認得的一個朋友,和人打了官司了,我們親戚託我出去,給他們説合説合。

是爲銀錢帳目的事情麽?

不是銀錢帳目,是爲買貨的事。

爲買貨,怎麽會打了官司了呢?

是這麽件事。我們這個親戚認得的這個朋友姓沈,他是在保定府開着個大洋貨舖,字號是“信義”。他今年夏天到這兒來的,就住在這東關外頭福盛店裏了。在偺們這大東街,泰和洋貨棧裏,批了六十包洋布。批單上寫明白的,是倆月交貨。趕到上月就到了日子了,沈掌櫃的就到泰和棧去,問貨到了没有,他們説,還没到了。這麽着沈掌櫃的又等了些日子,又去打聽,貨還没來了。趕到前幾天,沈掌櫃的到西街棧房裏,有别的事情去了。聽見説新近有一個客人,買妥了泰和棧裏的六十包洋布,是起一個姓王的經紀手裏買的。聽那個客人買的那個價值比沈掌櫃的原定的價值貴,銀子可還没兑了,貨也還没起哪。沈掌櫃的一想,這一定是他定的那六十包洋布,泰和棧如今是貪多賺錢,又轉賣給别人了,心裏可就氣的了不得[①]。這麽着他這天晚上,就到泰和棧裏問這件事情去了。泰和棧不認,説是没這麽件事。後來沈掌櫃的指出那個王經紀來了,泰和棧没法子,可就認了,説[②]是下月還有六十包洋布來哪,叫沈掌櫃的等那六十包洋布來。沈掌櫃的不等,説是就要這現在有的那六十包洋布。泰和棧不肯給,説是若實在不能等那六十包洋布,只可把原給的定銀退回去,把批單一燒,就算没這麽件事了。沈掌櫃的不答應,説是竟退定銀不行,還得

① 了不得:表示程度深。

② 説:原作“就”。

包賠賺利纔行哪。泰和棧一定不肯認包賠賺利。這麽着沈掌櫃的就寫了一張呈詞,粘連那張批單,在縣裏就把泰和棧告下來了。前兒個知縣過堂,把他們兩造[1]大概問了一問,就吩咐叫他們下去,找人先説合。若是説合不了,再補一張呈詞再問就是了,這麽着我們親戚找我幫着他出去,給他們説合。昨天晚上,算是纔給他們都説合完了。

您怎麽給他們説合完了的呢?

我們給他們這麽説合的,還是叫泰和棧先把這現在有的那六十包洋布給沈掌櫃的,叫他們和那個客人説,等下月那六十包洋布到了,再給那個客人就是了,這麽着大家都答應了。昨兒個晚上,把貨也起了去了,銀子也兑了,就等明兒個沈掌櫃的在縣裏遞一張和息呈詞就結了[2]。

第二十章

兄台,您這是解舖子來麽?

不是,我是到天盛當舖封貨[3]去了纔回來。

您用過飯了麽?

我吃過了。

您若是没吃飯,我可以叫厨子給您快預備飯。

我真吃了,我是同着一位相好的在外頭吃的。

那就是了。今兒個天盛當舖貨多不多?

古玩玉器少,衣服、銅錫器多。

您都是封了些個甚麽貨?

我就封了倆表,没封别的。

我看封貨得便宜的少,總是上檔的多。

那也是碰運氣。若是走紅運的人,他去封貨,就許遇見俏貨。趕他封了,

---

① 兩造:訴訟雙方,即原告和被告。

② 結了:算了,行了。

③ 封貨:拍賣中使用的術語,賣貨人寫上出售的價格即底封,買方各自填寫價格,密封投標,最後拆封唱價,出價高者得貨。

當舖就賣漏[1]給他了，他就可以賺了好錢了。若是走背運的人，他一封貨就打眼[2]。當舖本就當打了眼了，他又封打了眼了，不但不能賺錢，倒還得賠出好些個錢去。

您説的這話實在不錯。我們這舖子前幾年封了好幾回貨，没一回不賠錢的，所以現在不論那個當舖請，我們决不去封貨了。

我告訴你，去年有一個封貨得了便宜的。這個人是我們一個遠親，去年十月裏，西城恒順當舖請他去封貨。他封了一個銅表，四兩銀子，當舖就賣給他了。趕他拿回家去一細瞧，敢情是個金表。後來他拾掇好了，賣了四十多兩，賺了有十倍利。這就是遇見俏貨，得了便宜了。

第二十一章

大哥，剛纔我到棧裏找您去了，夥計們説，您上西街去了，所以我迎著頭[3]找您來了，可巧就遇見了。您作甚麽這麽早上西街去了？

今兒早起火輪船[4]到了，我們棧裏給一個客人雇小車子運行李來着，推小車子的給客人運錯了兩隻箱子，客人不答應了。夥計們没了主意了，打發人到家裏找我去了。我纔起來，聽見這個事情，我就趕緊的洗了臉，到棧裏見了客人一問。那個客人説，他姓陳，是福建人，在江蘇作官，如今是要上京去。今兒早起火輪船到了，他就下船，住在我們棧裏了。他就叫我們夥計給他雇了倆小車子，叫他一個跟人[5]帶着，到船上去，把行李起下來。趕把行李運到棧裏來了，他一瞧，他短了兩隻紅皮箱，這裏頭又有兩隻白皮箱不是他的，那白皮箱上寫着“徐子芹”三個字。他就問他那倆底下人，怎麽會運錯了兩隻箱子呢？那倆跟人説，不是他們的錯，他們倆人在船上歸着[6]零碎東西來着，是那倆推小

---

① 賣漏：古玩行把價值高的東西便宜賣掉叫“賣漏”。

② 打眼：買賣時，失于觀察，没看出毛病或没鑒別出真僞。

③ 迎頭：迎面，當面。

④ 火輪船：輪船的舊稱。

⑤ 跟人：隨從的僕人。

⑥ 歸着：收拾，整理，拾掇。也作“歸置”。

車子的,自己上船把箱子搬下來的,所以纔搬錯了。這麽着那個客人,就告訴我們棧裏的夥計,叫那倆推小車子的,快去把他那倆紅皮箱給找回來。那倆推小車子的去找了半天,也没找着。客人是所不答應,要定了箱子了。夥計們也都着了忙了,就趕緊的打發人找我去了。

您給那個客人找回那兩隻箱子來了麽?

是,我已經找着那位姓徐的客人了,姓陳的那兩隻紅皮箱,是在他那兒了。我現在回棧裏去先雇一個小車子,把姓徐的那倆白皮箱給他推了去,把那倆紅皮箱就换回來了。

您怎麽找着那位姓徐的客人了?

我先在偺們那條街上,各棧裏都問了,並没[1]有姓徐的客人。這麽着我就到了西街,挨着各棧一問,趕問到永利棧了,他們説是有一位姓徐的客人,是剛纔到的。這麽着我就進那個客人的屋裏去了,一問他的號,他説是叫子芹,我就把運錯了箱子的事情告訴他説了。他説:"我的行李是纔運來的,還没查點了,等我現在一查點就知道了。"趕他一查點,可就説:"是錯了兩隻箱子,我這兒短了兩隻白皮箱,多出兩隻紅皮箱來。"我一聽這話對了,這麽着我就和他説:"回頭我就打發小車子,把您那兩隻箱子送來,您把這兩隻紅箱子,就交給他們帶回去就得了。"這麽着我就回來了。你這麽早忙着找我,是有甚麽要緊的事情麽?

因爲我們今兒個有點兒緊用項[2],找您摘[3]給我們幾百塊錢用。

有,你跟我到棧裏取去罷。

第二十二章

老弟,我聽見説,你們那位令親王子泉被杀了,是真的麽?

不錯,是真的。

---

① 没:原作"麽"。

② 緊用項:緊急用錢的地方。

③ 摘:挪借,摘借。

你知道是爲甚麽事被的条？

我起去年就聽見説他要被条，我還不很信，如今果然真被条了。前幾天我見了子泉他哥哥，據他説，是因爲兩案①事壞的官。一案是前年秋天，縣城裏頭有一個錢舖被刦，搶了有幾百兩銀子贜去，他連一個賊也没拿着。那個時候撫台就出了条②了，把他的頂戴③摘了，給他幾個月的限，還留在任上，叫他趕緊的拿賊。趕到滿了限了，還是一個賊也没拿着。這麽着他又展了好幾回限，直展到去年冬天，那一夥子賊始終也没拿着。偏巧今年春天，縣城裏頭有一個人，半夜裏進了一個人家兒裏去，殺死了倆人，兇手逃跑了。又添上了這麽一件棄兇逃走的案，這麽着撫台就把他条革④了。

那麽他現在已經離了任了麽？

是，已經離了任了，在省裏住着了。

他宦囊⑤怎麽樣？

他有甚麽宦囊啊，他現在是兩袖清風。

他既是宦囊羞澁，何必還在省裏住着呢？

他倒願意回來哪，就是一時回不來。

怎麽回不來呢？是没有盤費麽？

倒不是没有盤費，是因爲他革職之後，撫台派委員到他衙門盤查倉庫去了，查出他虧短有四千多兩銀子的錢糧。委員問他怎麽會虧短了這麽些個錢糧呢？他認了是他挪用了。這麽着那個委員，就稟報撫台了。撫台就派員把他寓所裏的東西都封了，把王子泉調到省裏去，給他倆月的限，叫他把虧短國家的這個錢糧都交還上。若是過了限期不交還，就要請旨，抄他京裏的家了。這麽着他急了，就寫了一封信，打發了他一個家人到京裏來見他哥哥，叫他哥哥不論怎麽想法子，趕緊的給他湊五千兩銀子，交給這個家人給他帶回去。他哥哥見着這封信，着急的了不得，找我去了，託我把他城外頭那處舖面房給他賣了。這麽着我就趕緊的一給他賣。還算好，賣了五千兩銀子。前兒個他哥

① 案：量詞。

② 出条：彈劾。

③ 頂戴：清代用以區别官員等級的帽飾。分别飾紅寶石、珊瑚、青金石、水晶等。亦稱“頂帶”。

④ 条革：舊時官吏因受彈劾而被革職。

⑤ 宦囊：因做官而得到的財物。

哥交給來的那個家人給他帶了去了。

那麼他若是把虧短的錢糧如數都交還上,他寓所裹封着的那個東西,怎麼樣呢?

趕他把這銀子交還之後,上司自然派官,到他寓所裹去啟封,就把東西照舊還給他了,那他也就可以回來了。

第二十三章

大哥,我問您一件事。令友錢輔臣那個當舖,現在止當候贖了,是爲甚麼呀?

那個買賣不行了,快收了。

怎麼,聽説那個買賣不是很好麼,怎麼會不行了呢?

你止知其外,不知其内。當初他開那個當鋪,並不是都是他自己的銀子。他有一個親戚,是個作官的,有一萬多兩銀子,白借給他使喚,不要利錢,他自己不過有幾千兩銀子,就這麼把那個當舖開了。這幾年買賣倒很好,賺的錢也不少。趕到前年,他那個親戚放下知府來了,可就把那一萬多兩銀子要回去了。雖然撤出那一萬多兩銀子去,他那個買賣還可以支持得住。忽然他無故的想做洋藥[①]的買賣,起初還不過買個一兩箱子洋藥賣,偏巧賺了錢了,膽子可就壯了。這麼着又買了七八箱子洋藥賣了,又賺了錢了,所以膽子更大了。趕到了去年快封河的時候,有一個廣棧裹來了一百箱子烟土。他聽見説,没有别的火輪船來了,他一想,他若是把那一百箱子烟土買下,留着冬天賣,必賺好錢。這麼着他就到了那個廣棧裹,和那個廣棧的掌櫃的一商量,願意把那一百箱子烟土都留下,倆月之後付銀子,那個廣東人也答應了。趕他買妥了,過了有兩三天,忽然又來了一隻火輪船,裝了有五六百箱子烟土來,這個行市就直往下這麼一掉,他没法子了,就趕緊的都賣出去了,賠了有好幾千兩銀子,可就把那個當舖也拉躺下[②]了。這都是他放着穩當買賣不做,妄想發財,所以纔壞

① 洋藥:此處指鴉片烟。

② 拉躺下:喻指搞垮。

了事了。

大哥您看，獨[1]做那洋藥買賣的，總没有長久富貴的，就是有起這上頭發了財的，也不過是眼前歡[2]，不多幾年，自然的就敗了。

那是一定的理，那本是損人利己的買賣，怎麽能長享富貴呢？

我們本鄉有一個恒原土局子[3]，買賣很大，四遠馳名。那個東家姓郝，都是自己下天津，起洋行裏買貨，一回總買幾百箱子的貨，舖子裏總有幾十個夥計。這些年所發了財了，家裏蓋的房子很多，上下有百數多號人，騾馬成羣。這麽様兒的財主，趕到去年，會一敗塗地了。我先還不知道是怎麽敗的這麽快，趕後來我細一打聽，纔知道敢情是這幾年買賣發了財了，東家所不上舖子了，竟在家裏納福[4]，也老没算大帳。舖子裏那些個夥計們，見天黑下往外偷烟土，東家是一概不知道。趕到去年，還是姓郝的有倆朋友，知道他舖子裏有了毛病了，可就叫他上舖子算帳盤貨去。這麽着他纔到了舖子裏一算帳，虧空有好幾萬兩銀子，又一盤貨，剩了不過有幾箱子土了。他就問夥計們，帳怎麽虧空的，貨怎麽短的，那些個夥計們都説不知道。這麽着他没法子了，就把房子、牲口都賣了，算是把該洋行的銀子都歸上了，然後把舖子也關了。他起那麽一口氣，得了一場病就死了。家裏底下人們也都散了，就剩了他們本家的人了，脚下是吃一頓挨一頓，這麽様兒的苦法。您瞧，這都是賣洋藥的收場。

第二十四章

老弟，你是多咱回來的？

我是新近回來的。

你這是解江西回來麽？

不是，我是起江蘇回來。

你當初不是上江西去了麽，怎麽如今是解江蘇回來呢？

---

① 獨：只。

② 眼前歡：一時的快樂。

③ 土局子：舊時銷售鴉片烟的店鋪。

④ 納福：享福。

我是原本上江西去了,後來又到蘇州去了。

你這幾年在外頭,事情怎麽樣?

在江西那幾年,事情倒很好,就起到了蘇州之後,事情就所不順了。

你既在江西很好,作甚麽又到蘇州去呢?

因爲我們那位舊居停[1],去年調任雲南了,打算要邀我一同去。我是嫌路太遠,不願意去,打算要回京來。他勸我,不叫我回來,他説他有一位同年的,在蘇州是候補道[2],姓和,他要把我舉薦到那兒去辦書啓[3],我也願意去。這麽着他就寫了一封薦信,打發我到蘇州去了。趕我到了蘇州,纔知道和公那兒,還有兩位師爺了。那倆人都是浙江人,見我去了,都很欺生,我是諸事掣肘。他們倆人若是打起鄉談來,我是連一句也不懂得。若是偶然我問他們一件事,他們都和我粧[4]不知道,不肯告訴我。就連出去走走逛逛,他們倆都擠着我。我看他們那光景[5],是過於咬羣[6]。我一想,我們若是再往下混,可就要生分了,這麽着我就辭了館回來了。

那位和公待你怎麽樣?

那位和公待我倒還罷了得。就是這回我辭館的時候,他還問我,是爲甚麽緣故辭館。我也不便提我和同人[7]不合,我就説,我京裏有件要緊的事,得回去一盪。他還説,若是我到京辦完了事,還請我回去哪。

那麽你這盪回來,還打算出外去不出外去呢?

我這盪回來,原打算是要考供事[8]。着比[9]若是考上了,我就要在京裏當差,不出外去了。趕我到京裏,一打聽,已經考過去了。現在我的意思是這麽着,若是有合宜的事,我就可以出去,若没有相當的事,我就先在京裏就是了。

---

① 居停:寄居、歇脚之處。此處指寄居之所的主人,即“居停主人”。

② 候補道:清朝的官職稱謂。一般高級官職人員丁憂後再次正常任用被提升爲道員職時,或在邊疆任職成績卓著而得到提升爲道員時,均稱爲“候補道”。也有純粹以捐納方式而得到道員的職位,捐納得官後先赴吏部報到,吏部再分發到某部或某省聽候委用,稱爲“候補”。

③ 書啓:舊時官署裏專管起草書信等事的人。

④ 粧:假裝。

⑤ 光景:情形,情況。

⑥ 咬羣:某人爱跟周圍的人鬧不和。

⑦ 同人:同仁,在同一單位工作的人或同行業的人。

⑧ 供事:職官名。清代宗人府、内閣等衙門設供事,略同書吏。

⑨ 着比:比方,比如。

現在可有個出外的事，不知道你願意就，不願意就？

是怎麽個事情呢？

我有個至好的朋友，他新近放下山西太原府遺缺知府來了。前兩天，他託我給請一位書啟師爺[①]，我現在意中也是没人可薦。如今你回來了，若是願意就，我可以給你舉薦舉薦。

此公怎麽稱呼？

他姓常，號叫春圃。

是在旗[②]麽？

不錯，是旗人。

他那個人怎麽樣？

是個極忠厚、極和平的人。

既是這麽着，您就給我説説罷。

束脩[③]這層，你打算怎麽樣？

那層倒好説，您給作項就是了。只要人對勁，錢多多少少的，甚麽要緊？

他那個人，我管保你們倆人準可以對勁。那麽明兒個我就見他，給你説去。

費心費心。

好説好説。

可是您現在没當甚麽差使麽？

没有。我就起那年告病回來，到如今舊病還是時常的犯，怎麽能當差呢？

那麽您見天在家裏作甚麽呢？

好天的時候，可以找朋友去談一談。颳風下雨的時候，就是在家裏看書。

那麽您倒是很清閒哪。

甚麽清閒哪，不過是虚度歲月就是了。

---

① 師爺：州、縣官聘請的幕友的俗稱。

② 在旗：隸屬旗籍。特指屬于滿族的，如旗人、旗籍等。“旗”指中國清代滿族的軍隊編制和户口編制，以旗爲號，分正黄、正白、正紅、正藍、鑲黄、鑲白、鑲紅、鑲藍八旗，後又建立蒙古和漢軍八旗。

③ 束脩：給教師的報酬。脩：干肉。

第二十五章

老弟,我告訴你一件可笑的事。

甚麼可笑的事?

月裏頭有一天夜裏頭,有三更多天,我剛睡着,就聽見我們後頭院子裏,"咕咚"的一聲跳進一個人來,把我嚇醒了。我當是[①]有了賊了,就趕緊的叫底下人們起來,快打着燈籠照照去。這麼着那幾個底下人們,聽見説有了人了,就都趕緊的起來,點上了燈籠,拿上了棍子,就往後頭院裏去了。這個工夫兒,我也起來了,開開了屋門,就往後頭院裏瞧去了。趕我到了後頭院裏,就聽見底下人們説,拿住了一個人,身上可穿的很體面,又不像個作賊的,又聽見那個人説:"你們别拉我,我的脚踒了很疼。我不是作賊的,我是避難的。"我聽見他説他是避難的,我可就往前去一看,長得很體面的個年輕的人。我又一細瞧,認得他,是個念書的人。他姓蔣,在城外頭住。我們倆在城外頭一個古玩舖裏,遇見過兩回,彼此倒還很相得[②]。這麼着,我就叫倆底下人攙着他,遛了半天,可就好了,然後我就把他讓到書房裏去了。趕到了書房,他一瞧是我,臉上很不得勁[③]。我就問他,是遇見甚麼事了。他説他是在我們房後頭,實局裏耍錢來着,忽然有一個官,帶着兵去抓局去了。他先跑出來了,因爲没地方藏,所以他就爬到墻上去,跳到這院裏來了。這麼着我勸了他半天,叫他後來改了,别要錢了。留他住了一夜,趕到天亮回去的。昨天他給我道謝來了,他告訴我説,他現在已經起下誓了,從此决不要錢了。

像這個人,能彀聽您一勸,他立刻就改過了,這就是個有志氣的。我先頭裏有一個相好的,他吃大烟。因爲我勸他忌烟,他倒惱了我了,不和我來往了。

你們這個相好的也真别致[④],怎麼你勸他忌烟,他倒惱了你了?

他那個人實在的是糊塗。他原先本不吃烟,後來是因爲他挨着一個吃烟

---

① 是:原作"時"。

② 相得:投緣,相處得很好。

③ 不得勁:不好意思,難堪。

④ 别致:與衆不同,新奇。

的朋友，慢慢兒的可就吃上癮了。先吃的還不多，後來是一天比一天吃的多。到了去年，他臉上所帶了烟氣了，精神也不佳了。我看他那光景很不好，我就和他說："依我勸你，把烟忌了罷，再要往下吃，可就怕不好了。我可以起上海，給你買忌烟藥來，見天你就按着那個方子吃藥，慢慢兒的自然就把烟斷了。"他聽我這話，就答應了一聲。這麽着我就托朋友，起上海買了好幾塊錢的忌烟藥來，給他送了去了。趕又過了些日子，我遇見他的底下人了，我就打聽他忌了烟了没有。他的跟人説，他並没吃那忌烟藥，現在他吃的比先頭裏更多了。這還不要緊，後來我聽見他在一個朋友家裏，説我多事，無故的勸他忌烟，他很不喜歡。我給他送去的那忌烟藥，他也不敢吃，説是怕是裏頭有毒藥害他。這麽着那個朋友聽不過[1]他這話了，就説他："你説的這話不對。人家勸你忌烟，不是好意麽？人家和你又没仇，作甚麽拿毒藥害你呢？你説這話實在是不説理[2]。"起那麽他連那個朋友也惱了。趕到今年年下，他也没給我拜年來，我知道他是和我絶了交了。您説像這様兒的人性，天下還有麽？

第二十六章

老兄，我告訴您一件可氣的事。

甚麽可氣的事？

我認得那個相好的姓江的，他前幾天和别人夥同一氣，哄騙我好幾千吊錢去。

他怎麽會哄騙你這麽些個錢去呢？

那天他到我家去了，他説他認得一個人，脚下在家里弄局，約我去耍去，我就跟他去了。趕到了那家兒一瞧，有七八個人都坐在那兒耍哪。我連他們一個人也不認得，他這麽一給我引薦，他告訴我説，都不是外人，都是他認得的。這麽着我就坐下一耍，可贏了幾十吊錢，然後就散了。趕下回，我本打算不去耍去了，他一定約我去。我没法子又去了一盪，可就輸了好幾百吊。他就和我

① 不過：放在動詞後邊，表示忍受不了某事，如"聽不過、看不過"。

② 説理：講理。

說,不要緊,再去幾回就可以贏他們幾千吊錢。我就信了他的話了,又跟他去了五六盪,又輸了四千多吊錢。他們把局也收了,見天總有兩三個人到我家裏去要賭帳。我找姓江的去,他藏起來不見我了。這麼着我當了兩箱子衣服,纔把賭帳還了。到了昨天,有一個朋友告訴我說,是那個姓江的,和那幾個人商量好了的哄騙我,您説可氣不可氣?

那個姓江的自然是可惡,到底也怨你自己不好。你若不跟他要錢去,他也不能哄騙你。

這話也不錯。到底他既和我相好,又幫着别人賺我,他也太不是人行[①]了!

你提起這設局誆騙來,我告訴你一件事。我們那本鄉地方,有一年有幾個本地的無賴子開了一個賭局,竟打算哄騙人。上了他們檔的人,可也不少了。並且都兇横的了不得,誰若是輸給他們錢,還不起他們,就得把房産地産折給他們,就這麼樣兒的不說理。我們本地有一個財主,可人很聰明,待本地的人也很好,他聽見説了很有氣。這麼着這天晚上,他就坐着自己的車,到那個賭局去了。趕他進了那個賭局,見了那幾個無賴子,就提他是誰,特意到這兒要錢來了。大家聽説,都知道他是本地財主,可就喜歡的了不得。他們那幾個無賴子,就背地裏一商量,説他這乍來,偺們先叫他贏幾回錢去,後來他就肯來了。等着抽冷子一天,叫他輸個一萬八千去,偺們可就發了財了。趕都商量好了,就坐下了一耍,果然那個財主贏了,他們當時就把錢給了。後來那個財主又去了兩盪,又贏了,又給的是現錢。趕到這天晚上,那個財主又去了。就起定更[②]天要起,直要到天快亮了,那個財主輸了有一萬多吊錢。趕到大天大亮了,那個財主就和他們說:"我先回家去,把錢給你們預備出來,趕到晌午,你們到我家裏取去就是了。"他們都答應了,那個財主就回去了。趕到晌午,他們就去了倆人,到那個財主家取錢去了。底下人回進去了,那個財主就把他們叫到書房裏去,就問他們倆:"你們是幹甚麼的,到我這兒來作甚麼?"那倆人説:"您怎麼不認得我們了?我們是在某處開賭局的,您忘了?您昨兒夜裏,不是在我們那塊兒耍錢,輸了一萬多吊錢,叫我們現在取錢來麼?"那個財主聽這

① 不是人行:駡人的話,意思是道德敗壞,没有人性。

② 定更:舊時晚上八時左右,打鼓報告初更開始,稱爲"定更"。

話，立刻就生了氣了説：“你們倆别胡説，我一個財主，和你們無賴子要錢，你們真是發昏了！你們打算訛我來，你們可是瞎了眼了。你們倆快走，是你們的便宜，不然我把你們倆送衙門，辦你們訛詐！”那倆人聽這話，嚇的也不敢言語[1]了，就趕緊的跑回去了。

第二十七章

老弟，你是怎麽了，臉上這麽刷白的？

我是不舒坦了幾天。

是怎麽不舒坦了？

我是給人管了件閒事，受了點兒氣，把肝氣的病勾起來了。

給誰管閒事來着？受了甚麽氣了？

上月偺們那個相好的温子山託我給他買地。我認得有一個京東的人姓孫，他有一頃多畝地要賣。這麽着我就把那個姓孫的帶了去，見了温子山。然後他們倆到了京東，把地都瞧了，回來就請我作中人，給他們説合價值。説妥了的，是一千兩銀子，兩下裏[2]都答應了，就定規是大前兒個立字據，過錢了。趕大前天我一早，和那個姓孫的，到温子山家裏去了。趕到了他家裏，他還没起來了，我們倆就在他書房裏，等了他半天，他這纔起來。趕他見了我們，他説那個地他不能買了。我們就問他，是怎麽不能買了。他説他凑了會子，不彀一千兩銀子。我們問他，凑了有多少銀子呢？他説他凑了有九百五十兩銀子。那個姓孫的聽這話就説，那麽九百五十兩銀子，就九百五十兩就是了。這麽着就立了字據，過了錢了，鬧得我好對不過那個姓孫的。他若是果然真凑不出那五十兩銀子來，那還倒情有可原。他那麽財主，别説是五十兩，就是五萬兩，也現成。我可恨他，他安心佔人家的便宜，叫我對不住人。趕我那天回到家裏去，越想越可氣，就因爲這個，勾起我的舊病來了，就不舒坦了。

你不知道，温子山他那個兄弟比他還可惡了。先頭裏他常和我夥辦買賣，

---

① 言語：説話。

② 兩下裏：兩頭，雙方面。

凡經他手賣的貨，到了分賺帳的時候，他總短分給我這麽三千兩吊[①]。他知道我也不好意思和他要，他嘴裏可老説："我這回短您是兩吊是三吊，過兩天我給您找補。"起那麽可就永遠不提了。趕擱得日子多了，我也忘了，這件事就算化了。他就這麽小取[②]，那幾年我吃了總有幾百吊錢的虧。再若是論外頭交朋友走親戚的道理，他是一概不懂，他就是上炕認得女人，下炕認得錢[③]，就這麽道人。去年他家裏辦白事，再三的求我，給約兩位朋友，在他家裏幫着他熬熬夜[④]。我就請了兩位至好的朋友去，帮着他熬了五六夜。人家還是真盡心竭力的給他照應。趕辦完了事之後，他並没到人家裏給人道乏[⑤]去。後來有一天，在街上遇見人家，他一低頭就過去了，簡直的没理人家。你瞧他這宗人性，有多麽可惡！近起來[⑥]，我聽見説更好了，他在家裏放重利息錢了，誰借他的錢使唤，都是八分的利錢，外頭已經有了重利盤剥的名聲了。我早就看透了，他那個財主不久就敗。古人説的"刻薄成家，理無久享"[⑦]，這是一定的理。

第二十八章

老弟，我聽見説，你們令弟不是回來了麽，怎麽還没見他出來了？

他回來就病了。

是怎麽了？在道兒上受了熱了麽？

倒不是受了熱了，是受了點兒驚恐。

受了甚麽驚恐了？

是在船上遇見賊了。

你告訴我説，是怎麽遇見賊了？

---

① 三千兩吊：兩三吊錢。三千就是三千錢，即三吊。

② 小取：小氣，吝嗇。

③ 上炕認得女人，下炕認得錢：只認得女人和錢，其他都不認。形容人只管自己家過日子，其他事都不過問。亦作"上炕認得老婆孩兒，下炕認得一雙鞋"。

④ 熬夜：此處指通宵守靈。

⑤ 道乏：道辛苦，對别人的疲勞表示道謝或慰問。

⑥ 近起來：近來。

⑦ 刻薄成家，理無久享：對人刻薄而發家的，絶没有長久享受的道理。

他是和一個朋友搭帮回來,倆人帶着一個底下人,雇了一隻船。這天晚上,船灣[1]在一個地方了。趕到夜静的時候,忽然起岸上來了十幾個賊,都拿着火把刀槍,就上船上來了。拿刀把艙板砍開了,就進了艙裏頭去了,就拿着刀指着我們舍弟問,都是有甚麼東西。我們舍弟説:"我們的東西,都在這艙裏頭擺着了,别處没有了。"這麼着那羣賊,就把箱子和包袱、現錢,都拿了去了,就是把鋪蓋給留下了。幸虧我們舍弟身上,有一個銀兜子,裏頭裝着有十幾兩金子,還有幾十兩銀子没丢。趕到天亮了,他們到了一個馬頭[2]上,我們舍弟就和那個朋友商量,打算下船起旱路走,那個朋友也很願意。這麼着他們就把鋪蓋搬下來了,到了馬頭上,雇了兩輛車,就起旱[3]回來了。趕到了家,可就病了。請大夫來瞧,説他是驚嚇,夾着點兒時令[4]。現在吃着藥了,還没好了。

第二十九章

老弟,你提你們令弟走路遇見賊了,我也想起一件事來告訴你説。有一年我們先伯同着一位朋友,上甘肅去,雇了兩輛車,帶着倆跟人,一個人坐着一輛車,就起了身了。有一天走到一個地方,那倆趕車的路都不熟,可就走岔了道了。直走到掌燈的時候,也找不着一個鎮店。大家很着急,没法子就這麼瞎走。趕走到快定更了,就走到了一座大樹林子裏,就看見樹林子那邊兒,露出一點兒燈光來。這麼着他們這倆車,就奔了那個燈光去了。趕臨近了一瞧,是個店,外頭掛着倆麪幌子,店門關着了,臨街是個窻户,裏頭可點着燈了。這麼着他們就叫開店門了,把車趕進去了。趕到了裏頭一瞧,冷冷清清,連一個客人也没有。這麼着他們就挑了三間屋子,把行李都搬進去了,然後就叫店家打洗臉水、沏茶、弄飯吃。我們先伯就見那幾個店家都那麼賊眉鼠眼的,心裏可就有點兒犯疑。趕吃完了飯了,那位朋友在炕上拾掇行李,這個工夫兒,就進來了一個店家沏茶。我們先伯就見他,不住的拿眼睛瞧炕上的行李。我們先

① 灣:使船停住。
② 馬頭:碼頭。
③ 起旱:從陸路走。
④ 時令:時令病。

伯看他這分光景更疑惑了，可不敢説，恐怕那位朋友知道害怕。趕喝完了茶，我們先伯就到後頭院裏出恭[①]去了。趕他納[②]到了後頭院裏一瞧，有三間屋子，一間是茅房，那兩間是堆草料的屋子。趕我們先伯進到茅房裏去正出恭了，這個工夫兒，就聽見起前頭院裏來了倆人，把堆草料的那屋裏的門推開了，進去拿草料去了。就聽見這個和那個説："剛纔掌櫃的把你叫了去，到底是怎麽商量的呢？"就聽見那個説："是這麽商量的，趕到夜静的時候，偺們倆人去殺那倆趕車的，他們三人去殺那倆客人，和那倆跟人。我已經和掌櫃的説開了，事完之後，就把那兩輛車分給偺們倆人，一個人一輛。不論那倆客人有多少銀子，偺們倆人全不管。我的意思是這麽着，趕偺們倆人把這兩輛車分到手，明兒個早起，偺們把買賣一辭，一個人趕着一輛車就回家去了。從今以後，偺們倆人改邪歸正，再别作那害人的事情了，你想這麽辦好不好？"那個人就説："不錯，這麽辦很好。"説完了就聽見他們倆人上前頭去了。我們先伯心裏説："怪不得我看那幾個店家那麽賊形可疑的，敢情真是個黑店！"這麽着可就出了茅房，到了自己的屋裏，就把剛纔聽的話，都告訴那個朋友説了。那位朋友聽這話，就害怕的了不得。大家正在屋裏爲難，没有主意了，這個工夫兒，忽然聽見來了好幾輛車，直叫店門。趕店門開開了，就見趕進六輛鏢車來，是倆客人、四個保鏢的。我們先伯就説："這可不怕了，偺們回頭可以放心睡覺罷。"這麽着，又打發了一個跟人過去問了問鏢車，他們説是明兒早起五更天起身。這麽着我們先伯他們也睡到五更天起來，叫趕車的套上了車，就跟鏢車一塊兒搭幫走了，這算是纔免了那個大難了。你説險不險？

第三十章

大哥，您聽我告訴您一件事。我們那個村莊兒裏，住着有一個小財主，素日人很嗇刻，向來他不帮人，不作好事。前幾天他有一個出了門子的妹妹，頂着雨到他家來，説是他男人現在找了一個海船上管帳的事情，前兩天已經開船

① 出恭：到厠所大小便。
② 他納：第三人稱的尊稱。

出海去了，現在家裏没有飯吃，所以頂着雨來要借一石米和幾兩銀子，等着他男人回來，必都還的。這個人聽這話和他妹妹説，他米也没有，錢也没有，辦不了，叫他妹妹另上别處借去罷。他妹妹聽他不管，可就哭了。趕他見他妹妹哭了，他就賭氣子出去躲開了。他同院子住着有一個街坊，是個爽快人，聽他不管他妹妹的事，很有氣。這麼着，就把他妹妹請過來，借給他一石米，還有幾兩銀子，另外又給他雇了一匹驢，可就把他送回去了。趕這個人回來了，聽見他家裏人説，是他街坊借給他妹妹錢米回去的，他也不説長也不道短，粧作不知道的樣子。可巧這天夜裏來了一個賊，起他後墻上挖了一個窟窿，進他屋裏去，偷了他幾十兩銀子和幾件衣裳去。趕到第二天早起，他知道鬧賊丢了東西了，他怕是他妹妹聽見説他丢了銀子、衣服了，又必趁願[①]，又必找他來問他，所以他也没敢到衙門去報他家裏失盜。他還囑咐他同院子住着的這個街坊，外頭不用告訴人説，他家裏鬧賊丢東西的事情。誰知道那個賊，那天夜裏偷了他的東西去，偏巧走到大街上，叫下夜[②]的兵給拿住送了衙門了。官就問那個賊，那個銀子和衣裳是起誰家偷出來的。那個賊就招了，説是起某村莊兒裏某家偷出去的。這麼着官就打發衙役來，叫事主領贓去。這個人聽這話就爲了難了，不到衙門領贓去不行，到衙門領贓去，又怕他妹妹知道這件事。這麼着，他就想了個主意，託他同院子住的那個街坊，頂他的名，到衙門替他領贓去。那個人就應了，替他去了。那個人因爲那天他不幫他妹妹，很瞧不起他，就有意要收拾他。趕起衙門把銀子和衣服都領出來了，那個人就都給他妹妹送了去了。趕回到家裏來，見了他，就撒了一個謊説：“我剛纔解衙門出來，走到街上，正遇見令妹，他問我是上那兒去了，我説是到衙門替你領銀子、衣服去了，這麼着，他就叫我把那銀子和衣服給他罷。我因爲他是你的親妹妹，不好推辭不給他。這麼着，我就都給了他了。”這個人聽這話，不但不敢生氣，倒還得給那個人道謝。現在大家聽見這件事，都説那個人實在是快人作快事。

---

① 趁願：稱心，快意。此處有幸灾樂禍之義。

② 下夜：值班守夜。

第三十一章

你提起這慳吝人遭報來了，我也告訴你一件事。那一年我在南邊一個客店裏住着的時候，同店裏住着有一個山西買賣客人。這天忽然來了一個窮人，也是山西人，身上穿的衣服很襤褸，到店裏找那個買賣客人來了。店家可就把他帶進來了。趕見了那個買賣客人就說："如今我流落這兒了，因爲没有盤費，不能回家去，苦的了不得。昨兒個有偺們一個同鄉的朋友，告訴我說，你到這兒辦貨來了，住在這個店裏了。我聽見說很喜歡[①]，所以現在我來找你，求你念其偺們倆舊日的交情，借給我一百兩銀子，我作盤費回家去，等我到了家裏，再設法還你。"那個客人聽這話就說："我的銀子已經都買了貨了，現在我手底下連一兩銀子也没有，你另打主意罷，我實在不能爲力。"那個窮人聽他說不能爲力，可就掉下眼淚來了。這個工夫兒那個買賣客人，就上裏間屋裏坐着去了。可巧有同店裏住着的一個四川人，到那屋裏找那個買賣客人閒談去了，見那個窮人坐在椅子上掉眼淚，可就問他，是爲甚麽事傷心。他說："這個買賣客人原先在本鄉和我是緊街坊，他當年窮的時候，我常幫他錢米，後來我又借給他銀子做買賣。如今他發了財了，我是在這本地做買賣虧空了，没盤費回家去，找他來借給我一百兩銀子回家去，他不肯借，所以我很傷心。"那個四川人聽完了這話，就進裏間屋裏去，問那個買賣客人："你們這個貴鄉親，他說他當年幫你的話是真的麽？"那個買賣客人說："那倒是真的，無奈我現在没錢借給他。"那個四川人就說："着比我現在借給你一百兩銀子，你給他作盤費回去，你一個月之後還我，寫給我一張借約，我也不要利錢，你願意不願意？"他勉强說是願意。這麽着，那個四川人就起自己屋裏拿了一百兩銀子來借給他，叫他給了那個窮人拿了走了，那個四川人就叫他寫了一張借約收起來了。趕過了兩天，那個四川人也搬了走了。又過了些個日子，那個買賣客人打開箱子一瞧，短了一百兩銀子，他原先寫的那張借約在箱子裏擱着了。他這纔明白那個四

① 喜歡：快樂，高興。

川人是個術士,會搬運法,搬出他一百兩銀子來給了那個窮人拿了走了。後來還是那個買賣客人的一個跟人洩漏的,大家聽說都很趁願。

第三十二章

老兄,我聽見說令弟和人打官司來着,是真的麽?

不錯,是真的。

是和誰呀?

是和偺們這本鎮店上一個無賴子。

爲甚麽事情?

是因爲那天,我們舍弟在這鎮店外頭北邊兒一座樹林子裏頭,拿槍打鴿子來着。趕他放了一槍,誰知道樹林子外頭,有一個人拉着一匹馬站着了。那匹馬冷孤丁[①]的,聽見一聲槍響[②],嚇的可就驚下去了。那個人就不答應了,揪住我們舍弟,叫他賠馬。我們舍弟就和他說:"你不用着急,那匹馬是往那麽跑下去了?"他說是往西北跑下去了。又問他:"那匹馬是甚麽顔色的?"他說:"是紅顔色的。"我們舍弟就說:"這事好辦,我現在同你到鎮店上,對[③]給你一個舖保,你就先去找馬去,若是將來馬找不着真丢了,我賠你馬就是了。"他聽這話也很願意。這麽着,我們舍弟就同他到了鎮店上,對給他全順糧食店了。他就先找馬去,我們舍弟就回家來了。趕待了會子,那個人回來了,到了全順糧食店裏,他說他的馬丢了,没找著,要見我們舍弟。這麽著糧食店就打發徒弟到家來,把我們舍弟找了去了。趕他見了我們舍弟就說:"我去找了半天,我的馬所没找着。我那匹馬當初是六十兩銀子買的,如今我見個情[④],你賠我五十兩銀子就得了。"我們舍弟説:"竟你那麽大概找了一找没有,那還不算是準丢了。你等我再各處給你找一找去。若是過一兩天,那匹馬所没下落,那便是真丢了,到了那個時候我再賠你還不遲哪。"那個人不答應,他叫立刻就賠他。我們

① 冷孤丁:猛然間。也作"冷不丁""冷古丁"。

② 響:原作"嚮"。

③ 對:抵押。

④ 見情:看在情面上,給予好處或方便。

舍弟就和他吵翻起來了,大家給勸開了。誰知道那個人就到巡檢[①]衙門去,把舍弟告下來了。衙門裏來人,把舍弟傳了去了。他到了堂上,就把這件事,據實的說了。巡檢給了舍弟五天的限,叫他給那個人找馬去。這麽着我們舍弟,就到各村莊一打聽,後來打聽着了。偺們這鎮店西北地方,有一個村莊兒,住着有一個姓趙的,前兩天買了一匹紅馬。這麽着,舍弟就找那個姓趙的去了一問,敢情那個人前些個日子,就把他那匹馬賣給那個姓趙的了,說妥了的八兩銀子,就定規是那天他給姓趙的送馬去取銀子。趕那天那匹馬,聽見槍響不是驚了麽,後來他追上了,給姓趙的送了去了,把銀子也取來了。他回來可告訴舍弟說,他的馬丟了,叫賠他五十兩銀子。這麽着,舍弟就約了那個姓趙的,拉着馬,同他一塊兒到衙門作見證去了。趕那個人見有了見證了,就没話可說了,自己認了是訛詐了。巡檢因爲他過於狡詐,就打了他四十板子,把他放了。

第三十三章

老兄,昨兒個我到榮發棧裏去了,聽見說,您那棧裏給他們發了一百包棉花去,說是短了一包棉花,是怎麽短的?

你提起這件事來,倒是個笑話兒。昨天我們給他們發棉花之先,就預備出一百根籌[②]來,趕後來發一包棉花,我們就交給抬棉花的帶一根籌去。趕這一百包棉花都發完了,待[③]了好大半天,榮發棧王掌櫃的打發一個人,到我們棧裏去了,問我們爲甚麽少給他們發了一包棉花去。我們就說,我們發了去的是一百包棉花,怎麽說少發了一包去呢?那個人說,他們那棧裏是收了九十九包棉花,短一包棉花。我聽這話很詫異,這麽着,我就同[④]着那個人,到他們棧裏去了。趕王掌櫃的見了我,有氣的樣子就說:"你們那棧裏的夥計們太不留心,怎

---

① 巡檢:官署名爲"巡檢司",官名爲"巡檢使",簡稱"巡檢"。明清時,凡鎮市、關隘要害處俱設巡檢司,歸縣令管轄。

② 籌:計數的用具。

③ 待:原作"侍"。

④ 同:原作"向"。

麼會給我們少發了一包棉花來呢?”我就問他:“你怎麼知道是少發了一包棉花來呢?”他説:“我們收完了棉花,一搯籌是九十九根籌,這不是少發了一包來麼?”我就問他們:“剛纔你們這棧裏是誰接的籌?”就見傍邊兒站着有一個夥計,答應説是他接的籌。我就問他:“你方纔接籌的時候,没上别處去麼?”他説:“我並没上那兒去,就是忽然我肚子疼,到茅房去出了一回恭。”這麼着,我就和他説:“偺們倆先到茅房裏找一找去,再説。”趕我同他到了茅房裏一瞧,地下有一根籌,我就撿起來拿着見王掌櫃的去了。我説:“到底是誰的夥計不留心哪?你們的夥計掉了茅房裏一根籌,你可説是我們少給你們發了一包棉花來。其實這也不要緊,不過你未免的太冒失些個。”他聽這話,臉上很不得勁,一句話也還不出來了。我又説:“雖然把這根籌找出來了,到底偺們再把貨盤一盤,看看短不短,彼[①]此可就更放心了。”這麼着,我就叫他們那幾個夥計把棉花包,起棧房裏又都盤到院子來,細細兒的數了一數,不錯,是一百包棉花。我説:“你們都看明白了?不錯了?”他們説,都看明白了,對了。這麼着,我就回來了。你説可笑不可笑?

我先頭裏就和您説過,那個王掌櫃的人糊塗,您還不大很信。那兒有他竟搯籌不盤貨,就説您少給他們發了一包貨去的理呢?

你還不知道了,去年有這麼件事。我們買了他們棧裏一百兩銀子的貨,給了他們一百兩一張的銀票。過了兩天,他把那張銀票拿回來了,説是假的。我一看銀票並没圈着,我就問他,既是假的,怎麼没圈呢?他説没到本舖子去,所以没圈。我又問他,既没到本舖子去,怎麼知道是假的呢?他説他們管帳的,瞧着像假銀票。我聽這話很荒唐,就説:“偺們倆拿着這張銀票,到銀號裏取銀子去,看看是假的不是。”這麼着,我們倆到了銀號,竟自[②]不是假的,把銀子取出來了。那個時候他臉上很磨不開[③],就羞羞慚慚的,把銀子拿回去了。

① 彼:原作“被”。

② 竟自:居然,竟然。

③ 磨不開臉:不好意思,面子上過不去。

第三十四章

掌櫃的，這兒有一張退票，給您打回來了。

拿來我瞧瞧。這張票子不是我們給的。

怎麽不是你們給的呢？

因爲這張票子上没有我們的收號。

我記得，可實在是你們給的，怎麽如今你們説不是你們給的呢？

我告訴你，若是我們給的票子，必有我們的收號、我們的戳子①。如今這張票子上又没我們的收號，又没我們的戳子，怎麽是我們給的呢？

你説没有你們的收號，我這票子上可收的是你們了。

竟你收的是我們不行啊，總得有我們收的人家纔行了。

就是有你們的收號，你們如今不認，我也没法子呀。

没有不認的理，若是我們給的，我們也是給人家往回裏打。我們又不賠甚麽，作甚麽不認呢？

也許這張票子，你們忘了收了。

没有的話，我們決不能忘了收。這裏頭還有個緣故，我告訴你説，這是一張母錢鋪②的票子。我們這舖子向來不使母錢鋪的票子，所以更知道不是我們給的了。

你們若一定説不是你們給的，那没法子，只可我認這個苦子③就是了。

依我説，你拿回去再想想是誰給的罷。

你把這個十吊錢的票子給破五個一吊、一個五吊。

一吊一張的，没有我們本舖子的，給你磨④别處的行不行？

磨别處的也使得。

---

① 戳子：圖章。

② 母錢鋪：未經正式手續成立的無招牌的錢莊。（參見陳剛《北京方言詞典》，商務印書館，1985年，197頁）

③ 苦子：苦頭。

④ 磨：此處義爲“破零，换零”。

你點點對不對。

不錯,對了。這票子上你們都收着了?

都收着了。

第三十五章

大哥,我剛纔在鎮店上看了一個熱鬧。

看了一個甚麼熱鬧?

看見一個南邊人揪着一個本地人,上巡檢衙門打官司去,後頭跟着好些個人。我也不知道是爲甚麼事情,這麼着,我就跟着他們到衙門去,瞧他們到底是爲甚麼事情。就見他們倆人到了衙門,那個南邊人就告訴衙役説,他們倆人要打官司。那個衙役就把他們倆人帶進去了,我也跟進去了。就見巡檢坐堂①,他們倆人到了堂上,就都跪上了。巡檢就先問那個南邊人:"你叫甚麼名字?是甚麼地方人?是爲甚麼事情來打官司?"就見那個南邊人磕了一個頭,説:"小的②名字叫俞配,是江西臨江府的人,在這本地開着個成衣舖。因爲小的去年在這兒買了一個妾,就在這個鎮店上燈籠衚衕,租了兩間房住家。剛纔小的在舖子裏做活了,打發一個徒弟,到家裏取東西去了。他回來説,小的家裏坐着一個年輕的人,他不認得是誰。小的聽這話很犯疑,就趕緊的到家裏瞧去了。趕小的到了家一瞧,街門對③着了。小的推開了街門,進到屋裏去一看,就見這個人在屋裏坐着喝茶了,和小的的那個妾又説又笑的。小的就問他:'你是誰?到我家來作甚麼?'他回答説,他是到小的家裏打茶圍④去了。小的聽這句話氣急了,就打了他一個嘴巴,他回手就把小的的臉抓了。這麼着小的就把他揪來打官司,求老爺問他,到底他到小的家裏是幹甚麼去了。"這麼着巡檢就問那個人:"你叫甚麼名字?在那兒住家?你是幹甚麼的?到俞配家裏是作甚麼去了?"那個人説:"小的名字叫王安,在這鎮店上紅竹衚衕住家,平

---

① 坐堂:舊時指官吏在公堂上審理案件。

② 小的:平民對官員或僕人對主人的自稱之辭。

③ 對:兩片門扇并合到一起。

④ 打茶圍:舊時指到妓院品茶、飲酒取樂。

常是放印子[1]爲生。俞配這個妾，當初和小的在一個院子裏住過。因爲前倆月，他的這個妾借了小的十兩銀子的印子，每月小的到他家裏取印子去。今兒個又到了日子了，小的拿摺子[2]到他家裏去了。他的這個妾讓小的進裏頭喝茶去，小的就進去了。他把印子錢給了小的了，然後又給小的沏了[3]一壺茶。小的正坐在屋裏喝茶了，這個工夫兒，俞配家去了，見了小的，就一腦門子的氣，瞪着倆眼睛問小的：'你是誰？到我家裏來作甚麼？'小的見他説話太没禮貌，可也就上了氣了，就説，是到他家裏打茶圍去了。他聽這話，就打了小的一個嘴巴，小的急了，就回手把他的臉抓了。這麼着他就揪着小的打官司來了。"他説完了，就把取印子錢的摺子拿出來，給官看了。巡檢就説："既是俞配不願意你到他家裏去，你後來每月，就到他成衣舖裏，取印子錢去就是了，不准你再到他家裏去了。你若是再到他家裏去，俞配來告你，我可是必要治你罪的。"這麼着就叫他們倆人都回去了。

第三十六章

老弟，我告訴你一件事情。

甚麼事情？

新近我起外頭回來，有一天，我住在一個大鎮店上客店裏了，聽見那個店裏的掌櫃的説，前些個日子，那個鎮店上，有一個德成錢舖，這天去了一個人，拿着一隻鐲子，到那個錢舖裏賣去了。那個錢舖的人剛拿過一個戥子[4]來邀[5]那只鐲子，這個工夫兒，又進來了一個人，就和那個賣鐲子的人説："剛纔我到您府上，給您送銀信去了。您家裏的人説，您上街來了。這麼着我就到街上找您來了，可巧瞧見您進這個舖子來了。"説話之間，就起懷裏拿出一封信、一包

---

① 放印子：放高利貸。印子：舊社會高利貸的一種，分期償還，每還一期，在摺子上蓋印爲證，簡稱"印子"。

② 摺子：折叠而成的紙册，封面、封底多用厚紙，一般用以記賬。

③ 了：原作"子"。

④ 戥子：用來稱微量物品的小型杆秤。最大單位以兩計，最小以釐計。

⑤ 邀：約，用秤稱。

銀子來，説："這是起浙江來的銀信。"那個賣鐲子的人，把銀信就接過去了，給了那個送信的一百錢，那個送信的就走了。然後那個賣鐲子的人，就和[①]錢舖的人説："現在是我兄弟起浙江給我帶了銀子來了，我不賣那隻鐲子了，我可以把這銀子賣給你們罷。還有一件事，我是不識字，求你們把這封信拆開，念給我聽聽。"這麽着那個錢舖的人，把那隻鐲子又給了他了，就把那封信拆開了，念給他聽。前頭不過説是在外頭很平安，請放心，後頭説現在先帶了十兩銀子來，請您先用着，等後來有順便人，再多帶銀子就是了。這麽着那個人就説："你們把這十兩銀子拿下去平[②]一平，都給換了現錢罷。"那個錢舖的人就拿下去一平，是十一兩銀子，心裏很喜歡，可就打算昧起他一兩銀子來，就按着十兩銀子合好了現錢給他了。那個人就拿了走了。趕待了不大的工夫兒，又進來了一個人，拿票子取錢，可就和錢舖的人説："你們上了檔了，剛纔那個賣銀子的人，是個騙子手[③]。他賣給你們的，那是假銀子，你們怎麽會叫他賺了呢？"那錢舖的人聽這話，就趕緊的拿夾剪，把銀子夾開了一瞧，可不是假的麽！這麽着錢舖的人，就問這個人："你認得那個騙子手的家麽？"這個人説："你們若是肯給我錢，我就可以帶了你們找他去。"這麽着錢舖的掌櫃的，就給了這個人一吊錢，叫他帶了他們找那個人去。這個人接過那一吊錢來，就帶着錢舖的兩個人走了。趕他們走到了一個點心舖的門口兒，這個人就和錢舖的那倆人説："你們瞧，那個騙子手在點心鋪裏吃點心哪，你們各人進去找他去罷。"這倆錢舖的人，就拿着那包假銀子進去了，見那個騙子手就説："你賣給我們的這包是假銀子 。"那個人説："我也不知道那銀子是假的不是，那本是我兄弟解外頭帶來的。既是假的，我還你們錢就是了。"這麽着那個人就求點心舖裏的掌櫃的，給平平那包銀子，是十兩不是。趕那個掌櫃的，把銀子接過去，擱在天平上一平，説："這是十一兩銀子。"那個人聽這話，就和那倆錢舖的人説："我纔賣給你們的，那是十兩銀子，如今這包假銀子是十一兩，那怎麽是我的呢？你們這是拿别的假銀子來訛我來了。"錢舖的那倆人聽這麽説，也還不出話來了。這個工夫兒，有幾個别的吃點心的人，聽這件事都不平，全要打那倆錢舖的人。

---

① 和：原作"利"。

② 平：民間授受銀兩所用的一種衡量標準，與之相應的還有庫平、關平、漕平等。此處"平"用作動詞。

③ 騙子手：騙子。

那倆人没法子,就趕緊的拿着那包假銀子,跑回去了。

第三十七章

提起這騙子手來了,我告訴你一件事。前些年我們本鄉地方,有一個出名的大夫姓方,他身上也有個功名,家裏也算是個小財主。見天早起瞧門脈的總有幾十號。有一天早起,來了一個人,打扮的是宅門子[①]裏跟班的樣兒,見了方大夫就説:"我是在某宅裏,因爲現在我們老爺,和我們太太都病了,打算上您這兒瞧病來,請您明兒個早起在家裏等着。"方大夫説:"是了。"趕到第二天早起,就見那個底下人又來了,還同着一個人,手裏拿着一個包袱。那個底下人進來,就問方大夫説:"請問您納,是老爺先瞧,是太太先瞧?"方大夫説:"那自然是太太先瞧。"這麽着這個底下人,就起那個人手裏,把那個包袱要過來,就拿着出去了,那個人就坐在一個凳子上等着。趕大家都瞧完了病走了,方大夫就問那個人:"您也是瞧病的麽?"那個人説:"我不是瞧病的,我是估衣舖[②]的人,在這兒竟等着您的跟班的給我拿出衣裳來哪。"方大夫聽這話很詫異,就問他:"我那個跟班的呀?是拿了甚麽衣裳來了?"那個人説:"就是剛纔和我一塊兒進來的那個底下人,您不是告訴他説是太太先瞧麽?他就把衣裳拿到裏頭去了。"方大夫又問他:"那個人他怎麽告訴你們説的?他是我的底下人,到底是拿了一件甚麽衣裳來?"那個估衣舖的人説:"那個人今兒早起,他到了我們舖子裏,他説他是您的底下人,説是您要宜[③]一件女皮襖,拿來先瞧瞧,合式就留下了,叫我們跟一個人來。這麽着我就跟他來了。"方大夫説:"我告訴你,那個人不是我的跟人,我也不認得他是誰。他昨兒個來告訴我説,他是在某宅裏,因爲他們老爺和太太都病了,要上這兒瞧病來,叫我今兒早起在家裏等着。剛纔他進來問我,是老爺先瞧,是太太先瞧,我當是他們老爺和太太來到了,所以我説是自然是太太先瞧。我説的是先瞧病,我並不知道甚麽衣裳的事

① 宅門子:官宦或其他富有之家的住宅。

② 估(gù)衣舖:出售七八成新的舊衣服的店舖。

③ 宜:買。

情，你如今快找他去罷。"這個估衣舖的人聽這話，纔明白那個人是個騙子手，把他的衣裳騙了去了。

第三十八章

郭福！

喳！

你去請先生來。

先生來了，在外間屋裏坐着哪。

啊，先生歇過乏[①]來了？

是，閣下也歇過乏來了？

我倒不覺很乏，我今兒個打算和先生斟酌一件事情。

甚麼事情？

就是偺們這盪出外，我作的那本日記得把他修飾好了，找人抄[②]出來。

那麼您把那本草稿兒拿出來，我先看看。

這裏頭我還有件事忘了，求先生替我想想。

甚麼事情？

就是偺們那天，在三和鎮店裏打早尖[③]的時候，聽見有一個客人，説是有一個人，在甚麼地方的廟裏住着，自己弔死了，帶累的那廟裏的和尚，也打了官司了。我記不清是怎麼件事情了，您還記得不記得了？

啊，那件事我記得。

那麼您再説給我聽聽。

那個打尖的客人説，他們那本鄉地方，有一個水神廟，裏頭住着一個客人，這天半夜裏弔死了。趕到天亮，和尚就報了官了。知縣就帶着仵作[④]去驗了

---

① 歇乏：通過休息解除疲勞。

② 抄：原作"找"，據《改訂官話指南》（鄭永邦、吴啓太合著，金國璞改訂，東京文求堂藏版，1928 年）改。

③ 打尖：旅途中的簡短用餐與休息。

④ 仵作：舊時官府中檢驗命案死尸的人，相當于今天的法醫。

一回,那個仵[1]作没驗明白,説彷彿是勒死的。這麽着那個知縣,就把和尚帶到衙門去,問那個和尚,是爲甚麽把那個客人勒死了。那個和尚説:"我和那個客人,往日無仇,近日無寃,我怎麽能勒死他呢?"知縣不信,就動刑拷打和尚,叫他招定了。和尚白説不招,這麽着知縣就把和尚押起來了。那個和尚有個徒弟急了,就進省裹去,在院上告了。撫台就派鄰封[2],帶着幹練的仵作,到那個廟裹又驗了一回,那個死屍果然是弔死的。那個鄰封知縣就據實的禀報撫台了。現在巡撫把那個原審的知縣条革了,把原驗的仵作也治了罪了,把和尚也放了,就是這麽件事。

不錯,對了,是這麽件事。請先生把這件事也敘在那日記裹頭,您想好不好?

那也好。趕我修飾得了,是叫誰謄呢?

我打算雇人抄寫。

雇人謄寫,怕是給抄錯了。

那麽怎麽辦好呢?

閣下若是不忙,我[3]得空兒謄出來罷。

若是先生肯代勞,那我就感情[4]不盡了。

那兒的話呢。

第三十九章

偺們今兒個這麽空喝酒,也無味,莫若偺們都斟滿了,滑幾拳[5]罷。

可以,偺們倆先滑一拳。

你那拳不是白給麽?

---

① 仵:原作"件"。

② 鄰封:本爲相鄰的封地,泛指鄰縣、鄰地,此處指鄰縣的地方官。

③ 我:原作"是",據《改訂官話指南》(鄭永邦、吴啓太合著,金國璞改訂,東京文求堂藏版,1928 年)改。

④ 感情:感激。

⑤ 滑拳:劃拳。

你先别誇口，不定誰輸誰赢哪。

來，四季發財！

六六順！

對手！

五金奎！

你瞧如何？

還是你輸了，你這赢也不過是瞎貓碰死耗子罷咧！

你先喝酒，回頭再批評。

我已經喝了。

你多咱喝了？我没瞧見。

你問大家，我喝了没有。

衆位瞧見他喝酒了麽？

我們没理會。

大家都没看見，這足見是你混酒了，快喝罷。

我已經喝了，不能再喝了。

你不喝，我們大家動手灌你。

真利害，這麽着罷，我的酒真不行了，罰我説個笑話兒罷。

那也可以，你若説的不好，還是要罰的。

你聽著罷，凖好。

快説。

這個笑話兒是刻薄①御②史的，好在偺們在坐没當都老爺③的。

你竟管説罷，没人不答應你。

聽着。有一個鄉下人很窮，没落子④，心裏盤算，打算要上京當老公⑤去，又尊貴，又弄錢。這麽着他就到了京裏，拜在一個老太監門下當徒弟。

---

① 刻薄：挖苦。

② 御：御。

③ 都老爺：明清時對都察院長官的俗稱。

④ 落子：生活上的着落（指錢財等，只用在“有、没有”後邊）。没落子：貧窮，衣食無着。

⑤ 老公：宦官的俗稱。

你先等等説，你這話就不通，就憑這麼個唼[①]鄉下老兒，到京裏，就能進宫裏去麽？好容易事啊！

你聽我説呀，他也是托人，把他引進去的。

那麽你爲甚麽，不把這層先説明白了呢？

你别混挑字眼[②]兒了，聽我快説罷。

你快説，底下怎麽樣了？

他既然拜老太監爲老師了，他就求老太監諸事指教他、照應他，老太監就派他在大内裏管事。這一天内裏傳旨用膳，這個鄉下人就説："萬歲爺要吃中飯哪。"老太監聽見了，可就喝呼[③]他説："你别胡説，你説：'萬歲爺要用御膳哪。'"他聽這話記下了。有一天又傳旨大宴羣臣，這個鄉下人又説："萬歲爺要擺宴哪。"老太監可就又説他："你説錯了，你該當説：'萬歲爺要擺御宴哪。'你後來切記着，假比[④]大内裏的花園子，叫御花園，那護衛的兵丁，叫御林軍。"這個鄉下人聽這話，恍然大悟，心裏説："怪不得皇上眼頭裏[⑤]的東西，都添上一個'御'字呢，我如今可明白了，打這兒我也算是老手了。"這麽着這一天，他解御花園門口兒過，忽然跴了一脚屎，他很有氣，剛要駡，他一想又怕是皇上出的恭，這麽着他就拿手指着那灘屎説："我若不看你是御史，我一定駡你一頓。"

今兒個幸虧没御史在坐，若不然，你的嘴早叫人擰[⑥]腫了。

我的嘴没腫，你也該説一個了。

我這個笑話兒是挖苦典史[⑦]的。

這個有趣兒，我們大家要聽聽。

這叫"典史十令"。

甚麽叫"十令"，你快説一説。

聽着：一命之榮稱得，兩塊竹板拖得，三十兩俸銀領得，四鄉地保傳得，五

---

① 唼：怯。形容（某人）没有見過世面，也没有任何社會背景。

② 挑字眼：從措辭用字上挑毛病找碴兒。

③ 喝呼：拉長聲音大聲説。

④ 假比：假如，比方。

⑤ 眼頭裏：眼前，面前。

⑥ 擰：拧。

⑦ 典史：官名，下轄于知縣，爲掌管緝捕、監獄的屬官。

個嘴巴打得，六路通詳出得，七品堂官靠得，八字墻門開得，九品補子縩得，十分高興不得。

可笑，那九句都好，就得末尾這一句壞了。

今兒個若有典史聽見，只要饒得了你。

第四十章

你這兩天竟在家裏過年了，老没出來麽？

我見天晚上出來。

那麽你怎麽不上我這兒來呢？

我這兩天，是同着幾位朋友，晚上到存古齋古玩舖門口兒，打燈虎兒[①]去了。

是誰出的？

是一個舉人出的。

作的好不好？

作的還算可以的。

你猜着了幾個没有？

我揭了幾個。

都是甚麽？

我猜的，一個是“没點的言字”，打四書四句。

打那四句，你説一説。

一句是“是何言也”，一句是“吾與點也”，一句是“前言戲之耳”，一句是“誠哉是言也”。

這個好，難爲你猜。

我還猜了一個，是三句話，打一個字的。

你快説，是怎麽三句話，打一個字。

你聽着。子路曰：“是也。”顔回曰：“似也。”孔子曰：“非也，直在其中矣。”

---

① 打燈虎兒：上元節燈市猜謎的活動。據説是自《史記》李廣北平射虎的故事引申而來。

打一個“乜”字。還有一個是四句話，猜一個字的，是：“十字口中搴[1]，莫作田字猜，無頭又無尾，悶死一秀才。”我猜的是“魚”字，揭了來了。

這兩個作的也很好。

我昨兒個晚上，又猜了兩個。一個是“累朝事蹟過龍門”，打四書人名，是“史魚”。一個是“節孝祠的祭品”，打四書一句，是“食之者寡”。

這兩句都恰。

還有我一個朋友，打了一個，是“圍棊盤内着象棊”，猜四書一句，是“子路不對”。

這個更恰了。我告訴你，前幾年，我打了一個燈虎兒，是“東街淘溝，西街不乾浄”，打兩句小孩兒語，是“這邊兒有水，那邊兒有鬼”。

這個是更妙了。據我看，像現在那位舉人作的這幾個，也就算在好的一路了。

我還告訴你一件事。頭年我有個朋友，他是當缺的，託我給他寫春聯。我給他寫的上聯是“等因前來辭舊歲”，下聯是“須至咨者大有年”。

你有多麽可惡，怎麽説起他們的行話來呢？他大概準不肯貼這副春聯罷？

那自然他不肯貼，他説的也好：“這副春聯，我雖然不貼，我可要收着，因爲這是我們的本色，將來也算是一件傳家寶。”

你别瞎咧咧[2]了，快穿衣裳，偺們出去趟達會子去罷。

你等一等兒，我就换衣服同你走。

---

① 搴：塞，填堵。

② 瞎咧咧：没有根據地亂説。

第三卷　使令通話

第一章

誰呀？

是我呀。

你進來。

老爺您上回叫我找的那十幾歲的小孩子，我找來了。現在您若有工夫兒，可以帶他進來，老爺先看一看他。若是您願意，就留下他了。

那是自然的。

這就是鄭老爺，你請安罷。

他是甚麽地方的人？姓甚麽？今年多大歲數兒了？他行幾？

我是山東人，姓張，今年十八歲了，我排大。

他在京裏有好幾年了，他説的話不像是外鄉人。他原來是我們的街坊，人很聰明，可是向來没當過跟班的，所以得叫他慢慢兒的歷練歷練纔行哪。

那好辦。可是我是新近到這兒來的，還没使唤過人了，可不知道得要保人不要？

那是隨老爺的意思。

那麽就這麽辦罷。既然是你舉薦他來的，你就作保，可以不可以？

可以。那麽叫他解多咱來伺[①]候您哪？

哼，今兒是二十八，離月底還有兩天，索性叫他趕下月初一那天再來倒好。

是。

還有他的舖蓋甚麽的，也都叫他一塊兒拿來罷。

喳，還得定規他住的屋子哪。

我想這院子儘溜頭兒[②]那白墻兒後頭，挨着洗澡房的西邊兒，向陽兒的那一間閒屋子，叫他住怎麽樣？

---

① 伺：原作“伺”。

② 儘溜頭兒：一長排的最頂端。

那敢自[①]很好了。

這兒某老爺打發個人來,拿了這個字兒來,給您瞧瞧。

現在某老爺請我,我這就要去。那麽這件事,就按着那麽辦就是了。

第二章

來!

喳!

給先生沏茶。

老爺,是要沏甚麽茶?是嘎啡[②],是紅茶?

兩樣兒都不用,沏日本茶罷。

老爺,這錫鑞罐兒裏的茶葉都没了。

那麽裏間屋裏的那櫃子上的第二層槅子上,不是有個洋鐵罐子麽?就拿那個罷。往後你瞧着多咱這罐子裏頭的茶葉完上來了,就是我不告訴你説,你就續上罷。

是。

你趕緊的拿茶葉去,我自各兒[③]沏上罷。

請先生瞧那盃茶好,就喝那盃罷。可是你昨兒個迷迷糊糊的擱了有多少茶葉,那個茶沏的彀多麽釅,苦得簡直的喝不得了。你没瞧見昨兒個吴少爺喝茶的時候,苦的直皺眉麽?

是,往後小的沏茶的時候,留點兒神就是了。

你把那茶机兒上的茶盤兒裏擺着的那茶壺、茶碗、茶船兒,都拿過來,你再瞧瞧這火盆裏有火没有了?

喳。

火快滅了。

---

① 敢自:敢情,自然,當然。

② 嘎啡:咖啡。

③ 自各兒:自己。也説“自己個兒”“自己各兒”。

那麼你快拿開水去，就手兒[①]帶點兒熟炭來。

老爺，甚麼叫熟炭哪？

你真是個糊塗人，連熟炭都不知道。我告訴你，没燒過的炭叫生炭，燒紅了的炭就叫熟炭。

喳！是！老爺開水來了，您沏上罷。

哼，現在這痰盒兒裏的吐沫都滿了，你拿出去涮乾净了再拿來。

是。

第三章

誰叫門了？

老爺，天不早了，您快起來罷。

哼，你打洗臉水來罷。

臉水打來了，漱口水也倒來了，胰子[②]盒兒在臉盆架子上擱着哪。

刷牙散[③]在那兒了？

是在那張桌子的抽屜裏，和刷牙子[④]在一塊兒了。

把擦臉手巾拿來。

是。

你忙甚麼？你現在先不用擦地板了，等着疊好了舖蓋再擦罷。今兒還得换换枕頭籠布[⑤]和被單子[⑥]哪。

喳！老爺這就要點心麼？

哼，就拿來罷。雞子兒[⑦]不要像昨兒個那麼老，越嫩越好。

---

① 就手兒：順手，順便。也説“就事兒”“就勢兒”。

② 胰子：即肥皂。舊時用猪胰製成，可以防皴裂，去垢。

③ 刷牙散：即牙粉，刷牙時用的粉狀物。

④ 刷牙子：牙刷。

⑤ 枕頭籠布：枕巾。

⑥ 被單子：床單。

⑦ 雞子兒：鷄蛋。

是，今兒個麵包是抹上黄油烤麽？

不用了，可別烤煳了。

是。

這兒還短把匙子和鹽盒兒哪。

是，給您拿來了。白糖彀不彀？

彀了。

這個雞子兒煮的是筋觔兒[①]。

我問你一件事。我聽見説，這京裏賣的牛奶，裏頭總攙多一半兒水，這話是真的麽？

平常住家兒的買的牛奶，也許有這個事，偺們這公館裏用的，他們可不敢那麽胡攙亂對的。

這個地方買牛奶，是論斤哪，還是論瓶呢？

是論瓶論碗。大概的價錢，總在九百錢一瓶、二百錢一碗。老爺還要嘎啡不要了？

得了，撤了去罷。我現在要上某老爺屋裏去，若是有人來找我，你給我送信去。

是。

第四章

老爺，您的跟班的來説飯得了，請老爺吃飯去。

知道了，就去。

來！

喳！

你請我來吃飯，怎麽還磨蹭着不擺台，是幹甚麽來着？

因爲剛纔送煤的送煤球兒來了，我邀了邀，又因爲他開來的帳錯了，小的查了一查摺子，瞧瞧他是送了多少回來。就爲這個，可就躭悮了擺台了。

---

① 筋觔兒：食物吃起來有韌性、有彈性。

那就是了。煤球兒原來是多少錢一百斤?

四吊多錢罷。

那麽現在你就開飯罷。

是。

你告訴厨子,昨兒晌午他做的那雞湯不好吃,明兒再做湯的時候,叫他留點兒神,把油[①]撇净了纔好。

是。

盛飯來。

喳。

這不是我的飯碗,是少爺的。

啊,這是拿錯了,把您的换來罷。

不用换了,你瞧這兒還短一件要緊的東西,你想一想。

是,是。這兒刀子、鍤子[②]、匙子、七星罐兒、碟子、盤子、筷子都有了,我直想不出是還短甚麽東西來,求老爺提醒我罷。

還短酒盃哪。

啊,不錯,小的是真忘死了。

這是甚麽?

這是芋頭和雞肉做的湯。

這樣兒是真合我們的口味,巧了是厨子擱了木魚了罷。

大概是罷。

這個牛肉很好。遞給我芥末和白鹽。

是。

哎喲!你瞧瞧你的袖子,把這個碗給拐躺下了,快拿搌布來擦擦罷。

是。

你幹事老是這麽忙忙叨叨的,你瞧把這湛新[③]的台布,都弄成了這麽哦嗹[④]半片的了。

① 油:原作"抽"。

② 鍤子:叉子。

③ 湛新:嶄新。

④ 鵝漣:滿語,原意波紋,後指衣物上的汗漬。此處指檯布上留下的漬痕。

啊,請老爺饒恕小的罷,往後我幹事一定要留神的。

拿鹽菜[①]來。

今兒没有醃白菜,這兒拿了醬荳腐和腌黄瓜來了,黄瓜裏頭已經擱了醬油了,還招[②]點兒醋不招了?

不要醋。現在都吃完了,你都拿下去罷。

老爺,給您牙籤兒。

哼,把茶拿來。你也吃飯去罷。

第五章

今兒是初九,老爺不上隆福寺逛廟[③]去麽?

哼,我已經約會了吴老爺一塊兒逛去,你去打聽打聽鄭少爺在屋裏没有。

我剛纔看見他出門去了,巧了是没在屋裏。

那麽你拿出我的衣服來罷。

是要甚麽衣裳?

要西國[④]的衣裳。

您是穿氈子的好,是穿布的好?

今兒天氣凉一點兒,可以拿那件原青的絨褂子,和那條藍白線兒的布褲子來罷。

是,老爺看一看坎肩兒、汗褟兒[⑤],是要這兩件不是?

啊,這副鈕子[⑥]我很不愛,你换那副水晶的來罷。這個領子漿[⑦]得這麽軟,

---

① 鹽菜:鹹菜。

② 招:放入,加入。

③ 廟:廟會,又稱"廟市"或"節場",一般在春節、元宵節等節日舉行。隆福寺廟會興起於明末清初,自清乾隆九年(1744)開始興盛,每月逢九和十舉辦,日用百貨、古玩字畫、花鳥蟲魚、風味小吃應有盡有,其盛况居五大廟會(隆福寺、護國寺、白塔寺、土地廟和花市)之首,享有"諸市之冠"的稱譽。

④ 西國:指歐美國家。

⑤ 汗褟兒:貼身穿的中式小褂。

⑥ 鈕子:鈕扣。

⑦ 漿:用粉或米湯等浸潤紗、布、衣物等。

而且這上頭的泥也没洗掉，又是翻過來熨的。明兒洗衣服的再來的時候，你告訴他説，得留點兒神洗，還得多用點兒粉子漿，噴上水，叫他好好兒的拿熨斗熨一熨，那纔能周正[①]了。靴子是拿那雙短鞠子[②]的來罷。

是。

襪子這兒破了一點兒，叫丫頭找一塊補釘[③]給補上。

是。

你先别走，在這兒服侍我穿上衣裳。你現在要上那兒去？

給老爺雇車去。

不用雇車去，離這兒不遠，我可以走着去罷。

坐車去，倒[④]是體面些兒。

那麽等我穿好了衣服再雇去還不晚哪。

是。

拿鞋拔子來，把褲脚兒給往下搠[⑤]一搠。拿一塊手帕子，和那個金表來。

老爺要烟荷包[⑥]不要？

要。你回頭把我脱下來的東洋衣裳，給叠起來，可别拿刷子刷。

是。老爺再畧等一等兒，這兒有一塊縱[⑦]着了，得拉一拉。

都舒展開了麽？

都舒坦[⑧]了。

那麽我在某老爺屋裏坐着去，竟等着你雇車來罷。

是。

---

① 周正：平整，端正。

② 鞠子：靴筒。

③ 補釘：補丁。

④ 倒：原作"到"。

⑤ 搠：抻，拉，扯。

⑥ 烟荷包：裝烟絲的小袋子，多用綢布縫製，上面綉着花鳥獸魚、典故人物、吉祥圖案。

⑦ 縱：皺。

⑧ 舒坦：舒展，平整。

第六章

回老爺,車來了。

你告訴他說,先到交民巷,起那兒再上琉璃廠,我要買點兒古玩去。

是,老爺若是在那兒有躭悞兒,我想莫若就雇一送兒[①]倒好。

還是雇來回的好,免得又累贅[②]。你雇的這個車乾淨不乾淨?車箱兒大小?騾子好不好?

都好。今兒雇的不是那站口子的車[③]。

那麼是跑海的車[④]麼?

也不是,是宅門兒的車。

宅門兒的車,怎麼能拉買賣呢?

是因爲他們老爺没差使,怕牲口閒出毛病來,所以叫趕車的套出來拉一天買賣。老爺不信回頭瞧,不但騾子肥,車圍子、車褥子都是應時對景[⑤]的,而且還有傍帳兒。

啊,那敢情是很好的了。還有一層,那趕車的,若是個力把兒頭[⑥],趕到了前門,走到石頭道上,可就把車竟往蹺窩[⑦]裏頭赶,把人碰的頭暈眼花,連坐車的屁股蛋兒,都可以給撴腫了。

現在這個是個好手赶車的,决不至於這麼樣。

是多少錢雇的?

跟他說妥了的,是六吊錢,連飯錢也在其内。赶老爺坐回來的時候,若是天太晚了,再賞給他幾個酒錢也可以的。小的不用跟老爺去麼?

---

① 一送兒:單趟。

② 累贅:麻煩。

③ 站口子的車:停在車輛聚集處等待受雇的車。口子:某行業的非正式營業場所,同業者臨時聚集接頭的地方。

④ 跑海的車:在街上四處跑着、隨時可以停下而被雇用的車。

⑤ 應時對景:適合當時的情景,形容時髦。

⑥ 力把兒頭:新手。

⑦ 蹺窩:道路上凹凸不平之處。

哼,你可以胯在車沿兒上,跟了我去罷。

是。

你先把那塊花洋氈子,拿到車裏頭去舖好了罷。你不是有兩頂官帽兒麼?你可以借給赶車的一頂戴罷。

是。老爺上車,不要板凳兒麼?

哼,要。你拿脚把板凳兒那頭兒跴住了罷。啊,你快把棍子取來。

小的拿來了,遞給您,您就掖在氈子底下就得了。

哼,你快上車罷。

吆喝①罷。

第七章

來!

喳!

今天我有一點兒不舒服,先生來了,告訴他説,我今兒個不用功②,因爲我不舒服,也不用讓他進來坐着了。

是。

你把那凳子拿過來,把烟盤兒擱在上頭。今兒早起,我不吃點心,竟拿嘎啡來就得了。再去吩咐厨子,不必給我預備飯,就給我熬一點兒粳米粥,要爛爛兒的,可别把米粒兒弄碎了,要不稀不稠,匀溜③的纔好。

是。

你給我把被窩再往上蓋一蓋。

是。老爺這陣兒好點兒了麼?剛纔您叫買的那花兒,已經買來了,插在那個汝窰花瓶裏好不好?

可以的,現在我的腦袋還是覺着沉,又有點兒惡心。你趕緊的拿我的名

① 吆喝:此處指趕車出發。

② 用功:此處指念書、做功課。

③ 匀溜:均匀,正合適。

片,到我們公館,快請用吉大夫去。

那位用吉大夫是出馬麼?

不出馬,這是交情的事情。而且他的醫道是最高,到這兒日子雖不多,在這京裹,可是很出名的。

不錯,我[①]也聽見中國老爺們説過,用吉大夫的醫藥靈極了。

可有一層,中國人和他有交情的,常請他出去瞧病,所以在家的時候少,就怕你這個時候去撲空。

好在老爺的病也不重,若是他不在家,就請個别的大夫來瞧瞧罷。

哼,那時候你請個中國大夫來[②]也使得。

我們的大夫都是行本地的醫道,不通外國的醫術。您請施醫院[③]的德大夫[④]來治,那不很妙麼?

哼,那麼也好。

回老爺,巧極了,用吉大夫望看您來了。

這實在是造化了,快請進來。你可以預備酒和點心。

老爺,開甚麼酒?

開三賓酒[⑤]罷,紅酒若有也拿來罷。點心和菓子,瞧有甚麼,就可以拿甚麼來。

---

① 我:原作"不"。

② 來:原作"夾"。

③ 施醫院:又稱"施醫養病院",爲基督教新教在中國所設的教會醫院。施醫院一般爲傳教士本人或教會組織捐資修建,最初主要是爲教徒和願意信教的人治病,規模不大。後來傳教士高超的醫術贏得了廣大信衆和朝野王公貴族的信任,也有不少官宦捐資助建施醫院。施醫院爲中國近代公共醫療設施和體係的建立做出了貢獻。

④ 德大夫:英國醫士德貞(John Dudgeon,1837—1901),字子固,蘇格蘭醫生。1862 年獲格拉斯哥大學醫學院外科學碩士。1863 年受倫敦會派遣來華行醫傳教,1864 年進京主持倫敦會醫學傳教事業。德貞以其高超的醫學造詣和醫術,廣交朝野的王公大臣及各國駐京欽使,成爲享譽中外朝野的良醫和名人。在北京的三十餘年間,德貞不僅于 1865 年創辦了北京第一所施醫院——北京施醫院(協和醫院前身),而且于 1871 年受聘總理衙門,出任京師同文館第一任醫學與生理學教習。同文館醫學班後來并入京師大學堂,成爲今北京大學醫學部(原北京醫科大學)的前身。德貞大夫不僅在傳教士主辦的中文報刊上撰寫醫學專欄介紹生理學和臨床醫學技術,翻譯世界經典的解剖學教科書《全體通考》(*Gray's Anatomy*),而且還致力於在歐洲醫學界講授中醫健康術,在英文醫學雜志上發表探討中醫的論文,爲東西方醫學文化交流做出了卓越的貢獻。

⑤ 三賓酒:香檳酒。

是。老爺,那把酒鑽[1],是老爺收着了麽?

是。在那櫃子裏頭槅板兒上了,和趕錐[2]在一塊兒了。拿茶來。

喳。

斟酒。

是。

拿烟捲兒來。

你替我送送這位老爺罷。

是,大夫走了,叫我告訴您説,那麪子藥[3]叫分三回吃,務必要臨睡的時候吃纔好,還説叫忌生冷。

怎麽剛纔他没告訴我説呀?

怕大夫是纔想起來罷。

那麽趕晚上,你服侍我吃就是了。

是。老爺喝粥不喝呢?

得了就拿來罷,把梨也拿來。

老爺,大夫不是叫忌生冷了麽?

哼,那麽就不要[4]了。

是。

第八章

過兩天我要上居庸關去,回頭[5]的時候,就順便遶到西山去,逛一逛那一帶那有好景致的地方,然後再回來。你願意跟我去麽?

怎麽不願意去呢?就是老爺赴湯投火去,我也要跟了去的。

你從前上那兒去過没有?

---

① 酒鑽:開酒器。

② 趕錐:改錐。

③ 麪子藥:磨成粉面狀的藥。

④ 要:原作"要"。

⑤ 回頭:回來。

是,去年跟着别位[1]老爺去過一盪。老爺是打算坐轎子去呀,還是騎牲口去呢?

我是怎麽着都行,這盪打算要帶太太逛去,所有應用的各樣兒的傢伙[2],你先都説給我聽聽。

既然太太也要去,那實在得多帶些個東西。怎麽呢?從這兒起身一住店,有一件老爺想不到得用的東西,爲太太可是很要緊。就是太太忽然若是走動的時候,怕是没有個方便地方。

那麽怎麽着好呢?

我們這兒的娘兒們走路的時候,都是自己帶着個馬桶,所以這盪也得帶着那樣兒東西。若不然,就帶上一塊很寬很長的布,再拿上四根竹杆子,趕到了店裏住下之後,可以在院子裏搘[3]起一個帳房來當茅厠,也使得。

啊,敢情還有這麽件不方便的事情哪。

我還告訴老爺説,别説是舖蓋、傢伙得帶上,就連太太吃的東西,也得多帶些個去。倘或老爺要上湯山[4]洗澡去,那就得多躭悮幾天工夫了,在那兒住着,用的東西自然是更得多了。

那麽明兒個你先雇停當[5]了一頂轎子,和一頭騾子,回頭你再細細兒的想一想得帶甚麽吃的,你就都預備出來,装在一個簍子裏,爲得是帶着方便。

是,這帶東西的那層,老爺倒不必操心,有小的了。該帶去的東西和吃食趕都歸着好了,小的單雇一輛車,都装在車裏頭。小的又照看着東西,又坐車,那就都很妥當了。

---

① 别位:另外一位。

② 傢伙:日用器物。

③ 搘:支。

④ 湯山:小湯山,位於北京市昌平區,因山麓温泉而得名,有"温泉古鎮"的美譽。清康熙五十四年(1715)在此建湯泉行宫。乾隆年間擴建,供皇帝及達官顯貴洗浴。

⑤ 停當:妥當,完備。

第九章

啊,好容易我今兒纔租妥了一所兒房子。本來是一個小廟,那個屋子可很乾淨,房錢也不大[①]。

是在甚麼地方?有幾間屋子?

在齊化門外頭,日壇西邊兒,我可不知道那個地方的地名兒叫甚麼。那房子是三間正房,有四間廂房,還有兩間倒座兒[②],東嘎拉兒[③]裏有厨房和你們住的屋子。茅房是我搬了去之後,我得找個地方蓋一間。

那麼老爺打算多咱搬呢?

我打算今天就趕緊的挪過去,爲得是到那兒給房錢的時候,解月頭兒起好算。

那麼小的今天得趕緊的,把東西先歸着歸着罷。

哼,你先把這零碎東西挪到院子裏去,把地毯拿茶葉先掃一回捲起來,拿繩子綑上。後來那書槅子和櫃子,還有其餘的那些個粗重的東西,你挑那皮剌[④]的,都裝在那個劉二雇來的大車上罷。

是,老爺。外頭的那些個小物件,是我想要裝在一個大傢伙裏,叫苦力挑了去倒妥當。

很好。可是那些個磁器[⑤],可得好好兒的拿紙包上。那床若是不好搭,可以卸下來,等拿過去,到那兒再安上,然後再把帳子還照舊的揹上。

老爺,從先掛那些對聯和扁幅[⑥]的那個釘子,是都得拔下來麼?

哼。嘿!嘿!你留神,看墻上的土掉下來。你怎麼不拿鉗子拔呢?倒拿鎚子打呢?

---

① 大:(數量)多,此處指貴。

② 倒座兒:四合院裏跟正房相對的房屋。

③ 嘎拉兒:旮旯兒,角落。

④ 皮剌:皮實。此處指器物堅固耐用。

⑤ 磁器:瓷器。

⑥ 扁幅:題字的横牌,挂在門或墻的上部。扁:匾。

是。

嗳,你和苦力説,小心出大門的時候,磨傷了桌子。

是。那麽我也跟着東西一塊兒去,先把東西都照舊擺好了罷。

那先不必,等那兒掃得了之後,舖上地毯。那桌子、椅子就先暫且散擱着,等我過去再調度安置。若你一個人兒弄不了,找個夥伴兒幫着也使得,務必儘[1]這一天,都挪過去纔好哪。

是。

第十章

今兒天氣好,也没風,把衣裳得曬曬。

是。老爺,連那被窩一塊兒都曬麽?

哼,你先拿根繩子,起這根柱子拴到那棵樹上去,趕拴好了,把衣裳搭在繩子上曬一曬。

是。那麽那皮箱和箱子,都得搭出院子裏去罷?

哼,給你鑰匙,你自各兒開罷。那衣架子上掛着的那些個皮襖、皮褂子、斗蓬,是得在背陰兒[2]地方晾晾。

是。老爺,我已經把衣裳都抖摟[3]好了,曬上了,請您去看看。

哼,那麽我去瞧瞧罷。這是怎麽了?我不是説過,那皮衣裳是得晾麽?怎麽你和别的衣裳,都掛在一塊兒了?難道你不知道,皮東西一曬,毛稍兒就焦[4]了麽?

喳,那麽着小的找根棍兒穿上,掛在那釘子上罷。

那就對了。回頭你還得好好兒的抖晾抖晾。

是。

那些個衣服,也得分出裌的和棉的來。

---

① 儘:力求達到最大限度。

② 背陰兒:陽光照不到。

③ 抖摟:抖動。也作"抖羅""抖落"。

④ 焦:原作"瞧"。焦:此處指皮衣的毛稍兒經太陽曬後變黄色并發硬、發脆。

這是棉衣裳。

你從這一頭兒搭起，一直的搭到那一頭兒去。

是。我想到了晌午，都翻一翻，把那曬過的，也倒一倒，把那背陰兒的，都叫他向陽兒，您説好不好？

那都很好。你現在都把他弄完了，把那箱子磕打磕打罷。

是。老爺想曬到甚麼時候，就得收起來呢？

等太陽壓山兒的時候，不差甚麼就都得收起來了。可是你還得把那根繩子，拴到屋裏去，叫他們透透風是要緊的。不然那羊毛織的東西，若是把暑氣藏在裏頭，往箱子裏一擱，顔色就掉了，那可就都糟了。

是。那麼着那綢子緞[①]子的呢？

那也是一樣，所以今兒晚上，就這麼先擱着罷。趕到明兒早起，再照舊的擱在箱子裏，一層一層兒的都墊上紙，下上潮腦[②]，拿包袱蓋上，四周圍都掖嚴了，再蓋上蓋兒，不然潮腦就走了。

是。

來，把那繩子還照舊的繞起來，掛在那堆房[③]裏樑上去。

是。老爺我忽然想不起來那東洋衣服的疊法了。

啊，你真是個廢物！我那麼用心的教給你，怎麼又忘了，太没記性了！你瞧，是這麼疊，你先把左底邊疊上，再把右底邊折在上頭，然後再把衣裳一攞，把領子合上，摩挲[④]平了，倆袖子往兩邊兒外頭一折，然後再一合就得了。

承老爺的指教。

第十一章

來！

喳！

---

① 緞：緞。

② 潮腦：樟腦。

③ 堆房：堆放雜物或貨物的貯藏室。

④ 摩挲：用手輕按着一下一下地移動。

明兒個我要請客,你出城定地方去。

您打算着請多少位客?

我想有十位客罷。

這麽説,飯莊子比飯館子好。

這兩處有甚麽分别呢?

飯莊子是成桌的,飯館子是成桌的也有,零要也可以。若是請的客多,倒是飯莊子好。

成桌的是甚麽?

成桌的都是八大碗、四冷葷,另外愛添甚麽小吃兒,那是隨便再要。

那麽零要呢?

那是人喜歡吃甚麽東西,隨便叫他現做。

那麽還是成桌的爽快。可是定的菜,要清淡的,不要油膩的。

老爺想是那幾樣兒菜,合衆位的口味呢?

那些個菜名兒,我可叫不上來。你總要挑那不膩的,斟酌着定就是了,總要一百吊一桌的纔好。酒是要黄酒,不要燒酒。

打算聽戲不聽呢?

聽説中國人請客,總是要聽戲的多,我也要照那麽辦。

官座兒[①]若是現在立刻定,還怕没有,若是没有的時候,定桌子行不行?

那也使得。定官座兒,可總找那不吃柱子的地方纔好。

是。那麽上場下場,都不論罷?

總是下場好,上場有那個鑼討厭。還有我這兩天聽戲,瞧見對面兒官座兒裏,有一個人吃東西,那也可以麽?

怎麽不可以呢?那總是有相公[②]陪客坐着的時候,吃東西的多。

甚麽叫相公?

您没瞧見常在戲台上傍邊兒站着的小戲子,長得那麽很標緻的麽?

啊,我想起來了,不錯,有這麽項[③]人。那是幹甚麽的?

---

① 官座兒:舊時戲園的客座分樓上樓下,樓上兩側靠近舞台的地方,用屏風隔出三四間,爲達官貴人的包厢,稱爲"官座兒",其中靠近下場門第一間最貴,是全園中最好的座位。

② 相公:男妓。也説"相姑"。

③ 項:類。量詞。

他們也唱戲，也陪酒。若是老爺要看，明天到飯館子裏，可以發一個條子，叫他們一兩個來陪酒，那也很助酒興了。

這也倒有趣。

老爺若是喜歡武戲，就聽梆子[1]；喜歡文戲，就聽二黄[2]。

還是聽二黄好。

那麽聽三慶[3]啊，是聽四喜[4]呢？

聽四喜罷。

那麽我這就定去罷。

啊，還有那跑堂兒的酒錢和戲價，明兒個就起你手裏給他們就是了。

是。

第十二章

那十塊錢换來了麽？

是，都换來了。

换了多少錢？

换了一百一十四吊四百錢。

合多兒錢一塊？

合十一吊四百四一塊。

怎麽比[5]昨兒個倒多换了？

---

① 梆子：梆子腔，戲曲四大聲腔之一，因使用硬木梆板擊打節奏而得名。起源于明末的西秦腔，是戲曲中最早采用板式變化結構的聲腔。

② 二黄：二簧，戲曲腔調。清初由吹腔、高拔子在徽班中演變而成，清乾隆年間由徽班傳入北京。過去大多認爲二黄起源于湖北的黄岡、黄陂，因此被稱爲二黄。也有人提出二黄即江西的宜黄腔。在京劇、漢劇、徽劇等劇種裏，二黄一般同西皮腔調併用，合稱“皮黄”。

③ 三慶：四大徽班之一。三慶、春合、春台、四喜合稱爲四大徽班。徽班因戲班以安徽籍藝人爲主而得名。清乾隆五十五年(1790)起，四大徽班陸續進入北京，他們與來自湖北的漢調藝人合作，同時接受了崑曲、秦腔的部分劇目、曲調和表演方法，又吸收了一些地方民間曲調，通過不斷的交流、融合，最終形成了中國的國粹——京劇。

④ 四喜：四大徽班之一。

⑤ 比：原作“此”。

是,今兒個銀盤兒[①]長了。

怎麼又長了呢?

是因爲行市下來的大。

這是誰定的行市呢?

老爺您不知道,這前門外頭珠寶市,有一個銀市,見天一清早,所有京裏錢舖的人,都到市上買銀子賣銀子去。若是這天市上的銀子多,行市就落。若是銀子少,行市就長。趕他們買賣定規了,合多少錢一兩,這錢數兒,就算今兒的行市。九城[②]的錢舖,都按着這一個行市,每天買銀子的,賣銀子的不能一定,一天是一個行市。

那麼一塊洋錢,合多少銀子呢?

通行都是按七錢銀子一塊合,説的可是那貿易的洋錢,和鷹洋[③],是一個樣,那一圓的,少换一點兒。在平常用的時候,可也没甚麽分别。那麽給您這票子,這都是和豐本出的。

這票子上的錢數兒,怎麽這麽宗寫法呢?我簡直的不認得。

是。這是五拾吊一整張,這是拾吊一張的,這是零的,五吊的、四吊的、三吊的、兩吊的。這是那四百四十錢的零兒。

是了,我各人點點這票子。

您點了對不對?

不錯,都對了。可是這個五拾吊一張的,不好使唤,你拿去取五吊錢的現錢,下剩的破了零的來。

是。還要他本舖子的麽?

若是他本舖子没零的,磨别處的也使得,總要那字號靠得住的要緊。

那是自然的,都磨四恒家[④]的,可就妥當了。

那麽你就辦去罷。

---

① 銀盤兒:銀票兑换現錢的價格。(參見舒濟主編《老舍文學詞典》,北京十月文藝出版社,2000年,776頁)

② 九城:舊時北京有四個城區九個城門,遂以"九城""四九城"指稱北京全城。

③ 鷹洋:舊時市面上流通的墨西哥銀幣,正面圖案爲凸起的鷹。泛指銀元。

④ 四恒家:北京東四牌樓附近連鎖錢莊"恒利""恒和""恒興""恒源"四家的總稱,也稱"四大恒"。

第十三章

你上那兒去了？

剛纔有小的一個本家的哥哥，從鄉下來，找小的，説是小的的母親病得很重。他把小的搭出去説了會子話，所以躭悞了這麽半天，没得稟知老爺。

你這都不像話，無論出去多大工夫兒，你都應當告訴我説。

是，小的後來再不敢這麽大意了。還有一件事，小的要告幾天假，回家瞧我母親的病去。

真是你母親病了麽？不是告謊假呀？

小的天胆，不敢咒我母親有病。

既是真的，你打算告幾天的假呢？

若是我母親病不礙事，小的三兩天就回來，萬一小的的母親有個好歹，那就怕是得多躭悞幾天了。

你走了有替工没有呢？

小的有個朋友，他在法國府裏當過跟班的，小的可以把他找來替幾天。

那個人怎麽樣？

他没别的不好，就是吃幾口烟。

哼，我不要吃烟的。這麽辦罷，你不用找替工了，可以叫吴老爺的跟班的，代管幾天罷。

那更好了。

你打算多咱走呢？

若是老爺肯放小的去，我就今兒晚上趕出城去。

你既打算今兒個趕出城去，現在天不早了，你就别愣着了，快歸着東西罷。

還有一件事，求老爺把下月的工錢支給小的。

我没那麽些個錢，不能都支給你，先給你三塊，另外我賞給你一塊錢。

謝老爺的恩典。

那麽你現在把吴老爺的跟班的找過來，把這屋裏的事，都交代明白他，再把昨兒個破的那個燈罩子找出來，交給他，叫他明天照樣兒配一個來。

是。

第十四章

明天有一位客人要來,你帶着苦力,把上屋①裏拾掇出來。

是。那三間有一間棚都破了,棚架子也掉下來了,墻上的紙因爲犯潮,都搭拉②下來了。

哼,不錯,不錯,那麼得叫裱糊匠來糊糊罷。

是。老爺您收着銀花紙③了不是?

有好幾刀④了。底半截兒牆得糊外國紙,棚上四面兒都拿藍條紙鑲上。

喳。還得買十幾根秫稭⑤,紮架子哪。

哼,那麼一天可以報結⑥麼?

現在天長,一天總可以完了。

那搭交手⑦,還得偺們給他預備杪槁⑧麼?

那是他們各人帶來。

還有甚麼得買的?

就是還得買打keycap子⑨的麵和籤子,還有蔴繩兒這三樣兒東西。

現在你先把外頭屋裏那兩間好好兒的掃掃,棚上若有蜘蛛網,可得掃乾浄了,把牆上的土都胡拉⑩下來,把槅扇都撢浄了,把窗户上的玻璃也擦一擦,然後拿墩布蘸上水,擰乾了,把地板都擦了。可小心着,別拿墩布髒⑪了牆。你

---

① 上屋:正房,上房。

② 搭拉:下垂。亦作"搭剌""搭落"。

③ 銀花紙:裱糊頂棚所用的印有閃亮暗花的白紙。

④ 刀:紙張的計量單位。一刀合一百張。

⑤ 秫稭:摘了穗的高粱杆。

⑥ 報結:完成。

⑦ 交手:脚手架。

⑧ 杪槁:小杉木。

⑨ 糨子:糨糊。

⑩ 胡拉:用拂拭的動作把東西除去或歸攏到一起。亦作"搰拉"。

⑪ 髒:不乾浄,髒。此處用作動詞,意爲"弄髒"。

就辦去罷。

是。

來！

喳！

現在來了信了，不行了，客人回頭就到了。

那麽棚還没糊了，可怎麽好呢？

這麽着罷，你就趕緊的先拾掇出來，就讓客人先將就着住罷。

是。

你聽大門外頭車站住了，光景是客人來了。

回老爺知道，可不是客人來了麽。

我先迎出去，你就叫苦力快打掃屋子，你出去搬行李去。

行李都搬進來了，請客人點點件數對不對。

客人説都對了。

還有趕車的説，還攏[①]他兩塊錢的車錢哪。

把這兩塊錢給他拿出去罷。你去瞧瞧，若是屋子拾掇出來了，你把這行李挪到那屋裏去安置好了，再來沏茶、打洗臉水。

是。

第十五章

怎麽了？燈罩兒又炸了？

可不是麽，又壞了一個。

我常告訴你説，剛點上的時候，燈苗兒要小，趕慢慢兒的，再往大裏捻。你老聽不進去，太没記性了罷。去年就幹過這麽一回了，老改不了。總是你没把我的話擱在心上，這是怎麽個理呢？

也是小的一時没留神的緣故。

你不止一時没留神了，永遠没小心過。就拿去年冬天説罷，爐子永遠没乾

① 攏：落，短，欠。

净過，趕今年撤了火了，爐子裹頭的剩煤也不弄出來，爐子也不刷上黑色，就扔在那堆房裹了，趕後來日子多了，全上了鏽了。還有那個煤，就在院子裹那麼堆着，不定那一天許着了。

那是我不知道。

莫非你是瞎子麼？

那是苦力的事情，不是我應管的。

你别滿嘴裹胡説，你不會叫苦力收起來麼？

我告訴過他好幾回了，他老不聽。

你别混遮掩，你向來是嘴硬。

我怎麼嘴硬了？

那麼我問你，昨兒個我回來，你上那兒去了？

我任那兒[①]没去呀。

那麼我這屋裹瓢朝天、碗朝地的，招了好些個蒼蠅，你也不管，那是怎麼了？

是因爲我有個朋友來了，躭悮了一會兒的工夫，没能拾掇。

我不管那些個，起今兒往後，我出去的時候，你總要把屋子拾掇俐儸[②]了，把衣服給疊好了，小爐裹燒上炭，拿灰培上，瞧有甚麼使不得的東西，該倒的該扔的，就都倒了扔了，那纔是有眼裹見兒[③]哪。竟等着挨説纔幹哪，那還算人麼？還有你常愛砸東西，也不是事。近起來又添了一樣兒毛病，你有朋友來，把我的各樣兒的東西拿出去用，這還像事麼？

我多咱拿您的東西了？

你别不認帳，昨兒個你拿我的茶葉，我悄悄兒的進來瞧見了。

我没拿。

你説你没拿，我現在到你屋裹搜一搜去。

您竟管去搜。

你瞧瞧，這是甚麼？你還狡情[④]麼？

---

① 任那兒：無論哪兒。

② 俐儸：利落，整齊。

③ 有眼裹見兒：有眼色，眼裹有活兒，不用别人提醒就及時去做。

④ 狡情：矯情。此處指强詞奪理，蠻横。

那是我各人買的。

這兒有真贓實犯，你還不肯認帳，你滾出去罷，我不要你了。

老爺别生氣，是小的拿老爺的東西了，求您寬恕罷。

你既認了，我還要你就是了。後來再若有這些毛病，一定立刻得走出去。

是，給老爺請安，謝您的恩典。

第十六章

回老爺知道，馬籠頭壞了。

是那個地方壞了？

是嚼子那兒壞了。

那麽你拿到鞍韂[1]舖裏去，收拾收拾。

是。

還有近起來所有鞍子、馬鐙、肚帶，這些個傢伙，都髒的了不得，怎麽你也不拾掇啊？

没有的話，那天都拾掇。

那麽那上頭的鐵活，怎麽會上了鏽呢？

那是没用磚麪子擦的緣故。

我這幾天騎馬出去，馬的脚底下彷彿是發軟，老愛打前失[2]，那是怎麽個緣故？

不錯，我也覺着是有那麽點兒毛病。

我想光景是馬掌掉了，或是釘錯了，也未可定。

那麽我今兒個拉到獸醫樁子上去，再從新釘一回罷。

也好。還有一件，馬怎麽老不上膘呢？

怎麽不上膘？老爺瞧不出來就是了。

我很瞧得出來，我知道，你是夜裏不餧的緣故。若是馬再不長肉，我可就

① 韂：鞍具。

② 打前失：多指（驢、馬等）行走中因磕絆或腿酸軟無力等原因向前跌倒。

不叫你包餧了。

老爺别這麽説，所有麩子、黑荳、紅高粱、棒子、草，没不餧足了他的。

我今兒早起瞧見馬棚外頭地下，汪着好些個水，那是甚麽水？

那不是我弄的水，那是管洗澡房的他幹的。

那麽你把他叫來。

是，我就找他去罷。

老爺現在要洗澡麽？

我先問你一件事，你怎麽把澡盆的臢水，都倒在馬棚外頭了呢？

不是倒的，是因爲溝眼堵住了，水漾出來了。

那麽你得把那溝眼通開纔好哪。

是，我回頭就通去。可是，今兒個不是您洗澡的日子麽？

你燒得了洗澡水了麽？

是，都倒在洗澡盆裏預備好了。

那麽你拿着手巾和胰子，跟我去罷。你先前頭走一步，等我解完了手[①]兒就去。

是。

你可要把澡房的地板都刷乾净了，别弄的那麽溜滑的。

是。

老爺水熱不熱？

熱一點兒，再對一點兒凉水。你給我搓搓澡。

是。

油泥多罷？

不算很多。

那麽你給我擦乾净了罷。

是。

---

① 解手：上厠所。

第十七章

我現在要上上海去，你把東西都歸着起來。

老爺打算多宗晚兒[①]起身呢？

一兩天就要動身。

那麽這粗重的傢伙，也都帶了去麽？

不咖，那我打算託朋友，都把他拍賣了。等我今兒晚上連夜，把拍賣的和留着的分出來，再打點罷。

我先把這箱子騰空了，把這零碎兒都揷在裹頭好不好？

好是好，趕揷在裹頭之後，可得拿滑藉[②]或是棉花揎[③]磁實[④]了，别叫他在裹頭摇掜纔行哪。

那是自然的。還有那些衣服怎麽樣呢？

那等着歸在那皮箱兒裹，軟片一塊兒打包。

那就是了。

那書槅子上的書和字帖、條幅，都拿紙裹上就行了。

那匾額竟把字撤出來，那架子不好帶，可怎麽辦呢？

那就先擱着罷。

老爺，箱子都裝好了。那麽把蓋兒蓋上，可以就先釘死了罷？

可以可以。你把那張紅紙遞給我，寫個籤子，貼在箱子上。

那皮箱還得上鎖，拿馬蓮包[⑤]包上，然後拿繩子綑上，可就省得車磨了。

不錯，那繩子扣兒務必要勒死了，看上車之後掜蕩開。你快打發苦力去買兩張油紙[⑥]來，包那綢子。

---

① 多宗晚兒：多早晚兒，什麽時候。

② 滑藉：滑秸，麥子脱粒後剩下的爛麥秸。

③ 揎：即楦，此處指用滑藉和棉花填緊箱子中空部分。

④ 磁實：瓷實。東西擠壓得很緊，結實，紮實。

⑤ 馬蓮包：麻布袋。

⑥ 油紙：塗油加工製成的紙，用作防水防濕的包裝。

喳。那軟帘子摘下來捲上不好麽？
也好。還有那把旱傘也套上罷。再把這文具都裝在白拜匣[①]裹。
現在把您的鋪蓋也都捲起來罷？
把夾被、棉被都疊起來，裝在褥套裹。那褥子明兒個還要鋪在車上哪。
是。明兒個把那個馬蓮包的箱子，煞[②]在後車尾兒上，您想怎麽樣？
使得罷。那磁器得拿紙蘸上水糊上，再裝纔妥當。
這個法子更妙了。
回老爺知道，某老爺打發人，給您送了送行的禮物來了。
拿進來。給他拿出個片子去，叫他回去道謝就是了。

第十八章

你幹甚麽來着？
我在花園子澆花兒來着。
那花兒開的怎麽樣？
現在正是盛開的時候，開的好看極了。
怎麽你這手上這麽些個泥？
我是在花園子弄土來着。
你回頭吃完了飯，我要打發你送禮去。
是給那宅裹送禮去？
是給後門徐老爺送禮去。
那麽小的這個工夫兒，先剃頭去罷。
哎，你别竟剃頭，還得打辮子哪。
剃頭和打辮子，那是一回事。
你還得换上乾净點兒的衣裳，平常在家裹做粗活，那原不講究，到别的宅

① 拜匣：舊時放柬帖、封套等的長方形扁木匣，用于拜客或送禮。
② 煞：用力勒緊。

裹去，總得要撒俐[①]纔是様子[②]哪。

靴子、帽子，小的可没有。

你可以和夥伴兒們借一頂帽子、一雙靴子就得了麽。你就快拾掇去罷，别磨稜子[③]了。

老爺，小的都拾掇完了，有甚麽話請老爺吩咐罷。還有那禮物，您都打點出來了麽？

你瞧，這是四匣子東西，這是我的職名[④]。

那麽小的得雇一輛車去罷。

不行，這裹頭有嬌嫩東西怕車撴。若不然，就叫苦力挑着跟了你去罷。

喳，那也好。

赶你到那兒就説："這是我們老爺新近打外頭回來，帶來的土物，奉送這兒的老爺用。"務必把職名給留下，然後你就回來。

是，那麽小的這就去罷。

啊，還有你到花園子去，掐幾朶花兒來拿着，順便到吴宅，給那位老爺送了去。

老爺，小的回來了。

徐老爺在家了麽？

是，在家了，把小的叫進去了，説是："老爺起外頭大遠的帶了點兒東西來，留着自己用就結了，又何必費心惦記着我呢？實在我心裹不安得很。"這麽着給了我[⑤]一個回片子，給老爺道費心。

是了。你手裹拿着的那紅封兒是甚麽？

可是，小的還要回稟老爺哪。這是那兒的老爺給小的一個賞封兒，小的原不敢接，徐老爺説："你只管拿着，若是不接，我就有了氣了。"小的這纔勉强接過來了。

好，好，你歇歇兒去罷。

---

① 撒俐：利索。

② 様子：式様、模様好看。

③ 磨稜子：磨蹭，耗時間。

④ 職名：寫着官職和姓名的名帖。

⑤ 我：原作"得"，據《改訂官話指南》（鄭永邦、吴啓太合著，金國璞改訂，東京文求堂藏版，1928 年）改。

第十九章

你洗完了臉了麽？
洗完了。
我要叫你買東西去。
買甚麽東西去？
我要買口蘑、大蝦、米和挂麪。
是買四牌樓的麽？
別買四牌樓的，那幾個舖子的東西，連一個好的也没有。
那麽我出城買去罷。
你出城要買前門大街，路東那個海味店的纔好哪。
不錯，那兒的東西可好，就是貴一點兒。
貴一點兒也有限的。
您是要買多少呢？
我要買一斤口蘑、斤半大蝦米、十子[①]兒掛麪。可是那口蘑多兒錢一斤？
有六吊四的，有四吊八的。
賤[②]的東西總次罷。
那是自然的。
那麽買那貴的罷，分兩[③]可叫他們邀足了。
他們不敢短分兩的。
那些買賣人的習氣，都愛要謊價，你也別竟聽他們要，總要還個價兒。
老爺不知道，他們那大字號，都是言無二價，不敢要謊的。
那就是了。另外你打城外頭，再給帶些個鮮菓子來。

---

① 子：量詞。
② 賤：便宜。
③ 分兩：分量。

老爺打算要買甚麽鮮菓子呢?

杏兒和李子還有没有了?

那兩様兒菓子,現在可没了。

那麽就買梨、桃、平菓[1]、莎菓子[2]、檳子、脆棗兒、葡萄,這幾様兒罷。

一様兒買多少呢?

買一斤葡萄、一斤棗兒,下剩那些個菓子,每様兒買十個就得了。

是。

你帶這四十吊錢的票子去,除了買這些個東西,剩下錢想着再買氷糖和藕粉來。

是。那麽小的現在就去麽?

等一等,這兒還有十吊一張的退票,你給珠市口兒那個萬順皮貨舖裏帶了去,告訴他們,這是一張假票子,叫他們立刻給换上,交給你帶回來。

老爺怎麽知道,是他們的退票呢?

我收着他們了,並且這是前幾天,我到他們那兒買東西去了,他們找給我的。

老爺打那麽没别的事了麽?

還有事,趕你回頭的時候,順便到那個熟裁縫舖裏,問一問我定做的那件衣服得了没有。若是得了,你就拿包袱包上,帶回來了。

第二十章

張福!

喳!

你來,我有話和你説。

是,老爺有甚麽話吩咐?

現在有一位老爺,陞到廣東作領事官去,要找一個跟班的,我打算把你薦

---

① 平菓:蘋果。

② 莎菓子:沙果兒。

給他,你願意去不願意去?

蒙老爺的抬愛,小的願意去,可不知道得去幾年?

那位老爺大概得在廣東三年。他願意你跟他在那兒三年,你的意思怎麽樣?

那倒可以的。

可有一層,若是將來滿了三年,那位老爺陞到别處去,他可以給你船價[①],把你打發回來。若是不到三年,他不要你了,也是他給你船價,叫你回來。倘或没滿三年,你自己不幹了,要回來,那可是你自備盤費,他是一概不管。

是,小的都明白了。

還有工錢那層,那位老爺説,每月給你十塊錢的工錢,四季的衣服,都是他管。你想怎麽樣?

十塊錢的工錢,小的也倒願意。就有兩層,求老爺給説一説。

是那兩層呢?

一層是先求那位老爺,支給小的十塊錢安家。還有一層,每月小的工錢得起京裏,兑給小的家裏五六塊錢,就省得小的打外頭往京裏帶錢囉瑣[②]了。

那我給你説一説,也倒可以行。可是先支給你這十塊安家的錢,你想每月是怎麽個扣法呢?

那是隨那位老爺的便,每月扣一塊兩塊都使得。

那就是了。

若是那位老爺都答應這兩層了,小的願意每月起老爺手裏,兑給小的家裏錢,纔妥當哪。

那都好説的,趕定規之後,我可以寫個取錢的執照給你。每月初一,你們家裏,可以打發人,拿着那個執照,到我這兒來取就是了。

費老爺的心。還有小的走之後,老爺不得另找個跟班的麽?小的有個親戚,可以來伺候老爺好不好?

你這個親戚多大了?

他今年十八歲。

---

① 船價:船費。

② 囉瑣:囉嗦。

當過跟班的麽?

是,他原先在俄國公館當過跟班的。

那件事先挨[1]一挨兒再説罷。因爲現在有一位老爺,給我薦了一個人,一兩天可以來試一試。若是不行,再叫你那個親戚來罷。

是,小的竟聽老爺的信兒就是了。

你這兩天,先把我的東西都歸着齊截[2]了,好交代給新手兒,把外頭首尾的事情,也都要算清了。

是。若是定妥了,小的可以多喒上工呢?

脚下離月頭兒還有八天,那總是下月初一上工罷。

那就是了。

---

① 挨:等,拖延(時間)。

② 齊截:整齊,齊全。

第四卷　官話問答

第一章

這是我們新任的欽差大人，特來拜會王爺、中堂、大人們來了。

啊，久仰久仰！今日幸得相會，實在是有緣哪。

我們大人問王爺、中堂、大人們好。

啊，托福托福。請欽差大人上座。

我們大人説，不敢那麽坐，還是請王爺上坐[①]罷。

那如何使得呢？大人今日是初到敝署，該當上坐的。

我們大人説，既是那麽着，就從命了。

理當理當。大人是幾時到的京？

我們大人是貴國本月十六到的。

我們久已就聽説，這位大人處事公平，尤重和好。如今既來駐劄敝國，遇事必能持平和衷商辦，於兩國商民均有利益，何幸如之。

我們大人説，承王爺、中堂、大人們過奬，實在是自愧才短，謬膺重任，諸事還要求王爺、中堂、大人們指教。

大人實在是太謙了，我們遇事，還要請教大人哪。

我們大人説不敢當。

請問這位大人，今年高壽了？

我們大人，今年六十一歲了。

大人年逾六旬了，精神還是如此的强健，實在是養法好。來！

喳！

擺點心、菓子，快盪[②]酒來。

我們大人説，今日是初次到貴衙門來，那兒有就叨擾[③]的理呢？

大人這話説遠了，我們今日和大人雖是初會，就知同故交一樣。況且這不

① 坐：座。

② 盪：燙。

③ 叨擾：打擾，多用作客套話。

過預備一點兒粗點心，爲得是彼此可以長談，請大人賞臉，不必推辭。

我們大人説，叫王爺、中堂、大人們如此費心，實在是於心不安。

那兒的話呢，這實在是不成敬意，請大人别見怪。

豈敢豈敢，我們大人説，這太盛設[①]了。

這有甚麽，這實在的不成格局[②]的很了。

我先敬大人一盃。

我們大人説，那實在不敢當。

大人請坐罷。

我們大人還要回敬王爺一盃。

那我可真當不起。

那麽我替我們大人回敬王爺、中堂、大人們一盃罷。

閣下是客，我們如何敢當，還是我們自己斟罷。

那麽我就恭敬不如從命了。

隨便隨便，請大人嚐一嚐這個點心。

我們大人説，請王爺、中堂、大人們别周旋[③]了，還是自取倒好。

若是大人肯依實[④]，我們也就不布[⑤]了。

我們大人説，決不會粧假的。

那更好極了。

請大人再用一點兒點心。

我們大人實在是穀了。

那麽請大人過那邊兒屋裏坐罷。

我們大人請問王爺、中堂、大人們，那國書可以幾時呈遞？

那層是等我們這一兩天之内，奏明皇上，請旨定於何日，然後再照會大人就是了。

那麽竟候王爺的信就是了。

---

① 盛設：盛情款待。

② 不成格局：不成様子。

③ 周旋：古代行禮時進退揖讓的動作，引申爲交際應酬。

④ 依實：着實。此處指着實吃了點心。

⑤ 布(菜)：謂向人敬食。

就是。

我們大人現在要告辭回去。

何妨再多談一會兒呢?

我們大人是還有些緊要公事,得趕緊回去料理,不能在此久坐了,還給王爺、中堂、大人們道費心。

些須微意,何足掛齒,實在是簡慢①得很。

那兒的話呢,等改天我們再到貴館去謝步。

不敢當,不敢當,請王爺、中堂、大人們留步罷。

請了請了。

再會再會。

第二章

大人這一向好?

托王爺的福。王爺近來倒好?

托福托福。

列位中堂、大人們,這一向也都好?

承問承問。大人那一天回來好啊?

喳,承諸位掛心。

今日我們到這兒來,一來是給大人賀喜,二來是謝步。

不敢當,王爺和列位中堂、大人們,實在是多禮了。

大人恕我們來遲。

豈敢,這位大人怎麼稱呼?我們還沒會過面了。

可是,我們倒忘了,你們二位大人見一見。這是新任的欽差某大人,這是我們劉大人。

久仰久仰。

彼此彼此。日前蒙大人光顧,我正告着假了,故此失迎,求大人原諒。

---

① 簡慢:招待不熱情,失禮。

豈敢豈敢。大人貴處是甚麼地方?

敝處是江蘇。

大人現在是那衙門[1]行走?

我現在是吏部侍郎,兼管總理衙門事務。

是。大人貴科分?

我是己卯科舉人,癸未科進士。

大人都是榮任過外省甚麼地方?

我没作過外任,自從癸未那年僥倖之後,就在翰林院供職,後來放過一次學差[2],又派過一次試差[3]。

都是放過那省的學差?

放過一次四川的學差,後來試差派的是陝西。

大人今年貴庚?

今年虛度四十七歲。

大人年歲未及五旬,已經榮膺顯秩,這足見是大人才高了。

過獎過獎,我這不過是僥倖,實在是自愧無才,濫竽充數就是了。

大人太謙了。今兒個我預備一點兒菓酒,請王爺、中堂、大人們,在此多談一會兒。

承閣下費心,我們理當討擾的,無奈今日是有奉旨特派的事件,必須趕緊回去辦理,我們心領就是了。

既是如此,我也不敢强留了。

那麼我們改天再來領教,就此告辭。

勞王爺、中堂、大人們的駕。

那兒的話呢,大人留步罷。

候乘候乘。

磕頭磕頭。

---

① 門:原作“門”。

② 學差:朝廷派往各省主持科舉考試等學校事務的官員。也叫“學政”。

③ 試差:朝廷派往各地主持考試的官。

第三章

請大人見一見,這一位是我們新任的欽差大人,今日特來拜望大人來了。

啊,久仰久仰!

我們大人問大人好?

哦,大人好。

我們大人説,托大人的福。

貴國大皇帝一向聖體康泰?

是,我們大人説,敝國大皇帝一向倒很康泰。請問貴國大皇帝,一向聖駕安康?

是,敝國大皇帝一向倒很安康。請大人上坐。

我們大人讓大人上坐。

豈敢,大人到此,理當上坐的。

我們大人説,這實在是膽大了。

請坐請坐。請問大人是幾時由貴國動的身?

我們大人是敝國上月初十動的身。

一路倒都很平安?

是,我們大人説,托大人的福庇,沿途都很平安。

大人到上海住了幾日?

我們大人在上海,住了不過兩天,就往這麼來了。

沿路上走着,往這麼來,也很遠哪。可不知道有甚麼新聞没有?我們要請教的。

我們大人説,沿路上的古蹟倒不少,但是關係現在國政的事情,倒没甚麼新聞。

是。那麼大人上京,定規是那一天?

我們大人打算後日就要北上。

大人行期何必如此緊急?

是因爲欽限將滿,不敢久延。

是由水路走,還是由旱路走呢?
我們大人,是因爲行李太多,打算由水路走。
船隻都雇妥了麼?
今日已經打發人雇去了,大約明日可就雇齊了。
告訴大人説,我可以派兩個武弁[①],帶領二十名兵丁,護送大人到通州。
我們大人説,大人如此費心,實在是感謝不盡了。
豈敢,大人到此,我這是該當効勞的。
我們大人説,實在領情。
那麼我今晚就發文書,咨報總理衙門,就提欽差大人,是後日由水路北上就是了。
那好極了,我們大人今晚也有文書到京裏敝國公館去。
那更妥當了。
我們大人現在要告辭回去。
請大人再畧坐坐兒,多盤桓[②]一會兒。
我們大人還有點兒公事,得趕緊回去辦理。
那麼勞大人的駕,我明日再回拜大人去就是了。
我們大人説,不敢勞動大人的駕。
該當的。
大人留步罷。
候乘候乘。
磕頭磕頭。

第四章

我今日來,一來是回拜大人,二來是給大人謝步。
豈敢,大人實在是多禮。

① 武弁:武官。
② 盤桓:徘徊,逗留。

那兒的話呢，是該當的。大人榮行[1]準在明日麼？

是，明日一準起身的。

船隻想都齊備了？

是，俱已齊備了。

那麼明早，是在何時啟節[2]呢？

大約就在巳初罷。

那麼我明早辰正過來送行就是了。

那實在不敢勞動了，今日偺們一見，就都有了。等後來我再來之時，或是大人上京，偺們可以再多盤桓幾日。

既是如此，我就遵命不過來了。

豈敢。大人約摸可以幾時到京去呢？

大概今年冬子月[3]底，可以到京去，彼時必當到貴館拜會的。

倘或大人上京之時，請您先期賞我個信，我便當掃榻以待[4]。

豈敢，要去之先，必然要預先奉告的。

還有一件事托咐大人。

大人有甚麼事，只管吩咐。

豈敢。我們這個領事官，人甚年輕，況且又是初次當差，尚欠歷練，倘有不到之處，求大人擔待些個纔好，並且還要求大人諸事指教，俾伊有所遵循，則我感同身受矣。

大人太謙了。這位領事官，人雖年輕，才情敏捷。數月以來，我風聞所辦的交涉事件，均甚妥善，我心中實在佩服得很。不過是在敝國年分尚淺，於敝國制度、風土人情，恐還不能周知。倘有不甚明白的事情，問及於我，我必要詳細告知的，以副雅囑。

大人實在是過加獎譽了，他這不過是學習當差而已。

我現在還有公事在身，就要告辭了。

那麼偺們就等在京裏相會了。

---

① 榮行：敬辭，他人出行。

② 啓節：古代使臣出行，執節以示信。後稱侍從引駕或高級官吏起程爲“啓節”。

③ 冬子月：農曆十一月。

④ 掃榻以待：拂拭坐卧用具，等待客人到來。喻指熱忱迎客。

是,趕大人到京之後,還要求賞給一信,以慰遠念。
是,到京之後,必有信奉致大人。
那麼明早我就派武弁,帶領兵丁到此,聽候大人指使就是了。
豈敢,實在承大人的盛情了。
該當的。大人請留步罷。
請了,再會再會。

第五章

中堂、大人們都好?
承問承問。閣下這一向好?
托列位大人的福,這一向倒很好。
閣下請坐。
中堂、大人們請坐。
這一向公事忙不忙?
這一向倒不甚忙。
閣下今日到此,有何公事見諭?
今日我是奉我們欽差大人的委派,到貴衙門來,有件面談的公事。
哦,請説一説,是件甚麽事呢?
因爲上月有敝國一個繙譯官,領有護照,到某處游歷去。赶他到了那個地方,就住在一個店裏頭了。誰知那兒的百姓,少見多怪,每日三五成羣,在店門口兒擁擠觀看,其中還有口出不遜者。並且敝國繙譯官,風聞那些個百姓,有意滋事。因爲那個店離汛官,衙門不遠,於是他就到汛官衙門去,意在面見汛官,請他設法彈壓,免生事端。誰知那個汛官,竟自托病不見。敝國繙譯官無法,就又到知縣衙門去拜會。趕他到了知縣衙門,把名片投進去了,等候許久,門丁出來説:“知縣陪客説話哪,不能接見。”這麽着敝國繙譯官,就回店裏來了。次日清早,他又到縣衙門去請見,有一個姓王的書辦[①]出來,把他讓到科

① 書辦:管辦文書的屬吏,泛指掌管文書翰墨的人。

房裏去了。王書辦問他的來意，他就將百姓有意生事，打算請知縣設法保護的話，説了一遍。王書辦説，因爲知縣現有公事在身，不能接見。敝國繙譯官就説："既是知縣公事煩冗，我也不便請見。不過求閣下將此事回明知縣，就提我請他趕緊彈壓，免生意外之事，是要緊的。"王書辦滿口應允，然後敝國繙譯官就告辭回店裏去了。誰知他在店裏又等了兩日，並没音信。百姓越聚越多，信口胡言，勢必要鬧出事來。他看情形不妥，就一面發稟帖，稟報我們欽差大人，一面他就起身到府裏去，打算面求知府，轉飭[①]知縣，妥爲保護。可不知道到府裏去辦理如何，但是我們欽差大人接到他的稟帖，十分詫異，因想各國人民到處游歷，既領有護照，地方官就應當照章保護纔是，此事不但載在條約，而且屢次奉旨，飭令各省督撫，轉飭各地方官，恪遵條約，保護洋人。何以各省督撫，倒能遵守條約，而地方州縣仍是以保護之責，視爲無足輕重之事？令人實不可解。如今我們欽差大人就求王爺、中堂、大人們，再咨請各省督撫大人，轉飭所屬，後來若是有外國人帶着護照，到處游歷，地方官總應當加意保護，以符條約，是要緊的。

是了，閣下回去，可以告訴欽差大人説，這件事我們明日就行文到那兒去，請該省的巡撫要查問那個知縣和那個汛官，究竟他們是爲甚麽不肯接見，及不設法彈壓的原故。若是查出他們有辦理不善之處，必須將他們開条的。並且我們還可以再行咨請各省督撫，嚴飭各州縣，日後若有洋人，到各地方游歷去，總要按照條約，加意保護。倘或有不肯盡力保護的，一定要指名奏条的。

是，中堂、大人們如此費心，敝國的官民實在感謝不盡了。

那兒的話呢，這是我們該當盡力的。

那麽我回去，就遵照中堂、大人們的話，回明我們大人就是了。

閣下回去，替我們問欽差大人好。

是，回去都替説。

請了請了。

再見再見。

① 飭：舊時指上級命令下級。

第六章

今日我是奉了我們大人的委派,到貴衙門來,和王爺、中堂、大人們説知一件公事。

啊,是甚麽公事呢?

因爲是上月,有敝國的一隻火輪商船,船名"風順",由上海往天津來,行至葛沽的上邊兒,撞壞了貴國停泊的一隻商船。趕到風順輪船到天津之後,船主業將此事稟報敝國領事官了,並且稟明了,那隻中國商船停泊的地方,有礙輪船往來之路。説是既然那隻商船,不按河泊章程停泊,此次被輪船碰壞,便不應認賠的。後來敝國領事官接到貴國道台的照會,説是據中國船户周立成稟報,該商船正在葛沽水面上行走之間,敝國風順輪船由後面來將該商船撞壞,船舵已經撞折了,船幫也撞壞了。彼時敝國領事官照復道台,就提風順船主,已經稟明了,説是中國那隻商船是在河裏灣着了,因他停泊處所,有礙輪船往來之路,以致被碰。按照河泊章程,是不應賠的,但是現在兩國應當先彼此派員,會同到碰船之處,查看一回,然後再議應賠不應賠的事。這麽着道台就派了一位委員,會同敝國繙譯官,到碰船的地方查看了一回。那個船户周立成原稟的,是把他的船舵撞折了,把船幫也撞壞了。趕他們一看,不過將船舵撞折了,並没撞壞船幫,這一節,就先與原報不符。又據船户周立成説,那天他的船,實在是正走之間,被輪船碰的。然而據敝國船主説,那天周立成的船,並没在河内行走,實在是在河裏停泊,阻礙輪船之路,以致被碰的。道台總以敝國船主之話不足信,以中國船户之言爲足憑。敝國領事官和道台辯論説,若是以中國船户之話爲可信,那麽那個船户原稟的是輪船將他的船舵碰折了,將船幫也撞壞了,及至一查,不過將船舵撞折了,並未碰壞船幫。只舉此一端,可見那個船户的話,不足爲憑了。道台雖然無話可答,到底還是堅請敝國領事官,飭令輪船船主,賠償修費。敝國領事官,據輪船船主供説,那個中國船户,既然不按照河泊章程停泊,致被碰壞,照例是不能賠償的。敝國領事官,若强令該船主賠償修費,實不足以服其心。無奈道台總不以敝國領事官之言爲然,彼此辯論不休。敝國領事官實無法可辦,所以詳報我們欽差大人,請示辦法。我們大人派我來，請問王爺、中堂大人們，此案應如何辦理，方免彼此争論。

雖然今日王爺不在坐，依我們之見，這案兩造各執一詞，都不可憑信，總應由貴國欽差大人，札飭領事官，由我們札飭道台，叫他們飭令兩造，各尋見證，然後彼此會訊，自然就有個水落石出了。閣下回去，將此節回明欽差大人。如以爲可，就請賜一信來，我們就給道台行文去就是了。

是，那麽我回去，將中堂大人們所論的辦法，回明我們大人，斟酌可否，再寫信來就是了。

是，就這麽樣罷。

那麽我暫且就要告辭了。

請了請了。

第七章

大人這一向好？

托福托福，閣下一向可好？

承問承問。

閣下請坐。

大人請坐。

閣下這一向公事忙不忙？

公事倒不甚多。

閣下今日光臨敝署，是有甚麽公事麽？

是，今日是奉了我們領事官的委派，到貴衙門來，商量一件公事。

是甚麽公事呢？

因爲有這本地一個商人，名叫劉雲發，由福州雇定了敝國一隻夾板船，裝載雜貨，運到此處。議定水脚[①]是四千五百塊洋錢，在福州地方，先付過一千五百塊。說明白的，下欠那三千塊錢，是到此處付清，船主當時也都答應了。這其中並沒有中人行棧經管，俱是他們彼此對講的。趕前四天船到了此處，次

① 水脚：水路運輸的費用。

日一早，劉雲發用撥船將貨物起下來，裝上了，運到海關門口候驗，然後他和船主說，他先到家去措辦[1]水脚，晚上必回船上來，把下欠的銀兩，都要交清的。他還開了他的住址，交給船主收着。船主看他那個人，是個正經商人，可就答應叫他去了。趕到那天晚上，劉雲發並未回船，直等到昨日晚上，仍未回船。船主就遣人按他所開的住址，到那個地方去找，並未找着，心裏就未免設疑，故此稟報領事官，函致税務司。若是劉雲發完清税項，暫且將貨物扣留，等他交清水脚銀兩，再爲放行。後來接得税務司函復，説："若是劉雲發完清税項，海關没有暫行扣留貨物之例，此事碍難照辦。"領事官恐怕劉雲發忽然交清税課，海關將貨船放行，這項水脚銀兩可就無着落了。所以領事官派我來，請大人函致税務司，如若劉雲發完清税項，暫且把他的貨船扣留，等他還清水脚，由我們領事官知會大人，轉致税務司放行。請大人千萬費心，給辦一辦，我們就感情了。

這件事，若以公事而論，劉雲發完清税項，海關原無扣留貨船之例。如今領事官既然託咐我，我不過按着私交情，轉託税務司，把劉雲發貨船暫且扣留就是了。趕到他交清水脚銀兩，請領事官趕緊賜我回信，我好知會税務司，把貨船放行。這不過是暫時通融辦理，後來不可以此爲例。

大人如此費心，我們實在感謝不盡了。

那兒的話呢，這回頭我就給税務司發信。

那麽我要告辭了。

請請。

改日再見。

第八章

今日我是奉了我們道台的委派，到這兒來，是和領事大人説一件公事。

是甚麽公事呢？

因爲前次大人照會我們道台，説是這本地慶長洋貨舖東家趙錫三，批定了

---

① 措辦：籌措，置辦。

貴國天盛洋行哈喇[1]六十包,立有批單。趕到上月貨到了,洋商催趙錫三起貨,趙錫三藉詞挑剔,不肯將貨物起去。大人請我們道台,飭縣把趙錫三傳案查訊。後來據知縣稟復,說把趙錫三已經傳到案了。據他說,去年封河之先,他在天盛洋行,批定了六十包哈喇,立了一張批單。他付過定銀一百兩,言明今年三月初間交貨兑銀子,兩無躭悮。趕到本年三月初間貨到了,天盛洋行遣人去給他送信,他就拿着原樣去到洋行,把貨包拆開,拿原樣一比,内有十包,貨樣不符。所以他不肯收貨,要把原給的定銀退回,叫洋商將貨物另行出售。洋商不肯退還定銀,這麼着倆人也没說開就散了,不料洋商竟自將他稟控。他不肯起貨,實在是因有貨樣不符的緣故,並非是藉詞推托。我們道台據知縣的稟復,已經照會大人了。後來又接到大人的回文,說是趙錫三在縣署所供的情形,是一面之詞,不足爲憑,請飭縣仍舊叫趙錫三收貨兑銀子。我們道台說,雖然趙錫三所供的是一面之詞,無奈他既供出因貨樣不符,他不肯起貨。如今若是勒令叫他收貨付銀子,實在不足折服他的心。若是一定以趙錫三之言爲憑,洋商又未必肯服。我們道台現在想了一個善法,遣我來和大人商量,打算定規本月某日,我們道台同大人在會訊公所,把原被兩造傳來,叫洋商雇人,把那六十包哈喇抬到公所去,大人和我們道台過一回堂,公同[2]看一回貨物,孰是孰非,自然立判。不知道大人的尊意,以爲何如?

此事我原無成見,如今既然兩造各供一詞,難以定案,道台所想的辦法也很妥當。然而以我的愚見,由道台飭令趙錫三,約兩個華商,由我飭令天盛行的東家,邀兩個洋商,是日都齊集會訊公所,叫他們四個商人看明貨物,是否與原樣相符。以他們四個人爲憑據,若果他們四個人看明貨樣相符,道台便可飭令趙錫三起貨付銀子。如果貨樣不符,彼時我訊明天盛行主,再和道台商議辦法。愚見若此,閣下以爲何如?

大人所論的辦法,更盡善盡美了,我回去將此節稟明道台,再回復大人就是了。

閣下再坐一會兒罷。

---

① 哈(kā)喇:用羊絨、駝絨等原料織成的西式呢絨,作爲高檔面料,常用來製作西服、中山裝、軍大衣以及一些高級中式服裝。

② 公同:共同。

今日是有公事在身，不能久陪，等底下再給大人來請安。

豈敢豈敢。

大人留步罷。

改日再見。

第九章

今日我們領事官委派我來，和大人商量一件公事。

是甚麼事呢？

就是敝國寶昌行掌櫃的朱曉山，虧空銀兩的那一案。

那一案前日我已經照會領事官了，不知道領事官以爲何如？

我們領事官的意思，是這麼着。當初寶昌行聘請朱曉山之時，有祥立、仁和、福順、晋昌四家具的保單，言明嗣後朱曉山如有虧空等事，除將朱曉山家私變價賠還外，下欠若干兩，四家保人一律攤賠，各無異議。前日我們領事官接到大人的照會，説現在除將朱曉山家私變價一千兩賠還外，下欠四千兩，應着落保家晋昌綢緞舖，賠出銀二千兩，其餘二千兩，着落祥立、仁和、福順三個洋貨舖保家一律攤賠。我們領事官看大人如此辦法，實有不解，所以打發我來，請問大人，因何不按保單上所説的，叫他們四家保人均攤？怎麼單叫晋昌號多賠，叫那三家少賠呢？

我叫晋昌號多賠，叫那三家少賠，這其中有個緣故。因爲前次我把那四家保人傳來審訊之時，據祥立、仁和、福順三家舖東説："當初具保單時，雖然言明，將來朱掌櫃的如有虧空等事，除將朱曉山家私變價賠償外，下欠若干兩，四家保人一律均賠。然而這些年，晋昌號時常有借用朱曉山銀兩買貨之事，其所借用之銀兩，並無利息。所以他這些年，也頗沾朱曉山之光。我們這三家保人，這些年和朱曉山並没有交往錢財的事情，向來没有沾過朱曉山之光。如今若是叫我們都一律攤賠虧空，我們三家實在寃屈。"這麼着我又問晋昌東家，他們那三家所説的，是實有其事麼？據他供認，這些年實有借用朱曉山銀兩買貨之事情，實沾朱曉山之光頗多。因此我纔將朱曉山虧空的這四千兩銀子，斷令晋昌號賠出銀二千兩，那三家保人分賠那二千兩銀子，他們四個人都情願具輸服甘結[1],此事我也並未十分勉强。閣下看如此判斷,還有甚麽不公平之處麽?

我斗[2]胆説一句話,求大人可别見怪。

閣下有話不妨明言。

據我看,如此斷法,似乎不甚公平。

有何不公平之處呢?

大人之意,是以爲晋昌號這些年沾過朱曉山之光,所以如今斷令他多賠,那祥立、仁和、福順三家,向來並没沾過朱曉山之光,所以斷令他們少賠。依我的愚見,斷此案,總應當據保單上所説的話爲憑。保單上既然言明,將來賠補朱曉山虧空,應當四家保人一律均攤。如今若單叫晋昌號多賠,不但與保單原議不符,且恐那三家有幸免之詞,似乎不公。至於説晋昌號常借用朱曉山銀兩買貨,並没利錢,這些年沾朱曉山之光頗多,因此斷作晋昌號多賠。然而晋昌號借用朱曉山銀兩,那是他們的私交情,與此案無涉,斷無因此案,而牽涉伊等私情之理。在那三家保人,希圖少賠錢,原可以任意混供,在大人原不必據他們之言而斷。設若這四家保人,内中有兩家沾過朱曉山之光,那兩家没有沾過朱曉山之光,那麽就應當竟叫這兩家沾過光的賠銀子,那兩家没沾過光的,就可以置身事外麽?所以大人總應當據保單斷令他們四個保人一律均賠,不可有賠多賠少之分,方爲公允。

閣下所説的是據理而論,我所説的,是隨勢酌情權變之法。

大人所説的,隨勢酌情權變之法,那是據理判斷有萬難之處,方可用權變之法。如今此案據理而斷,並無礙難之處,又何必用此權變之法呢?

閣下既然看我所斷的不甚公平,請閣下回去之時,和領事官商量商量,然後偺們再從長計議,也未爲不可。

既是如此,偺們再議就是了。我現在要告辭回去。

忙甚麽,偺們再談一會兒罷。

我還有公事了,偺們改天再會罷。

請了請了。

再見再見。

---

① 甘結:爲保證某事而交給官府的畫押字據。

② 斗:原作"叫"。

第十章

今日我到貴衙門來，是和大人面商一件事情。

哦，請教，是甚麼事呢？

就是因爲貴國信成洋貨舖，欠敝國恒裕洋行的貨銀那一案。因爲上回恒裕洋行，禀控信成洋貨舖的時候，我先把信成的東家王保山傳來問了一問。據他説，這本地富順雜貨棧，欠他有一萬多兩銀子的貨銀，屢次去催討，總也没還。若是能把那項銀子追出來，除了還恒裕洋行貨銀五千兩，還富餘五千多兩銀子哪。他求我照會大[①]人，飭縣先把富順棧的東家傳到案，把那項銀子追出來，他就可以歸還恒裕洋行的貨銀。我是恐怕恒裕洋行貨銀無着落，所以照會大人，飭縣傳訊富順棧的東家，把他該信成的貨銀追出來，爲得是好歸還恒裕洋行的欠款。昨日大人遣委員楊大老爺到敝館去，説是此案，恐怕是信成東家託出恒裕洋行東家，捏詞代爲控追富順棧的欠款。如果照辦，怕是開洋商包攬挿訟之端，請我細細的查問明白再議。這麼着我又把恒裕行的東家叫了去，細問了一問。據他説，信成洋貨舖，實在欠他行裏的貨銀五千兩，有帳可憑，他並不知道富順棧該信成洋貨舖銀兩的事。至於求我照會大人，飭縣傳富順棧的東家，訊追欠款，那實在是王保山的主意，並非是他們倆人商量的辦法。如今我既然查明白了，這其中並没有毛病，那麼就還請大人飭縣照辦就是了。

大人雖然查明白了，這其中並没有弊病，總還該當由洋商控追信成，由信成控告富順，各清各帳，方爲正辦[②]。若是隨便牽扯，雖然這案没毛病，難保後來不滋生弊端，這也不可不預爲防範。大人尊意以爲何如？

我想大人所説的也很有理。不過有一層，請大人吩咐知縣，將來王保山到縣控告富順，知縣把富順棧欠信成的銀兩追出來的時候，先别叫信成領去，由知縣把信成欠恒裕洋行那五千兩貨銀扣下，其餘的銀兩，再叫王保山領去。大

---

① 大：原作“太”。

② 正辦：對了，是了。

人想這麼辦好不好?

這層我倒可以飭縣尊辦就是了。

既是如此,我明日行文過來就是了,暫且失陪。

那麼偺們改日再見。

請了請了。

再會再會。

第十一章

老兄大喜了。

老弟同喜。

因爲昨日我看京報,知道老兄選上了,所以今日特來,給老兄賀喜。

實在勞駕得很了。老弟請坐。

老兄請坐。

老弟這一向官差忙不忙?

這一程子公事很忙,總未得暇。

何以如此之忙呢?

是因爲這一向,竟辦理秋審的事情哪。

秋審也快辦結了罷?

是,也就在這個月底,就可以辦結了。

是。

老兄是幾時驗放?

大概就在本月初十驗放。

缺分①怎麼樣呢?

算是個中缺②罷。

老兄如此大才,不久便要調首縣的。

---

① 缺分:官職或差使。

② 中缺:參見第 38 頁"煩缺"的注釋。

那如何敢指望呢？我這初次作官，但願得一簡缺，免有竭蹶之虞。若遇一煩難之缺，轉恐才不勝任，必致貽笑大方。

老兄太謙了。那麼老兄行期大約得幾時呢？

大約也就在冬子月初間罷。

限期是多少日子呢？

限期原是三個月，若是有緊急的事，也還可以再告一個月的假。在我的意思看，若到臨時，没甚麽緊要事件，也就無須告假了。

老兄此次攜眷去麽？

我想冬天路上太冷，若是攜眷去，諸多不便。我打算今年我先到任上去，趕明年春天，再遣家人來接家眷去，倒方便些個。

是，老兄這麽辦，倒很妥當。我現在要上衙門去，改天再談罷。

老弟有官差在身，我也不敢久留。等我驗放之後，再到老弟府上請安去就是了。

不敢當，老兄請留步罷。

老弟請走罷，那兒有不送之理呢？

老兄請進去罷。

候乘候乘。

磕頭磕頭。

第十二章

老兄久違了。

彼此彼此，老弟大喜了。

同喜同喜。

我是前日到的家，看見題名録了，知道老弟高中了，所以今日特來賀喜。

勞老兄的駕。

那兒的話呢。

老兄請上坐。

老弟請坐。

老兄一路上倒都很好?

是,托福,一路都很平安。

老弟此次中的很高,足見是學問有素了。

承過獎了,這不過僥倖如此就是了。

老弟太謙了。此次房師①是那位?

房師是張太史。

都拜過了麼?

是。前日座師②、房師都拜過了。

令弟此次抱屈③的很。

那兒的話呢。

出了房了沒有?

是,薦卷④了,就是因爲詩不妥批落⑤了。

這也是一時的科名蹭蹬⑥,下次鄉試⑦,一定要取中的。

借老兄的吉言罷。

您此次進京來,是有何公幹?

我是解銅來了。

都交代完了麼?

昨日已經都交代清楚了。

那麼您此次回省,就可以補缺了罷?

今年回省,署事⑧還可以,補缺大概總得明年罷。

可是,覆試是多咱哪?

覆試是本月二十三。

那麼等過了老弟覆試,偺們再談罷。我現在要告辭了。

---

① 房師:明清鄉試、會試中,試者對分房閱卷舉薦自己的考官的尊稱。

② 座師:明清兩代舉人、進士對主考官的尊稱。

③ 抱屈:心裏懷有委屈,不舒暢。

④ 薦卷:科舉考試時,被選薦的試卷或人。

⑤ 批落:舊時主考官在考生試卷上批加"落第"二字。

⑥ 蹭蹬:路途險阻難行,比喻困頓不順利。

⑦ 鄉試:明清兩代在各省的省城舉行的每三年一次的考試,考中者稱舉人。

⑧ 署事:處理公事或代理職事。

老兄何妨多坐一會兒呢？
我是今兒個還要拜客去哪。
那麼等過了覆試，我再到府上請安去罷。
不敢當，老弟留步罷。
偺們改日再會。

第十三章

今日我到府上來，是有奉懇兄台的事情。

豈敢，老弟有何見教？

是，因爲有我們一個敝鄉親，由四川運來有十數箱川土[①]，托我給他辦這上税的事情，我也是一概茫然，所以特來奉懇兄台代爲辦理。

大概貨物得幾時到呢？

大約後日可以到京。

此事容易辦。

兄台可以托誰給辦呢？

你們這位貴鄉親，現在到京了麽？

他是昨兒晚上到的京，打算把這上税的事情安置好了，他再出城迎貨去。

是，我今兒可以出城託好了税務司的經承，叫他派兩個人，後日一清早，到您的寓所去，跟着您那位貴鄉親，一同出城迎貨，然後叫那倆人押着貨車到務。囑咐貴鄉親，可以先期開一清單交給我，是日由我呈請查驗，趕查驗之後，就可以先打印子[②]放行。等科房把税銀算清，告訴我説，我再和貴鄉親要出來，給税務司送去，不過得給底下當差的些個飯錢就是了。

我們那個敝鄉親，倒不怕多花幾個錢，只要保其平安，就是造化。如今聽您説的這個辦法，是妥當極了。

請貴鄉親竟管放心，此事既是我承辦，我管保萬無一失。

---

① 川土：四川産的鴉片烟土。

② 打印子：蓋圖章。

您不知道，我們那個敝鄉親，現在是驚弓之鳥。

怎麽？

他前年運來十箱子川土，趕到了彰儀門的時候，城關了，他就住在一個店裏頭了。趕車的起車上把烟土卸下來了，被巡役看見了，報他私卸貨物，因此罰了若許銀兩。所以此次他是膽戰心寒，故此纔託我預先安置。

您告訴他萬安，决不能有差錯。

那麽實在承您費心了，我明日在寓所候您的佳音就是了。

就是就是。

第十四章

前次承兄台枉顧，今日特來謝步。

豈敢，老兄實在多禮。

那兒的話呢，這是該當的。

老兄這一向官差如何？

這幾日稍微的漸消停一點兒。

老兄是能者多勞。

承過奬了，不過以勤補拙就是了。

老兄太謙了。

今日兄弟來，打算初五，奉請兄台，在同慶堂一聚會，求老兄千萬賞臉別推辭。

兄台何必如此費心，偺們一見如故，似無須拘此形跡[1]。

這不過是兄弟一點兒誠心，聊盡地主之情，況且同座幾位，都是偺們道義中人，又是和兄弟至好，大家不過聚在一處談一談就是了。

既蒙老兄抬愛，我就遵命了。

豈敢，這是兄台賞臉賜光了。那麽明日我備帖過來就是了。

偺們今日既當面説明白了，老兄就不必送帖來了，不過請告訴我時辰就

① 形跡：行跡。

得了。

那麼我就從命不送帖來了,偺們初五午初,在同慶堂會面就是了。

我屆時必要早到的。

那好極了。

還有一件事,我要奉懇老兄替我爲力①。

兄台爲何事吩咐?

因爲我這是初次到京,舉目無親,現在要投供②,無處找互結官,老兄若有素識投供的朋友,求給我找一位互結官纔好。

此事甚巧,現在有一位朋友是舉人,他連今年會試,算是已過三科了,正打算要投供候選了。你們二位互具保結,倒是很好。偺們初五這約,就有此公在座,那個時候便可當面商議。

這實在是萬分湊巧了。此事全仗老兄爲力了。

豈敢,該當効勞的。我也要告辭回去了,偺們初五見就是了。

老兄回去了。

再見再見。

第十五章

你們二位見一見,這是朱筱園,這是黄毅臣。

久仰久仰。

彼此彼此。

老兄請坐。

請坐請坐。

我常聽見這位李芝軒老兄提閣下學問淵博,實在仰慕得很。今日一見,真是有緣有緣。

豈敢,兄弟是才疎學淺,承芝軒兄台謬奬,實在是慚愧的了不得。

---

① 爲力:出力,盡力。

② 投供:清代候選官按期至吏部投呈本人履歷以待銓選。

老兄太謙了。請問老兄,是由幾時丁的憂[①]?

是由今年春間。

老伯大人在的時候,都是榮任過甚麽地方?

先父是由翰林[②]轉防御史[③],後來陞給事中[④],然後京察[⑤]一等,簡放廣東督糧道,去年升任河南藩司[⑥],今年春天二月初五,在河南藩司任内出的缺。

老伯大人今年高壽了?

今年六十六歲。

實在可惜可惜。

伯母大人今年高壽了?

家母今年整六十。

身體倒還康健?

是,托福,倒很健壯。

閣下是在翰林院供職麽?

是,兄弟是癸未科僥倖之後,入翰林當庶常[⑦],去年散館,授職編修,今年春間丁憂,就回籍守制[⑧]來了。

貴昆仲幾位?

我還有一個兄弟,就是我們兩個。

令弟原先榮任過甚麽地方?

他没當差,他是[⑨]壬午副榜。先父在的時候,他隨侍任所,現在是在家裏念書。

---

① 丁憂:官員因父母去世而離職守喪。

② 翰林:皇帝的文學侍從官,唐朝以後始設,明清改從進士中選拔。

③ 御史:即"御史",官名。明清指主管糾察的官吏。

④ 給事中:官名。明代起,給事中分吏、户、禮、兵、刑、工六科,輔助皇帝處理政務,并監察六部,糾彈官吏。

⑤ 京察:官名。清代吏部定期考核京官,在京的稱"京察",在外地的稱"大計"。

⑥ 藩司:官名。明清時布政使的别稱,主管一省民政與財務。

⑦ 庶常:《書·立政》:"太史、尹伯,庶常吉士。"故有此稱。清以"庶常"爲庶吉士的代稱。

⑧ 守制:在直系親屬的喪期中守孝,遵行居喪的制度。在守制期内謝絶應酬,不得應考、婚嫁,現任官則須離職。

⑨ 是:原作"無",據《改訂官話指南》(鄭永邦、吴啓太合著,金國璞改訂,東京文求堂藏版,1928 年)改。

是。兄弟這是初次到貴處，一切未諳，諸事總是求老兄指教。

豈敢。老兄從先是在何處遊幕？

前年曾就易州衙門刑席，去年冬間，舊居停因案去任，兄弟脱館，就回家去了。趕到今年夏間，我們這位朋友選授此缺，執意邀兄弟同來，誼不容辭，所以就一同來了。

我們這位老父台是由甚麽出身？

他是由舉人國史館議叙。

是。我現在要告辭回去，改日再來領教。

豈敢。老兄回府，先替我給伯母大人請安，兄弟改日親身到府上請安去。

不敢當，兄台留步别送。

請了請了。

第十六章

前次我是聽見孔竹菴兄提老兄大名，不敢造次晋謁，託孔兄代爲先容，今日特意到府上來請安。

豈敢，勞兄台的駕。我也是久仰大名，只因家事煩雜，還没得過去拜訪。今日一見，深慰下懷。

我這是初到貴處，人地生疎，諸事仰仗兄台指教。

豈敢，有甚麽事，兄弟是必當効勞的。請問老兄，是幾時到的敝處？

我到此，不過兩個月。

我聽見孔兄説，老兄現在是辦理本處釐捐局[①]的事務。

是。我到省裏，禀見撫台之後，奉委幫辦本處釐捐事務。

老兄在省裏，住了有多少日子？

住了不過一個月。

老兄可以幾時補缺呢？

補缺大概還得過三年罷。

---

① 釐捐局：釐金局，清政府對通過國内水陸要道的貨物設立關卡徵收捐税，相當于現在的税務局。

貴班次的，還有幾位候補的？

連我還有五個人。

老兄名次在第幾呢？

我的名次是在第四。

是了。

兄台是幾時起服[①]呢？

後年正月起服。

現在老兄是在崇正書院主講麼？

是，因爲是敝處紳矜，公舉兄弟在書院主講。其實自愧無才，徒負虛名而已。

那兒的話呢。

前次兄弟曾託孔兄來，面求老兄一件事，今日我斗胆特來奉懇。

不是爲令弟的那件事情啊？

不錯，就是那件事。

我是因爲才疎學淺，恐怕躭悞令弟的科名，不敢率允。

老兄太謙了。若是舍弟拜在老兄門下，得親大教，學業日新，何幸如之。

老兄既然願意令弟問道於盲，那麼我就勉强從命了。

兄台既然允許了，我就感激非淺了。等着擇吉，我帶舍弟來拜師就是了。

不敢當，不敢當。令弟是幾時進的學？

他是前年進的學。我怕是他在家裏荒疎學業，所以我把他帶出來，投一位名師肄業，以圖上進。如今得蒙老兄陶鎔，將來舍弟成名，舉家感戴，没齒不忘也。

豈敢豈敢。那麼等老兄定妥日子，我和令弟會面就是了。

等我擇定日期，先託孔兄過來，知會老兄罷。

就是就是。

---

① 起服：出服，服喪結束。

第十七章

兄台這一向少見,是有甚麽貴幹去麽?

是同着幾位朋友到西山遊玩去了。

去了有多少日子呢?

在山上住了有十天。

住了十天,可逛足了罷?

遊玩的地方倒不多,在那兒竟住了好幾天。

在那兒住着,幹甚麽來着?

我們這幾個人,是在西山上一座關帝廟裏,立了一個詩會。

這雅的狠[①]哪。都是每月逢幾開會呢?

每月初一至初五,十一至十五,二十一至二十五,這都是作會[②]的日子。

這麽説,一會是五天,一個月共是十五天。

不錯,每月是十五天。

這每月作會的日子狠多呀,共總有幾位朋友呢?

偺們京裏的,連我是五個人,還有那本地的兩位朋友,共總七個人。

那麽你們這五位,作會的日子,得在那兒下榻罷?

是,我們每逢作會的日子,頭一天去,趕過了作會就回來。

在山裏頭,是住在那兒呢?

就住在那本廟裏。

那麽飯食,是怎麽辦呢?

我們是由京裏帶一個厨子去,吃的東西也是由京裏買了帶了去。酒和肉,彼處有一個小鎮店,還可以買。

既是如此,我也願意入這個詩會。

若是得兄台去,與這個會更增光了。

---

① 狠:很。

② 作會:聚會。

承過獎了，我是不長於做詩，不過去給衆位研墨就是了。
兄台太謙了。
還有飯食這一層，我也是一律均攤，我纔肯去哪。
那一層，兄台倒無須介意，都在兄弟身上就是了。
若是不説明白了，那我决不敢從命的。
既然如此，偺們就同席吃飯，各自會錢①就是了。
如此，我便可以去。可是誰是會首呢？
我們這麽商量的，大家輪流着當會首。
這麽辦倒是狠好。
那麽二十一早，我來約上兄台，偺們一齊動身就是了。
是，就這麽辦罷。

第十八章

閣下是貴國那一縣？
我是敝國長崎縣的人。
那麽離敝國甚近哪。
不錯，離貴國很近。
閣下到敝國來，有幾年了？
我到貴國有三年了。
閣下在敝國三年，官話能説得這麽好，實在是聰明絶頂，佩服佩服。
承閣下過獎了，我這不過粗知大概，那兒就能説到會呢？
閣下的口音，與敝國人的口音，毫無差別。不是我當面奉承，像閣下這樣聰明的人，實在是罕見的。
那兒的話呢。
閣下在此，是當甚麽差呢？
我現在是在此當繙譯官。

---

① 會錢：結算會賬。

這好極了。偺們這兩下裏,時常有會辦的事件,若是有我不知道的,還要求閣下多指教。

豈敢豈敢,我這是初次當差,一切未諳,諸事還要請教閣下哪。

不敢當,偺們倒是常常的互相討論,彼此都可以有進益。

不錯,閣下所論甚是。請問閣下,是由甚麽出身?

我是由舉人揀發到此。

閣下揀發到此,有幾年了?

我到此不過纔一年多。

閣下貴處是甚麽地方?

敝處是湖北江夏縣。

寶眷也在此麽?

我没攜眷來,因爲家母年邁,不耐舟車之苦,故不能往來,就是我隻身在此。

是。我到此,聽見我們領事官説,閣下在此,與各國官員向來交際,均甚水乳,實在令人欽佩。

那兒的話呢,我本不甚熟諳洋情,蒙上憲委派到此,幫辦交涉事件,不過以實心行實事。總望兩無猜疑,推誠相信,彼此自可融洽,這就是我的本意。

閣下常存此意,自然辦理妥當。我今日還要到别處拜客去,等底下我再到貴寓來,面領大教。倘閣下得暇時,請到敝館談一談去。

是,既蒙閣下不棄嫌,過一天,必要到貴館望看去。

豈敢,那麽我在敝館,恭候大駕就是了。

不敢當,閣下承上走罷。

閣下留步罷,磕頭磕頭。

再見再見。

第十九章

今日我到府上來,是有一件事,奉懇老弟替我爲力。

兄台是有何吩咐?

是因爲我們舍親顧子恒，去年春天，借用令友秦寶臣一項銀子。新近秦寶臣索取此款①，倆人言語不合，就吵鬧起來了。現在我聽見説，秦寶臣要和舍親搆訟②，我因爲知道老弟和秦寶臣是莫逆之交，所以特來，求老弟出頭，給他們説合説合。

兄台知道，當初令親借銀子的時候，有中人没有？

我知道，有一個中人，名字叫高五，去年冬天已經去世了。

令親借用秦寶臣，是多少兩銀子？有利錢没有呢？

舍親借的是二百兩銀子，言明是分半利錢，立了一張借字兒，寫的是二年歸還，到現在纔一年半。前倆月秦寶臣告訴舍親説，他要置房子，等這項銀子用，他也不接利錢，要停利歸本。我們舍親説，一時不能歸本。秦寶臣叫我們舍親盡力湊辦就是了，然後也就散了。新近秦寶臣又到舍親家裏去，要立刻歸本。舍親説："一時實難湊辦，總得再緩幾個月，纔能如數歸還啊，現在還是照舊按月給利錢就是了。"秦寶臣不依，定要歸本，不要利錢，因此倆人言語不合，就吵鬧起來了。現在我聽見説，秦寶臣要打官司。在舍親因爲没到約期，不能歸本，况且又不拖欠利錢，就是打了官司，也不算没理的事。不過是他有官差在身，若是一打官司，便要誤差的。所以我打算奉求老弟，給他們出來説合説合，叫他們兩下裏平安没事，那不好麽？

您打算叫我出頭，怎麽説合呢？

求老弟見秦寶臣，和他説一説，過兩個月，一準給他歸本就是了，現在還是按月給他利錢。倘屆期舍親不能歸本，都有我一面承管了。

既是如此，我明日就見寶臣和他説去就是了。

勞老弟的駕，等事完之後，我再帶舍親，給老弟道乏來。

豈敢豈敢。

---

① 款：原作"欵"。

② 搆訟：造成訴訟。

第二十章

今日我們倆人,是專誠[1]來拜望閣下。
勞二位的駕,請坐請坐。
閣下請坐。
你們二位怎麼稱呼?
我姓島,他姓井。
是幾時到的此處?
我們是昨日到的。
住在那兒了?
住在這東關德元店裏頭了。
閣下在敝國有幾年了?
我在貴國有四年了。
這位在敝國有幾年了?
他來了不過纔半年。
通曉敝國的語言麼?
他不通曉,還没學話哪。
你們二位,是到此處游歷來了,還是有公事呢?
没有公事,不過到此來游歷。
閣下是貴國甚麼地方的人?
我是敝國大坂府的人。
此公和閣下也是同鄉麼?
他和我不是同鄉,他是横濱人。
請問閣下,貴同鄉一位姓福的,他原先在上海當繙譯官,閣下認識不認識?
是,認識。他和我們還是老世交了。
現在福公在貴國,是當甚麼差使呢?

---

① 專誠:特地。

他現時没在敝國,他自從由貴國回去之後,就奉命到英國去了。

那就是了。

閣下和福緇譯相好麽?

是,我們倆人至好。

閣下和他是在那兒認識的呢?

原先我在上海當委員的時候,我們倆認識的,結爲文字之交,最相契厚①。赶後來福緇譯回國去了,他到了長崎的時候,還給我來過一封信了。後來因爲我奉委到直隸來了,從此就踪跡渺茫了。如今聽閣下説,纔知道他奉命到英國去了。我這兩天修一封信,交給閣下,遇便求您給他帶到英國去。

可以的,我們還得在此住幾天了,閣下可以隨便寫得了,遣人送到店裏,交給我帶去就是了。

我這兩天,還要到貴寓回拜你們二位去哪。

那我們實在不敢當。閣下公務甚忙,况且閣下既然是和福緇譯相好,偺們這更親近一層了,似不必拘此形跡。

那是該當的。

我們現在要告辭回去了。

勞二位的駕。

那兒的話呢,閣下留步别送。

那麽我就從命,不遠送了。

豈敢,改日再會。

---

① 契厚:交往密切,感情深厚。

在清國北京
大日本國公使館

長崎縣士族 吴啟太
東京府士族 鄭永邦 仝編著

長崎縣平民
東京下谷區西黑門町貳番地
鄭永寗邸内寄留
楊龍太郎 出版

改訂官話指南

解　題

《改訂官話指南》(以下簡稱《改訂》),是在《官話指南》的基礎上改訂而成的。該教科書於1903年(明治三十六年)四月三十日由東京文求堂出版,五月三日發行。1905年四月五日再版,至1928年六月已經再版發行至第二十三版。

《改訂》包括凡例、目録和正文。正文包括酬應瑣談、官商吐屬、使令通話和官話問答四卷。《官話指南》中由田邊太一及鄭永邦和吴啓太所作的兩篇序文被删除。第一卷"應對須知"被"酬應瑣談"代替。"官商吐屬""使令通話"和"官話問答"三卷,除個别字句進行了修訂之外,基本保持原貌。

"酬應瑣談"是《改訂》中全新的一卷,是金國璞重新編寫的部分。共包括20章,在章節的數量上與"使令通話"和"官話問答"保持了一致。所涉話題多與商務應酬相關,如招股開礦、購買印字機器、匯款、商務糾紛等等。對話仍然采用問答式,對話長度與其他三卷較爲接近,較長的對話達到600字之多。

"官商吐屬""使令通話"和"官話問答"三卷保持了《官話指南》的原貌,僅對原文中存在的字誤和序誤進行了修訂。如《官話指南》"官商吐屬"第一章的"那茶錢自然自有的"(見32頁)中第二个"自"爲誤字,在《改訂》中(見196頁),改爲"是"字。再如"官商吐屬"第七章中"我剛纔問他來着,他説他琺是藍作的人"(見42頁)中"琺"和"是"兩字在語序上存在錯誤,在《改訂》(見202頁)中,兩字的語序改爲"他説他是琺藍作的人"。另外,金國璞還對原文中的個别用詞進行了修訂。如《官話指南》"官商吐屬"第三十七章中"他説他是您的底下人,説是您要宜一件女皮襖"(見92頁)中的"宜",在《改訂》(見246頁)中改爲了"買"。

《改訂》的修訂無疑是成功的。《官話指南》中的"應對須知"無論在章節形式還是會話長度上均與其他三卷不一致,會話的内容似乎更適合初級學習者學習。《改訂》删除"應對須知",而代之以"酬應瑣談",使正文四卷在形式、章節數量和内容上達到了一致,真正成爲了一部中級水平的教科書。不過較爲遺憾的是,金國璞修訂了《官話指南》中存在的一些錯誤,但同時又出現了一些新的錯誤。如"官商吐屬"第三十四章中"一吊一張的,没有我們本舖子的,給我磨别處的行不行?"(見 88 頁)中"我"爲誤字,《官話指南》中爲"你"(見 243 頁)。但瑕不掩瑜,《改訂》的修訂得到了教師和學習者的認可,該書的多次再版從側面證明了這一點。

凡　例

余駐北京學語言三年於今，時延請師儒，賴其口講指畫，漸有所領悟，然不過滄海之一粟耳。是編係平日課本，其中遺漏，指不勝屈。今刷印成書，只爲初學計，遺笑大方，自知不免。

京話有二，一爲俗話，一爲官話，其詞氣之不容相混，猶涇渭之不容並流。是編分門别類，令學者視之井井有條，釐然不紊，庶因人因地而施之，可以知所適從。

初學華語者，須知有四聲，有輕重音（輕音，即窄音；重音，即寬音），有輕重念、出入氣等項，是不竢論。此外，尚有張口音、閉口音，又有嘬口音。如"巴、寒、張、大"等音，皆是張口音也。如"木、父、不、屋"等音，皆是閉口音也。如"火、去、出、姑"等音，皆是嘬口音也。另有由タ、チ、ツ、テ、ト母音所出之音，如"倒、將、跳、知、早、斗、頭、凳、地、釘、天、秋"等音，必須舌端用力，達至上牙床，方爲盡善，不然則往往致有謬誤。此雖屬末節，而讀者不可不知也。

初學四聲之法，最難解説，今舉梗概。如上平，其發聲時，係自上落下而止，聲音較短。如下平，其發聲時，係向右傍一擲而止，聲音較短。如上聲，其發聲時，係半含其音，漸漸而上，聲音較長。如去聲，其發聲時，係半含其音，向左傍漸漸垂下，聲音較長。又如上平，其發聲時，係如點首之狀。如下平，其發聲時，係如人將首向右傍稍轉之狀。如上聲，係如人仰首之狀。如去聲，係如人將首向左下垂之狀。

凡言語内，如值有兩上聲字相連者，其上一字，應讀下平，其下一字，應讀上聲，所謂逢上必倒是也（言兩上聲字相值，則必倒一字之聲也）。

凡輕音字，則不多用喉力。如係重音字，則多用喉力。如"金"字，本屬牙音，係輕音，則讀時，宜多用牙力，少用喉力。如"輕"字，亦屬牙音，係重音，則讀時，宜多用喉力，少用牙力。又如"身"字，本屬齒音，係輕音，則讀時，宜多用齒力，少用喉力。如"生"字，亦屬齒音，係重音，則讀時，宜多用喉力，少用齒力。又如"敦"字，屬舌音，而係輕音；"東"字，亦屬舌音，而係重音。如"搬"字，屬唇音，而係輕音；"邦"字，亦屬唇音，而係重音。皆可類推。至屬喉音之字，其間亦有輕音重音之别。譬如"一"字，本屬喉音，係輕音者，則宜用喉上之力而發。係重音者，則宜用喉下之力而發。如"寒"字，係輕音；"杭"字，係重音。

又如"安"字,係輕音;"昂"字,係重音。此類皆是也。蓋漢字音,末有"ン、ム"音,而日本原音,亦有"ン、ム"音者,均屬輕音,如"心""金"等字是也。音末無"ン、ム"音者,概係重音,如"星"字、"經"字等,是也。

凡由齒内所出之音,多有誤由牙内而發者,致聽者渺茫誤會。玆略舉數音,欲學者留神。譬如"知"音,本係由齒内所發出者,若誤由牙内而發,則成"機"音也。"石"音,亦係齒音,若誤爲牙音,則成"席"音也。"是"音,亦係齒音,若誤爲牙音,則成"細"音也。"章"音,亦係齒音,若誤爲牙音,則成"江"音也。"水"音,亦係齒音,若誤爲牙音,則成"許"音也。余歷年留意考察,始得其錯誤之由,乃表而出之如此。

凡説清話字句之間,有宜重念者,最爲緊要。蓋重念之字,實與語言之意,大有關切。譬如:"我可以給你錢。"唯一句言語,而有四種念法,如左:

我ˉ可以給你錢。("我"字重念,其意"我獨能與汝錢,而他人不能與汝錢也"。)

我可ˉ以給你錢。("可"字重念,其意"我實能與汝錢,非不能與也"。)

我可以給你ˉ錢。("你"字重念,其意"我止能與汝錢,而不能與他人錢也"。)

我可以給你錢ˉ。("錢"字重念,其意"我止能與汝錢,而不能與汝他物也"。)

舉此一端,他可推知。

凡出氣之音,讀時應用力,將其音向外放出字音。由タチツテト、カキクケコ、パピプペポ各等音而出者,皆有出入氣之别,餘者無此分别也。

標記之式,原可以獨出心裁,各人用各人之記,殊不必舍己從人。但恐初學漫無定式,無所適從,因僭擬一法,分别詳列於左。

凡字之四聲,上平,則在字之右肩加一圈,如"聲○"字是也。其下平,在字之左脚加一圈,如"讀○"字是也。其上聲,在字之左肩加一圈,如"○請"字是也。其去聲,在字之左脚加一圈,如"○四"字是也。

凡字之應出氣者,在字之左肩加一豎,如"|茶"字是也。

凡字之應重念者,在字之右邊畫一横,如"船ˉ"字是也。

凡字之重音,在字之左邊加一横,如"ˉ京"字是也。

明治十四年十二月　吴啓太、鄭永邦 自識

目　録

第一卷　酬應瑣談

第一章

您這是初次到這兒來麽?

我從先來過一盪,住了幾天,就回去了。這是第二盪來。

是。您這盪來,是打算在這兒開甚麽買賣麽?

我這盪,是我們本國行裏派我來,看一看這本地買賣的情形,然後回去,再商量將來是開甚麽買賣。

是了。那麽您打算住多少日子回去呢?

也不過倆來月的光景罷。

後來您若是打聽甚麽買賣的事情,我有兩位至好的朋友,於商務的情形,總還可以略知道些個,您願意見他們的時候兒,我可以給您介紹。

好極了! 後來我這免不了有請教的事情的。

第二章

您上回不是説,您這盪來,不是得住五六個月了麽? 怎麽您這麽快又要回去呢?

我原打算是得多住些日子,皆因我現在接着我們行裏來了一個電報,叫我快回去,有要緊的事情商量,不能不快走。

那麽您再來得多喒哪?

現在還説不定。若是我回去不過就是爲商量事情,大約上秋[①],還可以來。若是行裏打算派我上别的國去,那可就先不能來哪。

我們還是盼望您趕緊的再來呀。

我也是還願意再來,可不定由得我由不得我。

請您想着,給我們來一封信罷。

---

① 上秋:農曆七月。亦作“孟秋”。

第三章

令親招股份開礦,辦的有點兒頭緒了麽?

簡直的越辦越没信兒了。

是衙門不准麽?

原是衙門招人開採,怎麽能不准呢?

不然,也許招不出股份來。

股份自然是也不容易招,可是還不是竟因爲那個。我聽説他們那幾個頭目人兒①,有要用洋法開採的,有願意要用土法開採的,意見都不相同,所以一時不能定局②。

大概股份,還没招了罷?

辦法還没商量好哪,怎麽能招股份呢?

第四章

近來金價的行市怎麽樣?

總還是有長無落罷。

前些日子不是聽説金價落下一點兒來了麽?

前些日子落下來也有限,這幾天又長上去了。

在我看,金價往下落着,總費事罷。

是的。現在各國總是用金子的多,銀子用項③太窄,所以銀價總不容易往上長的。

若是天下各國都用金子,那銀子不成了無用的東西了麽?

---

① 頭目人兒:頭目,負責人。

② 定局:做最終確定。

③ 用項:用途,作用。

也就是可以用銀子造那半塊的銀錢,和那一兩毛的錢罷。
竟用銀子造那樣兒的錢,那用項也就窄的很了。
自然是的。

第五章

我有兩位朋友,要買幾本話條子[①],我不知道是天津有,還是上海有。我想您必知道是那兒有,請您告訴我説,我好寫信去,託朋友給買。

您要買中國話條子,那沒甚麽難的,您也不用寫信到天津、上海託朋友打聽。那中國話條子的書,在日本東京神田區、本鄉區那幾家書舖都有。東京那邊兒,有我靠得住的朋友,我可以寫信去,託朋友把近來新出來的要緊的話條子,給您買幾本帶來,不更省事妥當麽?

那敢自是好極了,不過是這麽勞動您,我真過意不去。

這有甚麽的呢!可費着我甚麽呢?

那麽那書價怎麽樣呢?

那不忙,等把書寄來,必開了賬來,就知道是多少錢了。那個時候兒,您再交給我給寄了去不好麽?

就是,我就遵命了。

第六章

我下月是要往日本國遊一盪去,還有我們學堂要買印字的機器,也要交給我辦。我這是初次往那麽[②]去,人地生疎,而且言語[③]又不通。若是那邊兒您有靠得住的朋友,求您給寫一封介紹的信,託朋友照應照應我。

---

① 話條子:口語短句,也指學習口語短句的課本。

② 那麽:那裏,那邊。

③ 言語:語言。

可以的。我有一位至好的朋友,他是在東京本鄉區,開着一個書鋪,專賣偺們的漢書,您到了東京,可以和他商量,這買印字機器的事情。

是,他那書鋪也賣印字機器麼?

他鋪子不賣印字機器,可是我知道他能辦這個事,不但這個,就是别的事情,他也能辦。人是最精明了,各商家他也都有個聯屬[①],託他辦甚麼事最妥當了。

好極了! 不知道這位令友,懂得偺們的話不懂得?

他是一口的好北京話,現在在日本商人裏頭,他的北京話是數一數二的了。

這真是爽快極了,何幸而獲此! 就求您給寫一封切實的信罷。

就是就是。

第七章

你的那個鋪子倒過來,怎麼不换字號啊?

我那鋪子不是倒的,是租底兒[②],怎麼能改字號呢?

是租誰的?

也是我一個相好的鋪子。

怎麼本主兒不做,把鋪子倒租給你呢?

皆因本主兒有好事出外去了,家裏没人照管買賣,纔租給我做了。

定規的是租幾年呢?

寫的是租五年。

爲甚麼你那個時候兒,不和他商量倒過來呢?

我那個時候兒,也探過他的口話兒[③],他不肯倒,他的意思是打外頭回來,自己還要接過來做哪。

---

① 聯屬:聯絡。

② 租底兒:承租整個買賣并進行管理。

③ 口話兒:談話中流露出的信息或意圖。

他那個字號,外頭怎麽樣?

他那個字號,是外頭很有名,各處都有一定的主顧,所以他不肯出倒的。

原來如此。

第八章

近來洪順號,外頭聲氣[①]不大好,行中有穿换[②]各鋪子,都叫不響了,不知道是怎麽會弄得這麽糟。

你不記得我去年就和你説過一回麽?他那鋪子裏,一二年之内,事情必要糟的。我早就聽説,他屋裏所存的貨物,決頂不住外頭的欠項,果然今年這聲氣就出來了。

在我想,他那屋裏,大概都是掌櫃的那幾個親戚壞的事。

可不是那幾個人麽。自從他那幾個親戚進鋪子去,那幾個好手夥計全都陸續着不幹了。他那幾個親戚就隨便濫支濫用,就把買賣給花虧空了。所有外頭該人家欠[③]人家的,將來給不了,總不免要打官司告狀的。這個亂子[④]還不是歸在掌櫃的身上麽?

他既信用他的親戚壞了事,怨他自己不明白,不能怨别人的。

第九章

我有一千塊錢,打算要從貴行電滙到天津去,不知道是多少滙水[⑤]?

往外國電滙都不要滙水,因爲不算是滙去的,算是按着今天的行市,賣給您的。

---

① 聲氣:本指説話的聲調和語氣,此處指名聲。

② 穿换:交流,交往。

③ 欠:底本此處連用兩個"欠"字,當爲衍字,今删一個。

④ 亂子:差錯,禍事。

⑤ 滙水:匯費。

是了,我明白了。那麼我要買一千塊錢的電滙,是得用多少日本的票子呢?

你不是要買天津的電滙麽?

不錯的。

等我算一算。按着今兒個的行市,是減一成五分五釐,您就給八百四十五圓就行了,可是您得單給電報費。

您説的這個電報費,不是由您這兒貴行,打到天津分行去的那個電報的花費麽?

原是的。

那麽天津的我那個朋友,怎麽就能知道,我給他電滙銀子去呢?

那您得單打個電報,知會令友,叫他到天津銀行裏取那銀子去。

若是我那個朋友接了我的電報,到貴分行取銀子去,就可以給他麽?

若是我們行裏認得令友,自然立刻就可以給他了。若是不認得令友的話,可以找個保人,就可以取了去了,那也並没甚麽累贅的。

第十章

我有五百塊日本的票子,打算要滙到北京去,託您給想個法子滙了去。

那好辦。這東京有一家第百銀行,在北京有一家分行,字號是貯藏銀行。我也由第百銀行往北京滙過銀子。您這銀子也可以由那個銀行滙了去,是最妥當的。可不知道您在北京,是用銀子啊,還是要用墨西哥洋錢呢?

我的意思是要用銀子,不知道這個銀子,滙到北京去,有甚麽傷耗[①]没有?

按目下金價很貴,不但這裏頭没甚麽傷耗,大概還可以多漲出幾兩銀子來哪。這本來不算是滙兑的事情,這算是您拿金錢票子賣銀子的事情,所以倒可以多得幾兩銀子。

是了。那麽他們不扣一點兒滙水麽?

扣一點兒,也很有限的。

---

① 傷耗:減損,減少。

就是。那麽就求您分心,給我辦辦罷。

那兒的話呢,我這就給您辦去罷。

第十一章

那祥隆綢緞鋪的朱掌櫃的,雖然他不是本行的人,可是專會用夥計,這兩年買賣做的是一年比一年有起色,就連本行人開的買賣,都竟會做不過他,這是誰能想得到的事?

那個朱掌櫃的,不過是綢緞行買賣的外行,他可並不是做買賣的外行。若講做買賣,他心裹很有路數兒[①],而且是真會用人做事,很開通,夥計們都佩服他。每年算完了大賬,這一年若是賺的錢多,必要給夥計們多豁[②]長支[③],多送謝儀[④],能感動人心。夥計們真是人人兒高興,個個兒提神,大家都是一心一計的打起精神來,給櫃上做買賣,怎麽是買賣不一年比一年有起色呢?倒不在他是内行是外行。隔行不隔理,不論那行,人情都是一樣。只要待夥計有情有義,誰能不盡心竭力給櫃上辦事呢?

第十二章

我看像你這首飾行的手藝,實在是不容易學的。

怎麽不容易學?

像打造各樣兒的首飾和各金銀的器皿,又得學打造,又得學點翠、鏨活、拔絲、攢絲、銲活,這麽好幾樣兒手藝得多少年纔能學會哪?

您想錯了。我們敝行是各學一樣兒手藝,像管打造的,是竟學打首飾。那點翠、鏨活甚麽的,是單有管做那個活的。

---

① 路數兒:招數,路子。

② 豁:免除。

③ 長支:舊時店員向店主借錢,并在年終時結算,叫作長支。

④ 謝儀:酬金,謝禮。

是了。那麼像開一個首飾樓,那會各樣兒手藝的夥計,都得有啊。

那兒能邀那麼些個夥計呢?他們是各有各作坊。我們屋裏不過就有專管打首飾的夥計,可也都會銲活。趕我們應下活來,應當過行的,我們都是送到那各作坊做去,那都是料件子活,是按着件數兒給他們手工錢。

是了,這我纔明白了。

第十三章

聽説增盛那屋裏,大賣殘貨,各樣兒東西全都減一成價出賣,莫非是要收買賣麽?

不是要收買賣,是又搭着財東[①],要挪地方兒開買賣。

已經採着地方兒了麽?

聽説在西單牌樓採着地方兒了,如今打算把陳貨都減價打掃出去,同新財東另開買賣,從新辦貨。

在我想,那增盛家范掌櫃的,也不算做買賣的好手啊,怎麽還有人願意拿出銀子來,和他搭夥開買賣呢?

你不知道,增盛那屋裏外頭交的很寬,所有西北陝甘蒙古那些個地方兒,來京辦貨的客人大半都是用他那屋裏的貨。這個新財東是他舊日的一個朋友,深知他屋裏的這個底,所以纔肯和他搭夥。

是了。那麼换字號不换字號呢?

不换字號,用的還是他這舊字號哪。若是一换字號,外路的客人反倒不信服了。

第十四章

我是森合棧陳先生打發我拿這封信來見先生。

---

① 財東:舊時稱商店或公司背後的出資人。

你姓甚麽?

我姓蘇,名字叫保安。

你是在那個行裏管過棧?

我原來就是在森和帮着管棧房。

你的英國話是怎麽學的?

我就是隨便那麽散學[①]的。

那麽像起卸貨物、報關、上税這些個英國話,大概你都會説罷?

不敢説會説,大概可以説得上來就是了。

這些個事情你也都辦熟了罷?

這幾年也算是辦慣了一點兒了。

那貨物的名字,英國話你都叫得上來麽?

不差甚麽常見的貨,都可以叫得上來。

那麽你看看這個單子上,都是甚麽貨物?

是。這是洋藥、洋布、海帶菜、洋鐵、火柴、洋傘、藥材、鐘表、糖、茶葉這些個貨物。

不錯的。那麽一個月,您打算要多少工錢呢?

我的意思,工錢先不用定規,我來一個月您看一看,然後您再給我定規工錢,您想好不好?

也好,那麽你明天就來罷。

就是就是。

第十五章

昨天來的這隻船,我們批的貨到了没有?

來的這隻船没您批的貨。

那麽是那隻船來,纔有我們的貨哪?

是有一隻海順船到了,就有您的貨了。

---

① 散學:零散地、非集中地學習。

那隻海順船是得多喒到哪？

大概就在這個月内總可以到罷。

您這話還是有點兒含糊，按着偺們批單上寫的日期，已經過了十天了，到如今還没準日子到哪，您想我櫃上怎麽交代呀？

那批單不過是個着對[①]，您若是竟按着批單上寫的日期那麽説話，那未免的也太鑿[②]一點兒了。

這是甚麽話呢！不按批單上説話，那麽當初立這批單，是幹甚麽的？俗言説："口是風，筆是踪。"因爲怕是口説無憑，纔立這個字據，怎麽倒是我鑿了？

是了，您不用着急，您再等十天，貨也就可以到了。

準的，若是過十天不到，您可是得認罰的。

是了，若是不到的話，我認罰就是了。

第十六章

昨兒個高楓村從你這兒回去，心裏很不通快[③]。他説他打聽他的貨來了，貨還没到哪。他心裏本就着急，偏偏兒的你又説他説話鑿一點兒，他更生氣了。你是不知道他那脾氣，他向來和人共事，説到那兒是要辦到那兒的。人若是和他共事，可也是得那麽着。若是偶然和他説話，有點兒言不應點[④]，他就急了。

這也並不是我安心説話言不應點，可是火輪船没到，我有甚麽法子呢？

你聽我告訴你這個緣故。他在你這屋裏定的那個貨，他現在急等賣的是洋布，你這屋裏不是存着的洋布很多麽，你先匀給他十箱洋布，叫他先賣着，他心裏就不至於那麽着急了。等他批的洋布到了，再歸還你十箱，不是一樣麽？

這麽辦也好。你想先匀給他十箱洋布，他準願意麽？

---

① 着對：證據，證明。

② 鑿：死板，不靈活。

③ 通快：痛快。

④ 言不應點：言而無信。

我管保他一定願意，等我回頭到他鋪子去，把這層告訴他，叫他打發人來，提十箱布去就是了。

好極好極！那麽就勞您駕罷。

好説好説。

第十七章

我來是要和老兄奉商一件事情。

是有甚麽見教的事情？

現在是我們本公司商量，是要築造從此地到某處的那條枝[1]路。前兩天總理鐵路大臣，要把這件事委派兄弟，和我們一位同事的周子通，我們倆人承辦。我們倆人的意思，所有造鐵路應用的鐵軌和墊木，都要奉託貴行，替我們辦理。不知道老兄肯替我們辦不肯？

這有甚麽不肯的呢？一來這也是我們本行應做的買賣，二來偺們又是至好的朋友，而且我們也給貴國别處辦過這鐵軌墊木。這件事兄弟必要多盡力的。

實在費心的很了。可是不知道貴行現在有這鐵軌墊木的小樣子没有？

這行裏現在没有，可是上海我們行裏有。我可以打一個電報去，就可以送來了。

好極了！等這兩天我們奉到上憲[2]委派印札，我同我們那位周子通一塊兒來，偺們當面商量是怎麽辦罷。

兄弟竟候您的信罷。

是，我失陪了。

改天再見。

---

① 枝：支。

② 上憲：上司，上級官員。

第十八章

您没聽説由某府到某府的那條鐵路,是那個公司包辦麽?

先聽説有好幾個公司,都願意包辦,衙門裏也爲難,是叫那個公司辦好呢?新近聽説,有人出了這麽一個主意,叫願意包辦的這幾個公司各遞一個單子,説明白了,連工帶料是要多少銀子包辦。衙門裏看那個公司要的價廉,就叫他包辦。這裏頭没偏没向,都是一例[①]相待。

若按這麽辦,我認識的那個公司許辦的成。

怎麽見得呢?

那個公司,他們本國裏,近來鐵軌造的是極精,那墊木的材料又極多,而且鐵路工師[②],人是很多,道路又近便,人的工價、材料的運費都省些個,自然他開的單子總比别的公司價要廉的。這還不是可成麽?

若這麽説,那個公司自然可以望成的了。

第十九章

我聽説貴國南洋[③]地方兒,要開一個銀行。不知道是官要設立銀行哪,還是商民要私開銀行呢?

我先聽見説,是官要設立一個大銀行,後來議了會子没議妥。然後又有人出主意,打算招商股,開一個銀行,由官場中派一位官員管理那銀行的事,算是官督商辦。這麽個局面,各商家都不願意入股份,所以這件事也算中止了。如今聽説,各商家要自己招股份,私立一個銀行,所有銀行裏總辦、帮辦這些人,都是由衆股友推選公平、正直、熟習商務、衆人都信重[④]的人充當。等議妥之

① 一例:一律,同樣。
② 工師:工程師。
③ 南洋:長江口以南的海面。
④ 信重:信任,看重。

後,有幾家大鹽商和幾家富紳在衙門公具保結。倘或後來那銀行有虧空票存、侵吞存欵這些個弊病,都由衆保家賠償。可是平常做買賣這些個事情,不必由官派員經理。聽説大概商量的有點兒眉目了,可不知道得多喒纔能定局哪。

第二十章

聽説貴國東京,有一宗做買賣的地方兒,叫勸工場①,是怎麼個局面②呢?

那勸工場,是這麼個局面。是有一個人,蓋一所兒寬大的房子,前後兩個門,一個門是進路,一個門是出路。那房子裏頭也分出許多間來,那房東招各行體面買賣,在那房子裏頭擺貨做買賣。每一行買賣佔一間,可是每一行就許做一樣兒的買賣,不准兼着做兩樣兒買賣。賃那地方兒做買賣的,得立一個賃地的字據。這個字據是一年一换,説明白的是每一年是多少賃錢,都要寫在那字據上。若是不願意在那裏頭做買賣的,要交還地方兒,也是等到换字據的時候兒,可以退還。所有到那勸工場裏逛去的、買東西的,都是從前門兒進去,從後門兒出來。

是,像那裏頭的地方兒,賃錢都是一樣麼?

也不能都是一樣。像那要路口兒的地方兒,那賃錢就貴一點兒。像那偏僻點兒的地方兒,賃錢就便宜點兒。

是了。可是那勸工場裏,都是賣些個甚麼貨物呢?

賣的東西也不少了,像家用的銅鐵、木器、磁器、各樣兒粗細的傢伙,還有衣服、綢緞、鋪蓋和一切鋪墊甚麼的,還有鐘表、古玩、玉器和人隨手兒用的東西,還有東西兩洋各樣兒的文具、紙張、字畫、照像篇兒③、樂器和小孩子玩兒的要貨兒④甚麼的,一概俱全,就是没甚麼賣吃食東西的。

那裏頭的貨物都是頂好的麼?

大概都是好貨物多。

---

① 勸工場:也稱"勸業場",銷售百貨的商場。

② 局面:規模,格局。

③ 照像篇兒:類似于現在的攝影作品或明信片。

④ 要貨兒:小孩兒的玩具。

價錢比外頭鋪户怎麽樣？

價錢總是比各鋪户貴一點兒的多。

也許還價兒不許呢？

他們是每一樣兒貨物上，都貼着一個紙籤兒。上頭號[①]着價碼兒，那都是言無二價，不能打價兒[②]的。

是了，承教承教。

豈敢豈敢。

---

① 號：標。

② 打價兒：砍價。

第二卷　官商吐屬

第一章

您貴姓?

豈敢,賤姓王。

府上在那兒住?

舍下在東單牌樓總布胡同。

您在那衙門行走?

我是在兵部當差。

您到舍下來是有甚麽事情麽?

是,我來是和您打聽一件事情。是我聽見説您這西院裏那處房要出租,是真的麽?

不錯,是真的。怎麽您要租麽?

是,我打算要租。

您來遲了,那個房子我已經租出去了。

您租給誰了?

我租給我們一個親戚了。

那就是了,那麽您别處還有房麽?

我别處没房子了。我有個朋友,他有一處房要出租。

在甚麽地方?

在這北邊兒安福胡同。

有多少間房子?

有三十多間房子。

三十多間房子太多,我住不了那麽些個。

您若是住不了那麽些間,您可以都租下,除了您自己住多少間,下剩多少間,您可以轉租給别人住。

那麽我就是包租了?

不錯,您包租。

我包租,我又怕一時租不出去,我每月得如數給房東房錢。

我想那層倒没甚麽可慮的，脚下房子往外租着很容易。

那麽我租妥之後，除了我住多少間，下餘多少間，還要求您替我招租。

那好辦。趕您租妥之後，您可以告訴我說，您是勻出多少間來出租，我可以替您找住房的。

那麽着很好了。可是，您知道一月是多少房錢麽？

我那個朋友告訴過我，每月是七十吊錢的房錢。

七十吊錢的房錢太多。

您聽着這房錢彷彿是太多，您不知道那房子可是頂好。院子又大，地勢又好，離大街也近，買東西也很方便。

那麽我租那屋子，還有茶錢麽？

那茶錢自然是有的。

怎麽我起您手裏租房，還得給茶錢呢？

雖然您是起我手裏租房，没有别的中人，到底這茶錢您也是得給。我告訴明白您納，您給的這茶錢並不是我落，也不是我那個朋友得，是給我的那個朋友的底下人們大家分的。

那麽是幾分兒茶錢呢？[①]

就是一茶一房。

那就是了，那麽我還得有舖保罷？

舖保自然是得有的，您找得出舖保來麽？

是，我找得出舖保來。

您都是有甚麽舖保？

要甚麽舖保有甚麽舖保。

那就行了。您打算多喒瞧那房子去？

我打算過一兩天我來，同您看看去。

那麽偺們一兩天準見。

是，一兩天準見。

---

① 底本"幾分"與"是"錯序，據《官話指南》(吴啓太、鄭永邦著，楊龍太郎出版，1903 年)改。

第二章

您貴姓?
豈敢,賤姓李。未領教您納?
我賤姓趙。
貴處是甚麽地方?
敝處張家口。
到京來有甚麽貴幹?
我是賣貨來了。
您販來的是甚麽貨物?
我販來的是皮貨。
您在那兒住着了?
我在城外頭店裏住着了。
在那個店裏住着了?
在西河沿大成店裏住着了。
今年皮貨的行情怎麽樣?
今年皮貨的行情還算是平和。
我聽見説,前幾年皮貨的行情很大。
不錯,前幾年皮貨的行市大的很了。
是怎麽個緣故呢?
總是因爲貨短的緣故。
您現在帶來的貨,都賣完了麽?
還没都賣完了。
您賣完了皮貨,是帶回銀子去呀,還是販貨回去呢?
是販貨回去。
都是販回甚麽貨物去呢?
竟是洋廣雜貨。
您在張家口是有舖子麽?

是有舖子。

寶字號?

小號"益泰"。

您向來往回裏帶貨,都是買誰家的貨呀?

那也倒不一定。誰家的貨合式,我就買誰家的。

既是這麽着,我現在有個朋友,他在哈達門外頭新開了個洋廣雜貨棧。他都是自己起廣東置來的貨,價值比別的棧裏全便宜。您後來買甚麽貨,可以到他那棧裏買去。

令友那個棧房,寶字號是甚麽?

字號是"德發"。

那麽底下,我到那棧裏買貨去,我提您就得了?

是,等底下我也可以同您去一盪。

那更好了。我請問您納,您當初也做過買賣麽?

是,做過買賣。

您都是做過甚麽買賣?

我開過藥棧。

是在城外頭麽?

不錯,是在城外頭。

現在那個藥棧還開着了麽?

没有,關了有七八年了。

那麽您現在有甚麽貴幹呢?

我現在是行醫。

您行醫是竟瞧門脈呀,是還出馬呢?

早起瞧門脈,晌午出馬。

您行醫總比做買賣强啊!

也倒没甚麽別的强的,不過是不像做買賣那麽累心就是了。

您府上在那兒住?

舍下是在東四牌樓報房胡同住。

等改天我到府上望看您去。

豈敢,我過兩天還要到店裏望看您去哪。

不敢當,您没事的時候,可以到店裏去,偺們談一談。
是,那麽偺們改天見。

第三章

老弟是起家裏來麽?
喳,是起家裏來。
老弟還没定規日子起身哪?
也就是這三五天就起身了,今兒個是特意來見兄台辭行。
這實在多禮了。老弟這盪是連家眷都去麽?
可不是麽,打算連家眷都去。
是和人搭幫走啊,還是自己單走呢?
是和人搭幫走。
搭幫走的那位也是作官的麽?
是作官的。他是新捐的通判,到外頭候補去。
像您這到省之後,就可以上任去罷?
是,到省之後,大概就可以上任去了。
您補的這個缺是煩缺麽?
不是煩缺,是簡缺。
現在署您這個缺的那位姓甚麽?
是一位姓周的。
是補過實缺的麽?
也是新近纔補的缺,這等我到任之後,他就交卸上新任去了。
那麽老弟這幾天總在家罷?
是,這兩天總在家。
我這兩天還要到府上給老弟送行去哪。
不敢當。我也要回去了。
您回去了,到家裏都替我請安問好罷。
是,回去都替您説。

第四章

回禀老爺,李老爺給您拜年來了。
你去請進來,讓到書房裏坐。
兄台新喜了!
老弟新喜了!
兄台請上,我給您拜年。
不敢當,一説就是了。
老弟請坐喝茶。
兄台請坐。
老弟今兒個是頭一天出來麽?
我是起昨天出來的。
得拜幾天哪?
也不過五六天就拜完了。
打算多喒到省裏去呀?
我打算初八進省。
得多喒回來?
得過了節回來罷。
老弟起頭年封了印,總没到衙門去罷?
封了印之後還去了兩盪,辦了幾件零碎的事情。
趕開了印之後,就該忙了罷?
可不是麽,趕開了印之後,就所没甚麽閒工夫了。
是,老弟請再喝盃茶罷。
不喝了,我該走了。
忙甚麽了,天還早哪。
是因爲該去的家數多,去晚了不像事。
那麽勞老弟的駕,到家裏先替我請安道新喜罷。
是,回去都替您説。

第五章

老兄,我昨兒個聽見説,您現在升任太守了,所以我今兒個特意給您道喜來了。

不敢當,實在勞駕得很了。

老兄大概得多喒上新任去呀?

還不能預定了,總得等上司派委員來接署,纔能交卸了。

您交卸之後,是就上新任去呀,是還得先進省裏去呢?

是先得到省裏去。

請問老兄貴科分?

我是辛酉科的舉人。

會試是那科呢?

會試是壬戌科。

原來老兄是連捷,實在是才高得很了。

承過獎了,不過是一時的徼倖就是了。

老兄太謙了。請問老兄都是榮任過甚麼地方?

我是做過一任上元縣知縣,後來俸滿,蒙前任撫台保升今職。數年以來,寸功未立,實在慚愧得很了。

那兒的話呢!老兄如此大才,無怪上游器重。況且又愛民如子,如今升任太守,實在是彼處百姓之福也。

不敢當,不敢當。

那麼等老兄行期有日,我再過來送行就是了。

那實在當不起,這就勞駕得很了,等改天我再到貴衙門謝步去。

豈敢,豈敢。

第六章

老弟，我聽見說，前幾天晚上有幾個人到東街上一個銀號裏搶去了，是有這麼件事麼？

不是搶銀號去了，是和銀號打架來着。

是爲甚麼打架呀？

是因爲有一個無賴子撿了一張銀票，到銀號裏取銀子去了。銀號裏人說："這是一張失票，已經有人掛了失票了。你等一等，我們把那個丢銀票的那個人找來，你們倆人當面一說，他也不能白了你，總得謝和你幾兩銀子。"那個無賴子不答應，說是："這張銀票是我各人的，我就知道拿銀票來取銀子。你們說是别人丢的銀票，那都不與我相干，我通不管那些個，你們就是給我銀子，没别的話！"銀號裏不肯給他銀子，這麼着他要把那張原銀票拿回去，銀號裏把那張銀票也扣下了，不肯給他，這麼着他就走了。趕到晚上那個無賴子又約了四個無賴子，到銀號裏打架去了。趕他們到了銀號，就這麼一罵，把櫃上的一個夥計，也揪出來給打了，把攔櫃上擱着的算盤也給摔了。這個工夫兒汛官聽見說了，當是搶銀號的了，就帶兵去把他們五個人都拿了去了，送了縣了。後來查明白了，他們是打架的，就把他們五個人都枷號在東街上了，半個月之後纔能放他們了。

第七章

院子裏坐着的那個拿着包袱的人，是幹甚麼的？

他是個賣琺藍的。

你認得他麼？

我不認得他。

你不認得他，怎麼知道他是賣琺藍的呢？

我剛纔問他來着，他說他是琺藍作的人。

那麽他那包袱裏包着的就是藍貨麽?

大概就是罷。

那麽你出去把他叫進來。

掌櫃的,你進來罷。

你是賣琺藍的麽?

是。

你這包袱裏包着的,是甚麽藍貨呀?

這是一對琺藍瓶。

你打開包袱我看看。

您看,這對瓶好不好?

這對瓶太大,有比這對小一點兒的没有了?

我們局子裏,有一對比這個小的,是作様子的,不是賣的。要買多大尺寸的,那都可以定燒。

我白問一問,像這對瓶得多少塊錢?

這對瓶得一百多塊錢。

你們有甚麽小物件没有?

您問的是甚麽小物件哪?

就像甚麽小筆桶、小印色盒子、小蠟燈這些個小物件。

您説的這幾様兒小物件,現在做着了,還没燒得了。

那麽得多喒就燒得了?

過個四五天就可以燒得了。

等這小物件燒得了,你可以拿幾様兒來,再把你們局子裏那對瓶様子拿來,我瞧瞧。若是合式,我可以照様兒定燒一對。

是,我過幾天給您拿來罷。

你們局子在甚麽地方?

我們局子在後門大街。

寳字號?

小號"廣成"。

你們先頭裏,也來這公館裏賣過東西麽?

我們先頭裏,没來這公館裏賣過東西。

這對瓶,我嫌他太大,你可以拿回去罷。
是,我失陪了您納。
你回去了。

第八章

你們老爺在家裏了麽?
是,在家裏了。
你進去告訴你們老爺,就提我在後門住,姓徐,來見你們老爺有話説。
是。
我們老爺請您進來,到書房裏坐。
老弟久違。
彼此,彼此。
這一向倒好啊?
好啊您納。您倒好?
託福,託福。
老弟偺們這一向没見,是上甚麽地方去了麽?
可不是麽,我是出了盪外。
上甚麽地方去了?
出口收租子去了。
是了。
大哥,我今兒個特意來,和您商量一件事。
是甚麽事情?
我有個朋友,他在京西住家。他有幾頃地,有一處果木園子、一處菜園子。因爲他現在等錢用,託我把他這地畝、園子給他典出去,所以我來問問您納。若是您願意典過來,我可以給您辦辦。
這個地畝,現在是他自己種着哪,還是有佃户種着呢?
是他自己種着了。
他打算典多少銀子呢?

他打算要典一千兩銀子。

他若是打算典一千兩銀子,我怕是湊不出那麽些個來。

那麽您可以湊得出多少來呢?

若湊個六七百兩銀子還可以行。

那層您等我回去,和他商量去罷。

可是,他打算典多少年呢?

這層我也問他來着,他説是不用寫典多少年,就寫錢到回贖就得了。

不寫典多少年,總不大妥當。因爲這幾年,我若是放下外任來,我就得用這個銀子,所以總還是説明白了典幾年纔好哪。

是,那我還可以和他商量。您約摸,您大概還得幾年,可以放下外任來呀?

我約摸着還得過個五六年罷。

我想和他商量寫五六年,他也没甚麽不願意的。

還有那地契,您都看見了麽?

我都看見了。

是幾張紅契、幾張白契?

兩張紅契、兩張白契。

那麽您就回去,和他商量去罷。他若是願意就這銀數兒辦,願意寫五六年,偺們就辦。

趕這事定妥的時候,您還得先照回地去哪。

那層是這麽着,您若是肯出切實的保,保這事决不錯的,那我就不必先照地去了。

這事是决不錯的,那我可以落切實的保。

即是這麽着,那我就憑您一句話了。趕偺們把事情都辦完了之後,我再同他到地裏看一看去就得了。

第九章

回稟老爺,大恒布舖的徐掌櫃的來了,説是要見您有話説。

你出去請進來,讓在客廳裏坐。

是,我們老爺請您到客廳裏坐哪。
徐掌櫃的,您怎麽這麽閒在呀?
我是來找您説句話。
是,您請坐。
您坐下。您這幾天没出門麽?
没有,因爲我這幾天,有點兒不舒坦,所以没出去。
現在倒大好了?
是,大好了。
我來找您,是和您借一項銀子。
是用多少呢?
總得五百兩銀子。
是又買着甚麽俏貨了麽?
不是,是因爲我倒過一個舖子來。
倒過一個甚麽舖子來呢?
倒過一個錢舖來。
是幾間門面?
兩間門面。
在甚麽地方兒?
在偺們[①]這城外頭,八寶街路西裏。
原先是誰的舖子?
原先是一個南邊人的舖子。
怎麽是關了之後,纔倒的麽?
没關,是因爲那舖子的東家是候選知縣,新近選上了,他得出去作官去,他又没有弟兄本家,可以照應買賣,所以得倒出去。
您是多少銀子倒過來的?
一千銀的倒價。
連傢俱都在其内麽?
是,連傢俱一包在内。

① 們:原作"門"。

倒價都給完了麽?

是,都給完了。

那麽您現在就是用銀子作買賣了?

不錯,我手裏現在還有五百兩銀子,不彀週轉的,還得有五百兩銀子纔行哪。

是,我可以借給您五百兩銀子就是了。

費心,費心。您可以作項怎麽個利息?

這是甚麽話呢! 偺們這樣兒的交情,您用這點兒銀子,還提甚麽利錢哪! 您若是給利錢,我就不借了。

是了,那麽我從命了。

豈敢,那個錢舖原來是甚麽字號?

原字號是"德合"。

您倒過來還改字號麽?

是,改字號。

打算改甚麽字號呢?

打算改"裕成"字號。您想好不好?

這個字號很好。這錢行的買賣,您也通達麽?

那錢行的買賣,我不通行。我們舍姪學的是錢行,我打算把他安置在那舖子裏了事。

這倒很妥當。打算多偺開市呀?

總得下月初間纔能開市哪。

等開市,我過去給您道喜去。

不敢當。我也要回去了。

您忙甚麽了,再坐一坐兒罷。

不咖了,我舖子裏還有事哪!

那項銀子明天晚上,我給您送到舖子裏去罷。

就是,就是。

您回去了。

您請進去罷。

第十章

回稟老爺,劉木匠來了要見您。

叫他進來。

劉師傅,我們老爺叫你進去哪。

老爺,您好啊?

好啊,你好啊?

好啊您納。

怎麼這程子我總没見你呀[①]?

我是回了一盪家。

幹甚麼回家去了?

回家收莊稼去了。

今年你們那兒年頭兒怎麼樣?

穀八成年紀呀。

你種着有多少畝地呀?

我種着有一頃多地。

今年打了有多少石糧食啊?

今年打了有一百石糧食。

你這回來應着甚麼活了没有?

還没應着活了。我今兒來見您,是因爲有一處活我要應,就是没有薦主,我打算求您,給我舉薦舉薦。

你要應那兒的活呀?

西城江老爺那兒,不是要蓋房了麽,我打算要應那個活。

我聽見説,江老爺找了好幾個人看過了,可不知道有人應妥了没有。

不錯,我聽見説,有三個人看過了,有倆要了八千兩銀子,有一個要了七千五百兩銀子。江老爺都不願意,所以都還没定規了。

---

① 呀:原作"咊"。

那麽若是你包那個活，自然總比别人便宜點兒啊。

那是自然的。我若是包那個活，不但比别人便宜幾百兩銀子，工程準還要堅固，一點兒也不能含糊。

我給你説説那倒容易。可有一層，我聽見説，江老爺的意思，打算説定規了之後，立合同的時候，先給一半兒銀子，下剩那一半兒銀子，總得等完了活纔能給呢。你可以先墊辦的起麽？

是，我也知道是先領一半兒銀子。我也打算了打算，可以墊辦的了。因爲我有個朋友開着個甎瓦窑，用多少甎瓦，他都可以供，不用給現錢，趕完了活再給錢，很可以行。還有我的個小舅子，現在開着個木廠子，他存着的木料很多，我可以隨便用，也不用先給錢。我領這一半兒銀子，不過是預備着買石頭、買灰、開發大家的工錢。算了一算，也不差甚麽彀了。

既是這麽樣很好了。趕明天我就見江老爺去，給你説説。

那麽費老爺的心罷。我多喒來聽老爺的信哪？

你後兒來聽信罷。

是了，那麽我回去了。

你回去了。

第十一章

老弟是甚麽時候來的？

我先來過一盪了，聽説是您没在家，這麽着我又上别處去了，這剛纔我回來，聽他們説您還没回來了，所以我在這兒竟等着您回來哪。

那麽叫老弟受等。

好説您納。您是上那兒去了一盪？

我是出城去，到莊稼地裏看了看。

現在的莊稼所都長起來了罷？

是，都長起來了。

那麽今年秋收有望了。

按着脚下看，今年準可以豐收的。

您到莊稼地裏,看見他們種地的做活了麽?

是,我去的時候,他們正在地裏鋤地了。趕晌午的時候,他們就都回去吃晌飯去了。這麽着我就找了一棵大樹,在樹底下涼快了半天,瞧了會子放牛放羊的。趕涼快彀了,我這纔趲達着回來了。

您倒真是會高樂的。

甚麽會高樂呀!不過是在家裏坐着,也是悶得慌,睡晌覺起來,也是不舒服,莫若出去趲達趲達倒好。

你這倒也是養身之法。

那兒的話呢。老弟今兒到舍下來,是有甚麽話説麽?

大哥,我來是有件爲難的事,要求您替我辦辦。

是甚麽事情?

是因爲我兄弟現在忽然要分家。

你們弟兄們素日不是很和睦麽?怎麽他忽然想起要分家來呢?

我也不知道是甚麽緣故,我想他大概是受了人的挑唆了,所以纔要和我分家。

莫非偺們這些親友裏頭,誰還能離間你們弟兄麽?

偺們這些親友裏頭,自然誰也不能挑唆他分家呀!我知道,他近來交了幾個新朋友,都不是很好的人,我想必是他們挑唆的。

那麽您來找我,打算是怎麽個辦法呢?

我來是因爲我兄弟素日和您對勁,我打算求您這幾天,把他找到您家裏來,勸勸他,總是能叫他不分家纔好哪。

我把他找來勸勸他,那倒没甚麽不行的。可有一層,我們倆平常雖然對勁,無奈令弟的那個左皮氣,我也不敢保他準聽我的話。儻或他不聽勸,又該當怎麽辦呢?

他若實在不聽勸,那没法子,只可由着他分家就是了。

若是他一定要分家,您打算是怎麽個分法呢?

我們的房産是兩處住房、兩處舖面房。西城那處住房,和城外頭那處舖面房,那兩處的房契,全都在外頭押着了。現在就是我們住着的這處房,和我們舖子那個房子,這兩處的房契没押,我可以分給他這兩處房産就是了。其餘我們家裏的傢俱東西,他愛甚麽,都可以拿了去,我決没甚麽不願意的。

您這麽辦，是公道極了，親友們決不能有甚麽議論您的了。

第十二章

老兄，怎麽這程子，我總沒見您哪？
我回家收莊稼去了。
今年收成的怎麽樣哪？
今年收成的還算好啊。
您種着有多少地呀？
我的地不多，纔一頃多地。
今年您打了多少石糧食啊？
打了有一百多石糧食。
那麽今年您打的糧食比去年多？
是，去年纔打了六十石糧食，今年比去年多打着有四十多石糧食了。
您去了日子不少了罷？
可不是麽，我去了有倆多月了。
怎麽您這盪回家去了這麽些日子呢？
我是和人打了一場官司，又賣了一回地。
您是和誰打官司來着？
是和我們一個地鄰打官司來着。
是爲甚麽事情？

是因爲我有十幾畝窪地，每年夏天一下大雨就淹了，所以這幾年，我也没種，竟荒着了。我那個地緊挨着一個姓于的地畝，這幾年我不是没種那個地麽，可就叫那個姓于的零碎佔了有幾畝地去。我常在外頭，所以也不知道這個事。趕我這盪回去，聽見我們長工説，我就親自到地裏去一查，可不是叫他佔了我的地去了麽！這麽着我就找那個姓于的去，問他這件事。他一定不認，我可就到衙門去，把他告下來了。趕知縣查明白了，就叫他把佔去我的地，都給我退出來了。這麽着我就都把他賣出去了。

是了，像您每年打的這個糧食，都是留着自己吃啊，還是賣呢？

不是都留着自己吃。我們家裏也就是留個三四十石糧食,下賸的就都賣了。

您的糧食都是賣在甚麼地方啊?

離我們住的那個地方有幾里地,有個大鎮店,每五天一集。我們都是拿牲口駝上糧食,到那個鎮店上賣去。

到了鎮店上,是賣給糧食店哪,還是賣給客人呢?

都是賣給客人的時候多。

是您自己賣給客人麽?

不是,都是經紀給賣。

那經紀都是奉官的麽?

是奉官的,他們都得有官給的牙帖,纔能當經紀了。

賣糧食用的斛斗,那也都是官定的麽?

是,那都是官定的。

那麽那經紀挣的,都是甚麽錢呢?

那經紀就是得用錢。

那糧食的行情,是經紀定麽?

不是經紀定。

是誰定呢?

没人定,大概是這麽着,若是這天糧食來的多,自然行市往下落。若是這天糧食來的少,自然行市往上長。這是一定的理,並不是有人先定出一個行市來。

是了,您這麽説,我就明白了,

第十三章

老弟,我來是問你一件事情。

您是問甚麽事情?

你西山裏,不是有一處果木園子麽?

不錯,是有一處果木園子。

是多少畝地的園子啊?

五十多畝地的園子。

每年你那園子是自己收果子賣呀,還是把樹包給别人呢?

前些年,我都是自己收果子賣。這幾年,我可是把樹包給别人。

你都是包給誰呢?

我都是包給海淀、順義雜貨舖。

我今兒個來見你,是因爲我有個相好的,他現時在西城開了一個乾果子舖,他再三的求我,給他辦這包果子的事情。我知道你有果木園子,所以我來問問你,若是你願意過年把樹包給他,我可以給你們拉這縴。

他若是願意包,那也没甚麼不行的。

他還叫我問問這包果子,都是怎麼個規矩。

那麼您這個相好的,他是外行麼?

可不是麼! 他本是外行,他這是頭一回作這果行的買賣。

那包果子,也没有多規矩,就是結果子的時候,我同他到園子裏看一看,然後就商量包價是多少。趕説妥了,把銀子給了,這一年的果子就是他的了。

趕包妥之後,還得有個看果子的了罷?

那是自然的,總得找一個人,黑下白日在園子裏看着纔行哪。

這個看園子的,是偺們給他找啊,還是他各人找呢?

那是隨他。若是他託偺們給他找,偺們就給他找;若是他願意他自己找也使得。

那看園子的人,不至于偷果子賣呀?

那是這麼着,若我給他找的人,那自然我得下保。若是有偷果子賣的事情,有我一面承管了。

那看園子的,每月就是給他工錢,没别的麼?

是,就是給他工錢。不過還有那搭窩棚用的席、木板、繩子、杆子,這些個東西,都是包果子的給他買。趕後來拆窩棚的時候,可也是那包果子的把這些個東西拿回去。

那麼若是樹上掉下果子來,該當怎麼樣呢?

若是平常掉下來的果子不多,那就在地下擱着,等包果子的多喒去了,告訴他就是了。若是偶然遭大風,或是遭雹子,掉下來的果子太多了,那個看園子的應當趕緊的去，告訴那個包果子的，叫他好去收那掉下來的果子。

是了，我回去就照着你所説的這話，告訴我那相好的。等他有甚麽話，我再來見你罷。

就這麽樣罷。

第十四章

劉才。

喳。

書房裏那架坐鐘不走了，你回頭到祥盛鐘表舖，把許掌櫃的請來，給收拾收拾。

是了。

辛苦衆位。

您來了，您請坐。

我們老爺打發我來，請許掌櫃的到宅裏，有一架坐鐘，給收拾收拾。

您在那宅裏？

我在富宅裏。

是棉花胡同富宅麽？

不錯，是棉花胡同富宅。

您貴姓？

我賤姓劉，未領教您納。

我賤姓許。

啊，您就是許掌櫃的，您照應點兒罷。

彼此彼此。

您那宅裏，還是那位姓朱的管事麽？

不是，換了人了。

換了那位了？

換了一位姓范的。

怎麽，那位姓朱的擱下了麽？

可不是麼,散了。

是爲甚麼散的?

是因爲病散的。

是得了甚麼病了?

他本來是個弱身子,又吃烟。今年他忽然一忌烟,烟也没斷成,可就得了病了,一天比一天重,後來簡直的成了癆病了,甚麼都不能幹了。這麼着他就把事情辭了,回家養病去了。

是了。可是您知道,是竟收拾鐘啊,是還收拾表呢?

我們老爺就説是收拾鐘,可没提還收拾表。到底據我想,您把收拾表的傢伙帶上,萬一收拾表了也不定。

那麼偺們這就走罷。

掌櫃的,您先請在書房裏坐一坐,我進裏頭告訴我們老爺去。

是了。

許掌櫃的,這一向好啊?

好啊,富老爺倒好?

好啊您納。買賣好啊?

托您福,倒還好。

現在打夜作了麼?

是,打夜作了。

現在舖子裏幾位夥計?

脚下是四個夥計。

幾個徒弟?

倆徒弟。

都可以上案子做活了麼?

有一個可以上案子做活了,那個是新來的,還不行哪。

您見天也在舖子裏做活麼?

我是不能整工夫在舖子裏做活,總是在外頭辦事的時候多。

脚下您那舖子裏,每月做多少錢的手工啊?

現在每月,也就是做個四百來吊錢的手工。

四百多吊錢的手工,也就算不少了。

不過算可以的就是了,到底比上從先可差多了。

先頭裏,每月可以做多少錢的手工呢?

早先每月總做七百吊錢的手工。

敢情先頭裏,每月做這麽些個手工哪。

是,那個時候,每月總有這麽些個。

今兒個我請您來,給瞧瞧這架坐鐘,是怎麽個緣故不走了。

我瞧瞧,這個鐘是鏇子折了。

那麽得換一根新鏇子了罷?

不用換新的了,我把這根鏇子拿到舖子去釘上,再拿回來安上就得了。

那麽更好了,您請喝茶罷。

您喝罷。

我請問您納,像您這貴行都是學幾年哪?

我們敝行都是學六年。

是還得寫個字據麽?

是得寫一張字據。

這張字據是徒弟剛一上舖子就寫麽?

不是,先得瞧一年,若是徒弟好,纔寫字據哪。

那麽趕他學滿了之後,是還在本舖子裏要手藝啊,是就上別處要手藝去呢?

那都是隨他的便。若是他還願意在本舖子裏要手藝,也是給他開出工錢來,按着夥計一個樣。若是他不願意在本舖子裏要手藝,願意上別處當夥計去,也使得。

那就是了。還有上回,我託您給買一個醒鐘,您給買了没有?

是,我在這城裏頭,各舖子裏,都給您找了,没有。新近有我們一個同行的人,下天津買貨去,我已經託他到洋行裏給您找一找。若是有,他回來的時候,就給您帶來了。

那實在費心的很了。

那兒的話呢!我也該回去了,偺們改天見罷。

您回去了,累肯您納。

好說好說。

第十五章

老弟是解家裏來麽?

喳,是解家裏來。

怎麽這幾天我没見你呀,是幹甚麽來着?

我是出外打圍去了。

是同誰去的?

是同着我們一個街坊去的。

是上那兒打圍去了?

上東山打圍去了。

多喒回來的?

昨兒晚上回來的。

打了些個甚麽野牲口來?

打了些個野雞、野猫,還打了個野猪。

那麽你們這盪圍打的不錯呀。

不錯可是不錯,到底受的累也不輕。

受了甚麽累了?

我們倆人是一個人騎着一匹馬去的。趕到了離東山還有幾里地,有個鎮店,我們可就在那個鎮店上,找了個店住下了。趕第二天,我們就在店裏吃完了飯,把那兩匹馬寄放在店裏了,我們倆就揹着槍,趨達着上山去了。趕到了山上,我們先是竟打了些個野雞、野猫。趕天有平西的時候,忽然跑來了個野猪,我們倆就拿槍一打,可就打死了。那個地方又雇不出人來抬那個野猪,這麽着我們倆人就把那個野猪拉回店裏去了。趕回來的時候,我們就用一匹馬馱着野猪,我們倆人換替着騎那一匹馬,趕到了家,就累的動不得了。您説受的這個累還輕麽?

你們雖然受了些個累,到底還打著野牲口了。我們有個親戚,前幾天打圍去了,不但没打著甚麽,倒把他的一匹馬丢了。

怎麽打圍去會把馬丢了呢?

他告訴我説,他騎着一匹馬,上北山打圍去了。他把他的那匹馬就拴在山底下一棵樹上了,他就揁着槍,上山找野牲口去了。他找了半天,連一個野牲口也没找著,這麼着他就下山來了。趕到了山底下一瞧,他的那匹馬没了。這個工夫兒,天忽然下起雪來了,他就頂着雪,各處找了會子,也没有。這個時候,天也就黑上來了,他就找了一個破廟,將就着住了一夜。趕到第二天早起,他就覺着身上很不舒服。他没法子,就扎挣着到衙門裏去報了官。那個官把他丢馬的緣故都問明白了,可就和他説:"我這就派差,到各處給你找馬去。若是這本地人偷了你的馬去,終久總找的著。若是過路的人把你的馬偷了去了,那可就難找了。你先回家去就是了。"這麼着他就雇了一匹驢回來了。到了家病更利害了,到如今還没好了。你瞧他這運氣,有多麼背呀!

第十六章

兄台,您没聽見説,偺們那個朋友馮子園死了麼?

我没聽見説呀,他是多喒死的?

今兒早起有人説,他是昨兒晚上死的。

你知道他是甚麼病死的麼?

我聽見説,他不是好死的。

是怎麼死的?

説是吞烟死的。

他爲甚麼吞烟死了呢?

我聽見説是這麼件事。他有一個朋友,是外鄉人,去年到京裏來,有幾千兩銀子交給他收着,那個人可就回家去了。趕到今年,那個人又上京來了,可就和他要那幾千兩銀子,子園就不認了。這麼着那個人到衙門去,就把他告下來了。趕官把子園傳到衙門去一問,子園説,並没這麼件事,又説:"若是我存着他的銀子,必有個憑據。如今他一點兒憑據没有,這是他訛我了。"這麼着官就問那個人,有甚麼憑據没有。那個人説,因爲相好,當初並没立憑據。官説:"你既没有憑據,竟憑口説,我不能給你辦這個事。"這麼着就散了。那個人起那麼一氣,可就回家去了。到了家不多幾天,就弔死了。趕知縣去驗屍的時候，起死鬼套褲裏頭，翻出一張陰狀來，上頭寫的都是告子園的話。這麽着他聽見這個風聲不好，他一害怕，就呑烟死了。

你提這件事情，我想起來了，今年春天，我恍惚聽見人說，他和人打官司來着，巧了就是爲這件事。

光景就是這件事罷。

還有一件事，你管保不知道。在偺們①没認得他之先，他已經就作過一件屈心的事了。

作過一件甚麽屈心的事？

他先頭裏，不是開過一個錢鋪麽？

不錯，他是開過一個錢舖。

他開錢舖的時候，有一個外省的人，和他相好，就在他那舖子裏借住。後來那個人得了重病了，臨死的時候，可就和他說："我那箱子裏，有一千多兩銀子。偺們倆相好一場，我死之後，所有我那銀子和東西都求你給我寄回家裏去。"他當時就都答應了，趕那個人死之後，他就變了心了。他竟把東西給那個人寄回家去了，可就把那一千多兩銀子昧起來了。後來那個人家裏給他來信，問他死鬼留下銀子没有，他就寫了一封回信，告訴人家説，没留下銀子。趕後來他忽然得了一場病，他在家裏養病的時候，他舖子裏有一個夥計，就偷了他幾百兩銀子跑了。趕他病好了，就把買賣也收了。

您這都是聽誰説的？

我這都是聽有在他舖子裏學過買賣的一個徒弟説的。

像他先頭裏，既然做過一件屈心的事了，就該當悔改纔是的，怎麽後來又做這麽件屈心的事呢？到如今還是各人把各人的命要了。

你不知道，凡這宗没良心的人，大概都是這麽着，若是一見錢，立刻就把天理報應，全都忘在九霄雲外去了。他現在呑烟死了，這簡直的就是遭了報了。

① 們：原作"門"。

第十七章

老兄,剛纔那個姓馬的進來,找您是説甚麼話來着?

他説他現在要贖當,托我給他借幾十吊錢,另外還託我給他找個跟官的事情。

他託您這兩件事,您都應了麼?

是,我都應了。我這麼告訴他的,我説:“現在我手底下没錢,等我上别處給你借去。若是借著了,你就使唤。若是借不着,你再另打主意就是了。至於説找事這層,等底下有跟官的事,我必給你舉薦。”

依我勸您,他託的這兩件事,您都别給他管。

怎麼?

您若是給他借錢,他一定不還您。

你怎麼知道他一定不還我呢?

他向來借人家的錢都没還過,所以我知道他如今借您的錢,將來也是一定不還您。

我想這幾十吊錢,他不至於不還我。

别説[1]幾十吊錢,就是幾吊錢,他也是不還。况且他借這個錢,也不是真拿去贖當。

他不是拿去贖當,是拿去幹甚麼呢?

他是拿去耍去。

怎麼,他還耍錢麼?

他最愛耍錢,他整天家竟在寳局上。

他家裏都是有甚麼人哪?

他母親早死了,現在就是他父親還活着了。

他没有弟兄姐妹麼?

他没有哥哥,也没有兄弟,就有一個姐姐,早就出了門子了。

---

① 説:原作“的”,據《官話指南》(吴啓太、鄭永邦著,楊龍太郎出版,1903年)改。

他還没成家了麽?

他没成家了。

他父親有多大年紀了?

他父親今年總有七十多了。

是個做甚麽的?

是木作的手藝,先頭裏開過一個小木廠子,後來也關了。如今是竟仗着給人家做活,挣錢來過日子。

他這個人會幹甚麽呀?

他任甚麽都不會幹,就會花錢。

他没學過買賣麽?

他學過一回買賣。

他學過甚麽買賣?

他在一個藥舖裏學過買賣,去了有一個月,掌櫃的就不要他了。

是爲甚麽不要他了?

是因爲他又饞又懶,不守舖規,所以就不要他了。

那麽他後來没作别的事麽?

他後來又跟過一回官。

跟過甚麽官?

那一年,有一個外任的官,進京引見來了,住在城外頭會館裏了。有人把他舉薦了去當跟班的。那個官見天叫他出去,給買古玩玉器各様兒的東西,他就撒開了一賺錢,倆月的工夫,他就賺了有幾百兩銀子。後來那個官知道他這個毛病了,可就把他辭了。現在那幾百兩銀子,巧了是都花完了,所以纔來找您給借錢。依我勸您,也别給他借錢,也别給他找事。您若是給他借錢,他必不還您。若是給他找事,他必不能給您作臉,索性不管他的事倒好。

那麽據你這麽説,將來他父親死了,他可就要糟了。

我早給他斷就了,他父親死之後,他一定抱沙鍋。

那麽他託我的那兩件事,我怎麽回復他呢?

您就告訴他,錢是借不出來,找事是没有,就得了嗎!

這麽着,我就照您這話告訴他,免得他指著[1]了。

第十八章

李起!

喳!

你把這套書給琉璃廠寶文堂書舖裏送了去,告訴俞掌櫃的説,叫他給配一個書套。還有這個單子也交給他,叫他按著這個單子上所開的書,每一部[2]都先拿一套,交給你帶回來我看看。

是,老爺若没甚麽别的事,我現在就去罷。

我没别的事,你這就去罷。

辛苦衆位,俞掌櫃的在舖子裏了麽?

是,在裏頭了,您請進來坐罷。

辛苦俞掌櫃的。

李爺,您起宅裏來麽?

是,起宅裏來。

您來是有甚麽事麽?

可不是麽,我們老爺打發我拿這套書來,叫您給配個套。這兒還有一個單子,您瞧瞧,我們老爺説,叫您按着這個單子上所開的書,每一部交給我拿回一套去先看看。

這個書套我們給配一個就是了。這個單子上所開的書,我們這舖子裏就有兩部,下餘的那幾部,我還得上别處找去。

那麽您就先把舖子所有的這兩部,交給我帶回去,下餘的那幾部,您上别處給找找去,過幾天我再上您這兒取來罷。

我想您不用上這兒取來了,趕過幾天,若是我找著了,我就親自給送到宅裏去罷。

---

① 指著:期盼,盼望。

② 底本無“部”字,據《官話指南》(吴啓太、鄭永邦著,楊龍太郎出版,1903年)補。

那更好了。

這兩套書給您包好了。

那麽我先陪了。

您回去了。

回老爺知道,那套書我交給俞掌櫃的了,告訴他給配個套了。您要的那幾部書,他們那舖子裏就有兩部,叫我先把那兩部拿了兩套來,給您看看。下餘的那幾部,俞掌櫃的得上别處找找去。趕過幾天,他若是找著了,他親身給您送來。

是了,你先把這兩套書擱在書槅子上去罷。

辛苦李爺。

俞掌櫃的,您纔進城麽?

可不是麽,纔進城。

您這拿來的都是甚麽書啊?

這就是上回老爺叫找的那幾部書,我都找著了,拿來了。

我們老爺下天津去了。

多喒走的?

昨兒早起起的身。

是有官差去的麽?

不是官差,是辦自己私事去了。

得去多少日子?

連來帶去,總得十天罷。

那麽我拿來的這書怎麽樣呢?

我們老爺留下話了,説是若是您拿了書來,就先留下罷。

那麽您瞧,這是六套書,那個原單子上開的是八部,上回您拿了兩套來,我今兒個每一部,又拿了一套來,前後共總拿八套書來。還有這個單子,也託您交給老爺,所有這幾部書的價值,都在這個單子上寫着了。

是了。還有配套的那套書,您給配得了没有?

配得了,我今兒個忘了帶來了,等底下我再來的時候給帶來罷。

那就是了。

您想我可以多喒來好呢?

我算計着,我們老爺總得月底纔能囘來了。這麼着罷,趕我們老爺囘來的時候,我出城請您去罷。

那倒不用勞動您納,我月底月初,還有别的事進城來了,我可以順便到這兒來,打聽打聽就得了。

那麼也好。

那麼我失陪了。

您囘去了。

偺們過幾天見。

第十九章

老兄,怎麼我來找您好幾盪,您都没在家,您是忙甚麼了?

我是給人説合事情了。

您是給人説合甚麼事情來着,告訴得我,告訴不得?

没甚麼告訴不得的。是我們舍親認得的一個朋友,和人打了官司了,我們親戚託我出去,給他們説合説合。

是爲銀錢賬目的事情麼?

不是銀錢賬目,是爲買貨的事。

爲買貨,怎麼會打了官司了呢?

是這麼件事。我們這個親戚認得的這個朋友姓沈,他是在保定府開着個大洋貨舖,字號是“信義”。他今年夏天到這兒來的,就住在這東關外頭福盛店裏了。在偺們這大東街,泰和洋貨棧裏,批了六十包洋布。批單上寫明白的,是倆月交貨。趕到上月就到了日子了,沈掌櫃的就到泰和棧去,問貨到了没有,他們説還没到了。這麼着沈掌櫃的又等了些日子,又去打聽,貨還没來了。趕到前幾天,沈掌櫃的到西街棧房裏,有别的事情去了。聽見説新近有一個客人,買妥了泰和棧裏的六十包洋布,是起一個姓王的經紀手裏買的。聽那個客人買的那個價值比沈掌櫃的原定的價值貴,銀子可還没兑了,貨也還没起哪。沈掌櫃的一想,這一定是他定的那六十包洋布,泰和棧如今是貪多賺錢,又轉賣給别人了,心裏可就氣的了不得。這麼着他這天晚上,就到泰和棧裏問這件事情去了。泰和棧不認,説是没這麽件事,後來沈掌櫃的指出那個王經紀來了,泰和棧没法子可就認了,説是下月還有六十包洋布來哪,叫沈掌櫃的等那六十包洋布來。沈掌櫃的不等,説是就要這現在有的那六十包洋布。泰和棧不肯給,説是若實在不能等那六十包洋布,只可把原給的定銀退回去,把批單一燒,就算没這麽件事了。沈掌櫃的不答應,説是竟退定銀不行,還得包賠賺利纔行哪。泰和棧一定不肯認包賠賺利。這麽着沈掌櫃的就寫了一張呈詞,粘連那張批單,在縣裹就把泰和棧告下來了。前兒個知縣過堂,把他們兩造大概問了一問,就吩咐叫他們下去,找人先説合。若是説合不了,再補一張呈詞再問就是了。這麽着我們親戚找我幫着他出去,給他們説合。昨天晚上,算是纔給他們都説合完了。

您怎麽給他們説合完了的呢?

我們給他們這麽説合的,還是叫泰和棧先把這現在有的那六十包洋布給沈掌櫃的,叫他們和那個客人説,等下月那六十包洋布到了,再給那個客人就是了,這麽着大家都答應了。昨兒個晚上,把貨也起了去了,銀子也兑了,就等明兒個沈掌櫃的,在縣裹遞一張和息呈詞就結了。

第二十章

兄台,您這是解舖子來麽?

不是,我是到天盛當舖封貨去了,纔回來。

您用過飯了麽?

我吃過了。

您若是没吃飯,我可以叫廚子給您快預備飯。

我真吃了,我是同着一位相好的在外頭吃的。

那就是了。今兒個天盛當舖,貨多不多?

古玩玉器少,衣服、銅錫器多。

您都是封了些個甚麽貨?

我就封了倆表,没封别的。

我看封貨得便宜的少,總是上檔的多。

那也是碰運氣。若是走紅運的人,他去封貨,就許遇見俏貨。趕他封了,當舖就賣漏給他了,他就可以賺了好錢了。若是走背運的人,他一封貨就打眼。當舖本就當打了眼了,他又封打了眼了,不但不能賺錢,倒還得賠出好些個錢去。

您說的這話實在不錯。我們這舖子前幾年封了好幾回貨,没一回不賠錢的,所以現在不論那個當舖請,我們決不去封貨了。

我告訴你,去年有一個封貨得了便宜的。這個人是我們一個遠親,去年十月裏,西城恒順當舖,請他去封貨。他封了一個銅表,四兩銀子,當舖就賣給他了。趕他拿回家去一細瞧,敢情是個金表。後來他拾掇好了,賣了四十多兩,賺了有十倍利。這就是遇見俏貨,得了便宜了。

第二十一章

大哥,剛纔我到棧裏找您去了,夥計們說您上西街去了,所以我迎著頭找您來了,可巧就遇見了。您作甚麼這麼早上西街去了?

今兒早起火輪船到了,我們棧裏給一個客人雇小車子運行李來着,推小車子的給客人運錯了兩隻箱子,客人不答應了。夥計們没了主意了,打發人到家裏找我去了。我纔起來,聽見這個事情,我就趕緊的洗了臉,到棧裏見了客人一問。那個客人說,他姓陳,是福建人,在江蘇作官,如今是要上京去。今兒早起火輪船到了,他就下船,住在我們棧裏了。他就叫我們夥計,給他雇了倆小車子,叫他一個跟人帶着,到船上去,把行李起下來。趕把行李運到棧裏來了,他一瞧,他短了兩隻紅皮箱,這裏頭又有兩隻白皮箱不是他的,那白皮箱上寫着"徐子芹"三個字。他就問他那倆底下人,怎麼會運錯了兩隻箱子呢?那倆跟人說,不是他們的錯,他們倆人在船上歸着零碎東西來着,是那倆推小車子的,自己上船把箱子搬下來的,所以纔搬錯了。這麼着那個客人,就告訴我們棧裏的夥計,叫那倆推小車子的,快去把他那倆紅皮箱給找回來。那倆推小車子的去找了半天,也没找著。客人是所不答應,要定了箱子了。夥計們也都著了忙了,就趕緊的打發人找我去了。

您給那個客人找回那兩隻箱子來了麽?

是，我已經找著那位姓徐的客人了，姓陳的那兩隻紅皮箱，是在他那兒了。我現在回棧裏去，先雇一個小車子，把姓徐的那倆白皮箱給他推了去，把那倆紅皮箱就換回來了。

您怎麽找著那位姓徐的客人了？

我先在偺們那條街上，各棧裏都問了，並没有姓徐的客人。這麽着我就到了西街，挨着各棧一問，趕問到永利棧了，他們説是有一位姓徐的客人，是剛纔到的。這麽着我就進那個客人的屋裏去了，一問他的號，他説是叫子芹，我就把運錯了箱子的事情告訴他説了。他説："我的行李是纔運來的，還没查點了，等我現在一查點就知道了。"趕他一查點，可就説："是錯了兩隻箱子，我這兒短了兩隻白皮箱，多出兩隻紅皮箱來。"我一聽這話對了，這麽着我就和他説："回頭我就打發小車子，把您那兩隻箱子送來，您把這兩隻紅箱子，就交給他們帶回去就得了。"這麽着我就回來了。你這麽早忙着找我，是有甚麽要緊的事情麽？

因爲我們今兒個有點兒緊用項，找您摘給我們幾百塊錢用。

有，你跟我到棧裏取去罷。

第二十二章

老弟，我聽見説，你們那位令親王子泉被參了，是真的麽？

不錯，是真的。

你知道是爲甚麽事被的參？

我起去年就聽見説，他要被參，我還不很信，如今果然真被參了。前幾天我見了子泉他哥哥，據他説，是因爲兩案事壞的官。一案是前年秋天，縣城裏頭有一個錢舖被刦，搶了有幾百兩銀子贓去，他連一個賊也没拿著。那個時候撫台就出了參了，把他的頂戴摘了，給他幾個月的限，還留在任上，叫他趕緊的拿賊。趕到滿了限了，還是一個賊也没拿著。這麽着他又展了好幾回限，直展到去年冬天，那一夥子賊始終也没拿著。偏巧今年春天，縣城裏頭有一個人，半夜裏進了一個人家兒裏去，殺死了倆人，兇手逃跑了。又添上了這麽一件棄兇逃走的案，這麽着撫台就把他參革了。

那麽他現在已經離了任了麽?

是,已經離了任了,在省裏住着了。

他宦囊怎麽樣?

他有甚麽宦囊啊,他現在是兩袖清風。

他既是宦囊羞澁,何必還在省裏住着呢?

他倒願意囘來哪,就是一時囘不來。

怎麽囘不來呢?是没有盤費麽?

倒不是没有盤費,是因爲他革職之後,撫台派委員,到他衙門盤查倉庫去了,查出他虧短有四千多兩銀子的錢糧。委員問他怎麽會虧短了這麽些個錢糧呢?他認了是他挪用了。這麽着那個委員,就稟報撫台了。撫台就派員,把他寓所裏的東西都封了,把王子泉調到省裏去,給他倆月的限,叫他把虧短國家的這個錢糧都交還上。若是過了限期不交還,就要請旨,抄他京裏的家了。這麽着他急了,就寫了一封信,打發了他一個家人到京裏來見他哥哥,叫他哥哥不論怎麽想法子,趕緊的給他湊五千兩銀子,交給這個家人給他帶囘去。他哥哥見著這封信,著急的了不得,找我去了,託我把他城外頭那處鋪面房,給他賣了。這麽着我就趕緊的一給他賣。還算好,賣了五千兩銀子。前兒個他哥哥交給來的那個家人給他帶了去了。

那麽他若是把虧短的錢糧如數都交還上,他寓所裏封着的那個東西,怎麽樣呢?

趕他把這銀子交還之後,上司自然派官,到他寓所裏去啓封,就把東西照舊還給他了,那他也就可以囘來了。

第二十三章

大哥,我問您一件事。令友錢輔臣那個當舖,現在止當候贖了,是爲甚麽呀?

那個買賣不行了,快收了。

怎麽,聽説那個買賣不是很好麽,怎麽會不行了呢?

你止知其外,不知其内。當初他開那個當舖,並不是都是他自己的銀子。

他有一個親戚,是個作官的,有一萬多兩銀子,白借給他使喚,不要利錢,他自己不過有幾千兩銀子,就這麽把那個當舖開了。這幾年買賣倒很好,賺的錢也不少。趕到前年,他那個親戚放下知府來了,可就把那一萬多兩銀子要回去了。雖然撤出那一萬多兩銀子去,他那個買賣還可以支持得住。忽然他無故的想做洋藥的買賣,起初還不過買個一兩箱子洋藥賣,偏巧賺了錢了,膽子可就壯了。這麽着又買了七八箱子洋藥賣了,又賺了錢了,所以膽子更大了。趕到去年快封河的時候,有一個廣棧裏來了一百箱子烟土。他聽見説没有别的火輪船來了,他一想,他若是把那一百箱子烟土買下,留着冬天賣,必賺好錢。這麽着他就到了那個廣棧裏,和那個廣棧的掌櫃的一商量,願意把那一百箱子烟土都留下,倆月之後付銀子,那個廣東人也答應了。趕他買妥了,過了有兩三天,忽然又來了一隻火輪船,裝了有五六百箱子烟土來,這個行市就直往下這麽一掉,他没法子了,就趕緊的都賣出去了,賠了有好幾千兩銀子,可就把那個當舖也拉躺下了。這都是他放着穩當買賣不做,妄想發財,所以纔壞了事了。

大哥您看,獨做那洋藥買賣的,總没有長久富貴的,就是有起這上頭發了財的,也不過是眼前歡,不多幾年自然的就敗了。

那是一定的理,那本是損人利己的買賣,怎麽能長享富貴呢?

我們本鄉有一個恒原土局子,買賣很大,四遠馳名。那個東家姓郝,都是自己下天津,起洋行裏買貨,一回總買幾百箱子的貨,舖子裏總有幾十個夥計。這些年所發了財了,家裏蓋的房子很多,上下有百數多號人,騾馬成羣。這麽樣兒的財主,趕到去年,會一敗塗地了。我先還不知道是怎麽敗的這麽快,趕後來我細一打聽,纔知道敢情是這幾年買賣發了財了,東家所不上舖子了,竟在家裏納福,也老没算大賬。舖子裏那些個夥計們,見天黑下往外偷烟土,東家是一概不知道。趕到去年,還是姓郝的有倆朋友,知道他舖子裏有了毛病了,可就叫他上舖子算賬盤貨去。這麽着他纔到了舖子裏一算賬,虧空有好幾萬兩銀子,又一盤貨,剩了不過有幾箱子土了。他就問夥計們,賬怎麽虧空的,貨怎麽短的,那些個夥計們都説不知道。這麽着他没法子了,就把房子、牲口都賣了,算是把該洋行的銀子都歸上了,然後把舖子也關了。他起那麽一口氣,得了一場病就死了。家裏底下人們也都散了,就剩了他們本家的人了,脚下是吃一頓挨一頓,這麽樣兒的苦法。您瞧,這都是賣洋藥的收場。

第二十四章

老弟，你是多喒回來的？

我是新近回來的。

你這是解江西回來麽？

不是，我是起江蘇回來。

你當初不是上江西去了麽，怎麽如今是解江蘇回來呢？

我是原本上江西去了，後來又到蘇州去了。

你這幾年在外頭，事情怎麽樣？

在江西那幾年，事情倒很好，就起到了蘇州之後，事情就所不順了。

你既在江西很好，作甚麽又到蘇州去呢？

因爲我們那位舊居停，去年調任雲南了，打算要邀我一同去。我是嫌路太遠，不願意去，打算要回京來。他勸我不叫我回來，他説他有一位同年的，在蘇州是候補道，姓和，他要把我舉薦到那兒去辦書啟，我也願意去。這麽着他就寫了一封薦信，打發我到蘇州去了。趕我到了蘇州，纔知道和公那兒，還有兩位師爺了。那倆人都是浙江人，見我去了都很欺生，我是諸事掣肘。他們倆人若是打起鄉談來，我是連一句也不懂得。若是偶然我問他們一件事，他們都和我粧不知道，不肯告訴我。就連出去走走逛逛，他們倆都撂着我。我看他們那光景是過於咬羣。我一想，我們若是再往下混，可就要生分了，這麽着我就辭了館回來了。

那位和公待你怎麽樣？

那位和公待我倒還罷了得。就是這回我辭館的時候，他還問我，是爲甚麽緣故辭館。我也不便提我和同人不合，我就説，我京裏有件要緊的事，得回去一盪。他還説，若是我到京辦完了事，還請我回去哪。

那麽你這盪回來，還打算出外去不出外去呢？

我這盪回來，原打算是要考供事。著比若是考上了，我就要在京裏當差，不出外去了。趕我到京裏一打聽，已經考過去了。現在我的意思是這麽着，若是有合宜的事，我就可以出去，若没有相當的事，我就先在京裏就是了。

現在可有個出外的事，不知道你願意就，不願意就？

是怎麽個事情呢？

我有個至好的朋友，他新近放下山西太原府遺缺知府來了。前兩天他託我給請一位書啟師爺，我現在意中也是没人可薦。如今你回來了，若是願意就，我可以給你舉薦舉薦。

此公怎麽稱呼？

他姓常，號叫春圃。

是在旗麽？

不錯，是旗人。

他那個人怎麽樣？

是個極忠厚、極和平的人。

既是這麽着，您就給我説説罷。

束脩這層，你打算怎麽樣？

那層倒好説，您給作項就是了。只要人對勁，錢多多少少的甚麽要緊。

他那個人，我管保你們倆人準可以對勁。那麽明兒個我就見他，給你説去。

費心費心。

好説好説。

可是您現在没當甚麽差使麽？

没有。我就起那年告病回來，到如今舊病還是時常的犯，怎麽能當差呢？

那麽您見天在家裏作甚麽呢？

好天的時候，可以找朋友去談一談。颳風下雨的時候，就是在家裏看書。

那麽您倒是很清閒哪。

甚麽清閒哪，不過是虚度歲月就是了。

第二十五章

老弟，我告訴你一件可笑的事。

甚麽可笑的事？

月裏頭有一天夜裏頭，有三更多天，我剛睡著，就聽見我們後頭院子裏，“咕咚”的一聲跳進一個人來，把我嚇醒了。我當是有了賊了，就趕緊的叫底下人們起來，快打着燈籠照照去。這麼着那幾個底下人們，聽見説有了人了，就都趕緊的起來，點上了燈籠，拿上了棍子，就往後頭院裏去了。這個工夫兒，我也起來了，開開了屋門，就往後頭院裏瞧去了。趕我到了後頭院裏，就聽見底下人們説，拿住了一個人，身上可穿的很體面，又不像個作賊的，又聽見那個人説：“你們别拉我，我的脚踒了很疼。我不是作賊的，我是避難的。”我聽見他説是避難的，我可就往前去一看，長得很體面的個年輕的人。我又一細瞧，認得他，是個念書的人。他姓蔣，在城外頭住。我們倆在城外頭一個古玩舖裏，遇見過兩回，彼此倒還很相得。這麼着我就叫倆底下人，攙着他趟了半天，可就好了，然後我就把他讓到書房裏去了。趕到了書房，他一瞧是我，臉上很不得勁。我就問他，是遇見甚麼事了。他説他是在我們房後頭寶局裏，要錢來着，忽然有一個官，帶着兵去抓局去了。他先跑出來了，因爲没地方藏，所以他就爬到墻上去，跳到這院裏來了。這麼着我勸了他半天，叫他後來改了，别要錢了。留他住了一夜，趕到天亮回去的。昨天他給我道謝來了，他告訴我説，他現在已經起下誓了，從此决不要錢了。

像這個人，能彀聽您一勸，他立刻就改過了，這就是個有志氣的。我先頭裏有一個相好的，他吃大烟。因爲我勸他忌烟，他倒惱了我了，不和我來往了。

你們這個相好的也真别致，怎麼你勸他忌烟，他倒惱了你了？

他那個人實在的是糊塗。他原先本不吃烟，後來是因爲他挨着一個吃烟的朋友，慢慢兒的可就吃上癮了。先吃的還不多，後來是一天比一天吃的多。到了去年，他臉上所帶了烟氣了，精神也不佳了。我看他那光景很不好，我就和他説：“依我勸你，把烟忌了罷，再要往下吃，可就怕不好了。我可以起上海，給你買忌烟藥來，見天你就按着那個方子吃藥，慢慢兒的自然就把烟斷了。”他聽我這話，就答應了一聲。這麼著我就託朋友，起上海買了好幾塊錢的忌烟藥來，給他送了去了。趕又過了些日子，我遇見他的底下人了，我就打聽他忌了烟了没有。他的跟人説，他並没吃那忌烟藥，現在烟吃的比先頭裏更多了。這還不要緊，後來我聽見，他在一個朋友家裏説，我多事無故的勸他忌烟，他很不喜歡。我給他送去的那忌烟藥，他也不敢吃，説是怕是裏頭有毒藥害他。這麼着那個朋友聽不過他這話了，就説他：“你説的這話不對。人家勸你忌烟，不是好意麽？人家和你又没仇，作甚麽拿毒藥害你呢？你説這話實在是不説理。"起那麽他連那個朋友也惱了。趕到今年年下，他也没給我拜年來，我知道他是和我絶了交了。您説像這樣兒的人性，天下還有麽？

第二十六章

老兄，我告訴您一件可氣的事。

甚麽可氣的事？

我認得那個相好的姓江的，他前幾天和别人夥同一氣，哄騙我好幾千吊錢去。

他怎麽會哄騙你這麽些個錢去呢？

那天他到我家去了，他説他認得一個人，脚下在家里弄局，約我去耍去，我就跟他去了。趕到了那家兒一瞧，有七八個人都坐在那兒耍哪。我連他們一個人也不認得，他這麽一給我引薦，他告訴我説，都不是外人，都是他認得的。這麽着我就坐下一耍，可赢了幾十吊錢，然後就散了。趕下回，我本打算不去耍去了，他一定約我去。我没法子，又去了一盪，可就輸了好幾百吊。他就和我説，不要緊，再去幾回，就可以赢他們幾千吊錢。我就信了他的話了，又跟他去了五六盪，又輸了四千多吊錢。他們把局也收了，見天總有兩三個人到我家裏去要賭賬。我找姓江的去，他藏起來不見我了。這麽着我當了兩箱子衣服，纔把賭賬還了。到了昨天，有一個朋友告訴我説，是那個姓江的，和那幾個人商量好了的哄騙我，您説可氣不可氣？

那個姓江的自然是可惡，到底也怨你自己不好。你若不跟他耍錢去，他也不能哄騙你。

這話也不錯。到底他既和我相好，又幫着别人賺我，他也太不是人行了！

你提起這設局誆騙來，我告訴你一件事。我們那本鄉地方，有一年有幾個本地的無賴子開了一個賭局，竟打算哄騙人。上了他們檔的人，可也不少了。並且都兇横的了不得，誰若是輸給他們錢，還不起他們，就得把房産地産折給他們，就這麽樣兒的不説理。我們本地有一個財主，人很聰明，待本地的人也很好，他聽見説了很有氣。這麽着這天晚上，他就坐着自己的車，到那個賭局去了。趕他進了那個賭局,見了那幾個無賴子,就提他是誰,特意到這兒要錢來了。大家聽說,都知道他是本地財主,可就喜歡的了不得。他們那幾個無賴子,就背地裏一商量說,他這乍來,偺們先叫他贏幾回錢去,後來他就肯來了。等着抽冷子一天,叫他輸個一萬八千的,偺們可就發了財了。趕都商量好了,就坐下了一耍,果然那個財主贏了,他們當時就把錢給了。後來那個財主又去了兩盪,又贏了,又給的是現錢。趕到這天晚上,那個財主又去了。就起定更天要起,直要到天快亮了,那個財主輸了有一萬多吊錢。趕到大天大亮了,那個財主就和他們說:"我先回家去,把錢給你們預備出來,趕到晌午,你們到我家裏取去就是了。"他們都答應了,那個財主就回去了。趕到晌午,他們就去了倆人,到那個財主家取錢去了。底下人回進去了,那個財主就把他們叫到書房裏去,就問他們倆:"你們是幹甚麼的,到我這兒來作甚麼?"那倆人說:"您怎麼不認得我們了?我們是在某處開賭局的,您忘了?您昨兒夜裏不是在我們那塊兒耍錢,輸了一萬多吊錢,叫我們現在取錢來麼?"那個財主聽這話,立刻就生了氣了,說:"你們倆别胡說,我一個財主,和你們無賴子耍錢,你們真是發昏了!你們打算訛我來,你們可是瞎了眼了。你們倆快走,是你們的便宜,不然我把你們倆送衙門,辦你們訛詐!"那倆人聽這話,嚇的也不敢言語了,就趕緊的跑回去了。

第二十七章

老弟,你是怎麼了,臉上這麼刷白的?

我是不舒坦了幾天。

是怎[①]麼不舒坦了?

我是給人管了件閒事,受了點兒氣,把肝氣的病勾起來了。

給誰管閒事來着?受了甚麼氣了?

上月偺們那個相好的温子山託我給他買地。我認得有一個京東的人姓孫,他有一頃多畝地要賣。這麼着我就把那個姓孫的帶了去,見了温子山。然

① 怎:原作"這",據《官話指南》(吴啓太、鄭永邦著,楊龍太郎出版,1903年)改。

後他們倆到了京東，把地都瞧了，回來就請我作中人，給他們説合價值。説妥了的是一千兩銀子，兩下裏都答應[1]了，就定規是大前兒個立字據過錢了。趕大前天我一早，和那個姓孫的，到温子山家裏去了。趕到了他家裏，他還没起來了，我們倆就在他書房裏，等了他半天，他這纔起來。趕他見了我們，他説那個地他不能買了。我們就問他，是怎麽不能買了。他説他湊了會子，不彀一千兩銀子。我們問他，湊了有多少銀子呢？他説他湊了有九百五十兩銀子。那個姓孫的聽這話就説，那麽九百五十兩銀子，就九百五十兩就是了。這麽著就立了字據，過了錢了，鬧得我好對不過那個姓孫的。他若是果然真湊不出那五十兩銀子來，那還倒情有可原。他那麽財主，别説是五十兩，就是五萬兩，也現成。我可恨他，他安心佔人家的便宜，叫我對不住人。趕我那天回到家裏去，越想越可氣，就因爲這個，勾起我的舊病來了，就不舒坦了。

你不知道，温子山他那個兄弟比他還可惡了。先頭裏他常和我夥辦買賣，凡經他手賣的貨，到了分賺賬的時候，他總短分給我這麽三千兩吊。他知道我也不好意思和他要，他嘴裏可老説："我這回短您是兩吊是三吊，過兩天我給您找補。"起那麽可就永遠不提了。趕擱得日子多了，我也忘了，這件事就算化了。他就這麽小取，那幾年我吃了總有幾百吊錢的虧。再若是論外頭交朋友走親戚的道理，他是一概不懂，他就是上炕認得女人，下炕認得錢，就這麽道人。去年他家裏辦白事，再三的求我，給約兩位朋友，在他家裏幫著他熬熬夜。我就請了兩位至好的朋友，去幫著他熬了五六夜。人家還是真盡心竭力的給他照應。趕辦完了事之後，他並没到人家裏給人道乏去。後來有一天，在街上遇見人家，他一低頭就過去了，簡直的没理人家。你瞧他這宗人性，有多麽可惡！近起來，我聽見説更好了，他在家裏放重利息錢了，誰借他的錢使唤，都是八分的利錢，外頭已經有了重利盤剥的名聲了。我早就看透了，他那個財主不久就敗。古人説的"刻薄成家，理無久享"，這是一定的理。

[1] 答應：原作"應答"。

第二十八章

老弟,我聽見説,你們令弟不是回來了麼,怎麼還没見他出來了?

他回來就病了。

是怎麼了?在道兒上受了熱了麼?

倒不是受了熱了,是受了點兒驚恐。

受了甚麼驚恐了?

是在船上遇見賊了。

你告訴我説,是怎麼遇見賊了?

他是和一個朋友搭幫回來,倆人帶著一個底下人,雇了一隻船。這天晚上,船灣在一個地方了。趕到夜静的時候,忽然起岸上來了十幾個賊,都拿著火把刀槍就上船上來了。拿刀把艙板砍開了,就進了艙裹頭去了,就拿著刀指著我們舍弟問,都是有甚麼東西。我們舍弟説:“我們的東西,都在這艙裹頭擺著了,别處没有了。”這麼著那羣賊,就把箱子和包袱、現錢,都拿了去了,就是把鋪蓋給留下了。幸虧我們舍弟身上,有一個銀兜子,裹頭裝着有十幾兩金子,還有幾十兩銀子没丢。趕到天亮了,他們到了一個馬頭上,我們舍弟就和那個朋友商量,打算下船起旱路走,那個朋友也很願意。這麼着他們就把鋪蓋搬下來了,到了馬頭上,雇了兩輛車,就起旱回來了。趕到了家,可就病了。請大夫來瞧,説他是驚嚇,夾着點兒時令。現在吃着藥了,還没好了。

第二十九章

老弟,你提你們令弟走路遇見賊了,我也想起一件事來,告訴你説。有一年,我們先伯同着一位朋友,上甘肅去,雇了兩輛車,帶着倆跟人,一個人坐着一輛車,就起了身了。有一天走到一個地方,那倆趕車的路都不熟,可就走岔了道了。直走到掌燈的時候,也找不著一個鎮店。大家很着急,没法子就這麼瞎走。趕走到快定更了,就走到了一座大樹林子裹,就看見樹林子那邊兒,露出一點兒燈光來。這麼着他們這倆車,就奔了那個燈光去了。趕臨近了一瞧,是個店,外頭掛着倆麵幌子,店門關着了,臨街是個窻户,裏頭可點著燈了。這麼著他們就叫開店門了,把車趕進去了。趕到了裏頭一瞧,冷冷清清,連一個客人也没有。這麼着他們就挑了三間屋子,把行李都搬進去了,然後就叫店家打洗臉水、沏茶、弄飯吃。我們先伯就見那幾個店家都那麼賊眉鼠眼的,心裏可就有點兒犯疑。趕吃完了飯了,那位朋友在炕上拾掇行李,這個工夫兒,就進來了一個店家沏茶。我們先伯就見他,不住的拿眼睛瞧炕上的行李。我們先伯看他這分光景更疑惑了,可不敢説,恐怕那位朋友知道害怕。趕喝完了茶,我們先伯就到後頭院裏出恭去了。趕他納到了後頭院裏一瞧,有三間屋子,一間是茅房,那兩間是堆草料的屋子。趕我們先伯進到茅房裏去正出恭了,這個工夫兒,就聽見起前頭院裏來了倆人,把堆草料的那屋裏的門推開了,進去拿草料去了。就聽見這個和那個説:"剛纔掌櫃的把你叫了去,到底是怎麼商量的呢?"就聽見那個説:"是這麼商量的,趕到夜静的時候,偺們倆人去殺那倆趕車的,他們三人去殺那倆客人,和那倆跟人。我已經和掌櫃的説開了,事完之後,就把那兩輛車分給偺們[1]倆人,一個人一輛。不論那倆客人有多少銀子,偺們倆人全不管。我的意思是這麼著,趕偺們倆人把這兩輛車分到手,明兒個早起,偺們把買賣一辭,一個人趕著一輛車就回家去了。從今以後,偺們倆人改邪歸正,再别作那害人的事情了,你想這麼辦好不好?"那個人就説:"不錯,這麼辦很好。"説完了就聽見,他們倆人上前頭去了。我們先伯心裏説:"怪不得我看那幾個店家那麼賊形可疑的,敢情真是個黑店!"這麼著可就出了茅房,到了自己的屋裏,就把剛纔聽的話,都告訴那個朋友説了。那位朋友聽這話,就害怕的了不得。大家正在屋裏爲難,没有主意了,這個工夫兒,忽然聽見來了好幾輛車,直叫店門。趕店門開開了,就見趕進六輛鏢車來,是倆客人、四個保鏢的。我們先伯就説:"這可不怕了,偺們回頭可以放心睡覺罷。"這麼著又打發了一個跟人過去問了問鏢車,他們説是明兒早起五更天起身。這麼着我們先伯他們也睡到五更天起來,叫趕車的套上了車,就跟鏢車一塊兒搭幫走了,這算是纔免了那個大難了。你説險不險?

---

① 們:原作"門"。

第三十章

大哥,您聽我告訴您一件事。我們那個村莊兒裏,住着有一個小財主,素日人很嗇刻,向來他不幫人,不作好事。前幾天他有一個出了門子的妹妹,頂着雨到他家來,説是他男人現在找了一個海船上管賬的事情,前兩天已經開船出海去了,現在家裏没有飯吃,所以頂著雨來要借一石米和幾兩銀子,等著他男人回來,必都還的。這個人聽這話和他妹妹説,他米也没有,錢也没有,辦不了,叫他妹妹另上别處借去罷。他妹妹聽他不管,可就哭了。趕他見他妹妹哭了,他就賭氣子出去躲開了。他同院子住著有一個街坊,是個爽快人,聽他不管他妹妹的事很有氣。這麽著就把他妹妹請過來,借給他一石米,還有幾兩銀子,另外又給他雇了一匹驢,可就把他送回去了。趕這個人回來了,聽見他家裏人説,是他街坊借給他妹妹錢米回去的,他也不説長也不道短,粧作不知道的樣子。可巧這天夜裏來了一個賊,起他後墻上挖了一個窟窿,進他屋裏去,偷去他幾十兩銀子和幾件衣裳去。趕到第二天早起,他知道鬧賊丢了東西了,他怕是他妹妹聽見説他丢了銀子、衣服了,又必趁願,又必找他來問他,所以他也没敢到衙門去報他家裏失盜。他還囑咐他同院子住著的這個街坊,外頭不用告訴人説,他家裏鬧賊丢東西的事情。誰知道那個賊那天夜裏偷了他的東西去,偏巧走到大街上,叫下夜的兵給拿住,送了衙門了。官就問那個賊,那個銀子和衣裳是起誰家偷出來的。那個賊就招了,説是起某村莊兒裏某家偷出去的。這麽着官就打發衙役來,叫事主領贜去。這個人聽這話就爲了難了,不到衙門領贜去不行,到衙門領贜去,又怕他妹妹知道這件事。這麽著他就想了個主意,託他同院子住的那個街坊,頂他的名,到衙門替他領贜去。那個人就應了,替他去了。那個人因爲那天他不幫他妹妹,很瞧不起他,就有意要收拾他。趕起衙門把銀子和衣服都領出來了,那個人就都給他妹妹送了去了。趕回到家裏來,見了他,就撒了一個謊説:"我剛纔解衙門出來,走到街上,正遇見令妹,他問我是上那兒去了,我説是到衙門替你領銀子、衣服去了,這麽著他就叫我把那銀子和衣服給他罷。我因爲他是你的親妹妹,不好推辭不給他,這麽著我就都給了他了。"這個人聽這話,不但不敢生氣,倒還得給那個人道謝。現在大家聽見這件事,都説那個人實在是快人作快事。

第三十一章

你提起這慳吝人遭報來了,我也告訴你一件事。那一年我在南邊一個客店裏住着的時候,同店裏住着有一個山西買賣客人。這天忽然來了一個窮人,也是山西人,身上穿的衣服很襤褸,到店裏找那個買賣客人來了。店家可就把他帶進來了。趕見了那個買賣客人就説:“如今我流落這兒了,因爲没有盤費,不能回家去,苦的了不得。昨兒個有偺們一個同鄉的朋友,告訴我説,你到這兒辦貨來了,住在這個店裏了。我聽見説很喜歡,所以現在我來找你,求你念其偺們倆舊日的交情,借給我一百兩銀子,我作盤費回家去,等我到了家裏,再設法還你。”那個客人聽這話就説:“我的銀子已經都買了貨了,現在我手底下連一兩銀子也没有,你另打主意罷,我實在不能爲力。”那個窮人聽他説不能爲力,可就掉下眼淚來了。這個工夫兒那個買賣客人,就上裏間屋裏坐着去了。可巧有同店裏住着的一個四川人,到那屋裏找那個買賣客人閒談去了,見那個窮人坐在椅子上掉眼淚,可就問他,是爲甚麼事傷心。他説:“這個買賣客人原先在本鄉和我是緊街坊,他當年窮的時候,我常幫他錢米,後來我又借給他銀子做買賣。如今他發了財了,我是在這本地做買賣虧空了,没盤費回家去,找他來借給我一百兩銀子回家去,他不肯借,所以我很傷心。”那個四川人聽完了這話,就進裏間屋裏去,問那個買賣客人:“你們這個貴鄉親,他説他當年幫你的話是真的麽?”那個買賣客人説:“那倒是真的,無奈我現在没錢借給他。”那個四川人就説:“著比我現在借給你一百兩銀子,你給他作盤費回去,你一個月之後還我,寫給我一張借約,我也不要利錢,你願意不願意?”他勉強説是願意。這麽着那個四川人,就起自己屋裏,拿了一百兩銀子來借給他,叫他給了那個窮人拿了走了,那個四川人就叫他寫了一張借約,收起來了。趕過了兩天,那個四川人也搬了走了。又過了些個日子,那個買賣客人打開箱子一瞧,短了一百兩銀子,他原先寫的那張借約,在箱子裏擱着了。他這纔明白,那個四川人是個術士,會搬運法,搬出他一百兩銀子來,給了那個窮人拿了走了。後來還是那個買賣客人的一個跟人洩漏的,大家聽説都很趁願。

第三十二章

老兄,我聽見説,令弟和人打官司來著,是真的麽?

不錯,是真的。

是和誰呀?

是和偺們這本鎮店上一個無賴子。

爲什麽事情?

是因爲那天,我們舍弟在這鎮店外頭,北邊兒一座樹林子裏頭,拿槍打鴿子來著。趕他放了一槍,誰知道樹林子外頭,有一個人拉着一匹馬站著了。那匹馬冷孤丁的,聽見一聲槍響,嚇的可就驚下去了。那個人就不答應了,揪住我們舍弟,叫他賠馬。我們舍弟就和他説:"你不用著急,那匹馬是往那麽跑下去了?"他説是往西北跑下去了。又問他:"那匹馬是什麽顔色的?"他説:"是紅顔色的。"我們舍弟就説:"這事好辦,我現在同你到鎮店上,對給你一個鋪保,你就先去找馬去,若是將來馬找不著真丢了,我賠你馬就是了。"他聽這話也很願意。這麽着我們舍弟就同他到了鎮店上,對給他全順糧食店了。他就先找馬去了,我們舍弟就回家來了。趕待了會子,那個人回來了,到了全順糧食店裏,他説他的馬丢了,没找著,要見我們舍弟。這麽着糧食店就打發徒弟到家來,把我們舍弟找了去了。趕他見了我們舍弟就説:"我去找了半天,我的馬所没找著。我那匹馬當初是六十兩銀子買的,如今我見個情,你賠我五十兩銀子就得了。"我們舍弟説:"竟你那麽大概找了一找没有,那還不算是準丢了,你等我再各處給你找一找去。若是過一兩天,那匹馬所没下落,那便是真丢了,到了那個時候我再賠你還不遲哪。"那個人不答應,他叫立刻就賠他。我們舍弟就和他吵翻起來了,大家給勸開了。誰知道那個人就到巡檢衙門去把舍弟告下來了。衙門裏來人,把舍弟傳了去了。他到了堂上,就把這件事據實的説了。巡檢給了舍弟五天的限,叫他給那個人找馬去。這麽著我們舍弟,就到各村莊一打聽,後來打聽著了。偺們這鎮店西北地方,有一個村莊兒,住著有一個姓趙的,前兩天買了一匹紅馬。這麽著舍弟就找那個姓趙的去了一問,敢情那個人前些個日子,就把他那匹馬賣給那個姓趙的了,説妥了的八兩銀子,就定規是那天,他給姓趙的送馬去取銀子。趕那天那匹馬,聽見槍響不是驚了麽,後來他追上了,給姓趙的送了去了,把銀子也取來了。他回來可告訴舍弟説,他的馬丢了,叫賠他五十兩銀子。這麽着舍弟就約了那個姓趙的,拉着馬同他一塊兒,到衙門作見證去了。趕那個人見有了見證了,就没話可説了,自己認了是訛詐了。巡檢因爲他過於狡詐,就打了他四十板子,把他放了。

第三十三章

老兄,昨兒個我到榮發棧裏去了,聽見説您那棧裏給他們發了一百包棉花去,説是短了一包棉花,是怎麽短的?

你[1]提起這件事來,倒是個笑話兒。昨天我們給他們發棉花之先,就預備出一百根籌來,趕後來發一包棉花,我們就交給抬棉花的帶一根籌去。趕這一百包棉花都發完了,待了好大半天,榮發棧王掌櫃的打發一個人,到我們棧裏去了,問我們爲什麽少給他們發了一包棉花去。我們就説我們發了去的是一百包棉花,怎麽説少發了一包去呢?那個人説他們那棧裏是收了九十九包棉花,短一包棉花。我聽這話很詫異,這麽着我就同着那個人,到他們棧裏去了。趕王掌櫃的見了我,有氣的樣子就説:“你們那棧裏的夥計們太不留心,怎麽會給我們少發了一包棉花來呢?”我就問他:“你怎麽知道是少發了一包棉花來呢?”他説:“我們收完了棉花,一掐籌是九十九根籌,這不是少發了一包來麽?”我就問他們:“剛纔你們這棧裏是誰接的籌?”就見傍邊兒站着有一個夥計,答應説是他接的籌。我就問他:“你方纔接籌的時候,没上别處去麽?”他説:“我並没上那兒去,就是忽然我肚子疼,到茅房去出了一回恭。”這麽着我就和他説:“偺們倆先到茅房裏找一找去再説。”趕我同他到了茅房裏一瞧,地下有一根籌,我就撿起來,拿着見王掌櫃的去了。我説:“到底是誰的夥計不留心哪?你們的夥計掉了茅房裏一根籌,你可説是我們少給你們發了一包棉花來。其實這也不要緊,不過你未免的太冒失些個。”他聽這話,臉上很不得勁,一句話也還不出來了。我又説:“雖然把這根籌找出來了,到底偺們再把貨盤一盤,看

① 你:原作“我”,據《官話指南》(吴啓太、鄭永邦著,楊龍太郎出版,1903年)改。

看短不短,彼此可就更放心了。”這麼着我就叫他們那幾個夥計,把棉花包起棧房裏,又都盤到院子來,細細兒的數了一數,不錯,是一百包棉花。我説:“你們都看明白了?不錯了?”他們説都看明白了,對了。這麼着我就回來了。你説可笑不可笑?

我先頭裏就和您説過,那個王掌櫃的人糊塗,您還不大很信。那兒有他竟搯籌不盤貨,就説您少給他們發了一包貨去的理呢?

你還不知道了,去年有這麼件事。我們買了他們棧裏一百兩銀子的貨,給了他們一百兩一張的銀票。過了兩天,他把那張銀票拿回來了,説是假的。我一看銀票並没圈着,我就問他,既是假的,怎麼没圈呢?他説没到本鋪子去,所以没圈。我又問他,既没到本鋪子去,怎麼知道是假的呢?他説他們管賬的瞧着像假銀票。我聽這話很荒唐就説:“偺們倆拿着這張銀票,到銀號裏取銀子去,看看是假的不是。”這麼着我們倆到了銀號,竟自不是假的,把銀子取出來了。那個時候他臉上很磨不開,就羞羞慚慚的,把銀子拿回去了。

第三十四章

掌櫃的,這兒有一張退票,給您打回來了。

拿來我瞧瞧。這張票子不是我們給的。

怎麼不是你們給的呢?

因爲這張票子上,没有我們的收號。

我記得,可實在是你們給的,怎麼如今你們説不是你們給的呢?

我告訴你,若是我們給的票子,必有我們的收號、我們的戳子。如今這張票子上,又没我們的收號,又没我們的戳子,怎麼是我們給的呢?

你説没有你們的收號,我這票子上可收的是你們了。

竟你收的是我們不行啊,總得有我們收的人家纔行了。

就是有你們的收號,你們如今不認,我也没法子呀。

没有不認的理,若是我們給的,我們也是給人家往回裏打。我們又不賠甚麼,作甚麼不認呢?

也許這張票子,你們忘了收了。

没有的話，我們決不能忘了收。這裏頭還有個緣故，我告訴你説，這是一張母錢舖的票子。我們這舖子向來不使母錢舖的票子，所以便知道不是我們給的了。

你們若一定説不是你們給的，那没法子，只可我認這個苦子就是了。

依我説，你拿回去再想想，是誰給的罷。

你把這個十吊錢的票子給破五個一吊、一個五吊。

一吊一張的，没有我們本舖子的，給你[1]磨别處的行不行？

磨别處的也使得。

你點點對不對。

不錯，對了。這票子上你們都收着了？

都收着了。

第三十五章

大哥，我剛纔在鎮店上看了一個熱鬧。

看了一個什麼熱鬧？

看見一個南邊人揪[2]着一個本地人，上巡檢衙門打官司去，後頭跟着好些個人。我也不知道是爲什麼事情，這麼着我就跟着他們到衙門去，瞧他們到底是爲甚麼事情。就見他們倆人到了衙門，那個南邊人就告訴衙役説，他們倆人要打官司。那個衙役就把他們倆人帶進去了，我也跟進去了。就見巡檢坐堂，他們倆人到了堂上，就都跪下了。巡檢就先問那個南邊人："你叫甚麼名字？是甚麼地方人？是爲甚麼事情來打官司？"就見那個南邊人磕了一個頭，説："小的名字叫俞配，是江西臨江府的人，在這本地開着個成衣舖。因爲小的去年在這兒買了一個妾，就在這個鎮店上燈籠衚衕，租了兩間房住家。剛纔小的在舖子裏做活了，打發一個徒弟，到家裏取東西去了。他回來説，小的家裏坐着一個年輕的人，他不認得是誰。小的聽這話很犯疑，就趕緊的到家裏瞧去

---

① 你：原作"我"，據《官話指南》(吴啓太、鄭永邦著，楊龍太郎出版，1903年)改。

② 揪：原作"揄"，據《官話指南》(吴啓太、鄭永邦著，楊龍太郎出版，1903年)改。

了。趕小的到了家一瞧,街門對着了。小的推開了街門,進到屋裏去一看,就見這個人在屋裏坐着喝茶了,和小的的那個妾又說又笑的。小的就問他:'你是誰?到我家來作甚麽?'他囘答說,他是到小的家裏打茶圍去了。小的聽這句話氣急了,就打了他一個嘴巴,他囘手就把小的的臉抓了。這麽着小的就把他揪來打官司,求老爺問他,到底他到小的家裏是幹甚麽去了。"這麽着巡檢就問那個人:"你叫甚麽名字?在那兒住家?你是幹甚麽的?到俞配家裏是作甚麽去了?"那個人說:"小的名字叫王安,在這鎮店上紅竹衚衕住家,平常是放印子爲生。俞配這個妾,當初和小的在一個院子裏住過。因爲前倆月,他的這個妾借了小的十兩銀子的印子,每月小的到家他裏取印子去。今兒個又到了日子了,小的拿摺子到他家裏去了。他的這個妾讓小的進裏頭喝茶去,小的就進去了。他把印子錢給了小的了,然後又給小的沏了一壺茶。小的正坐在屋裏喝茶了,這個工夫兒俞配家去了,見了小的就一腦門子的氣,瞪著倆眼睛問小的:'你是誰?到我家裏來作甚麽?'小的見他說話太没禮貌,可也就上了氣了,就說是到他家裏打茶圍去了。他聽這話就打了小的一個嘴巴,小的急了,就囘手把他的臉抓了,這麽著他就揪著小的打官司來了。"他說完了,就把取印子錢的摺子拿出來,給官看了。巡檢就說:"既是俞配不願意你到他家裏去,你後來每月,就到他成衣舖裏,取印子錢去就是了,不准你再到他家裏去了。你若是再到他家裏去,俞配來告你,我可是必要治你罪的。"這麽著就叫他們倆人都囘去了。

第三十六章

老弟,我告訴你一件事情。

甚麽事情?

新近我起外頭囘來,有一天我住在一個大鎮店上客店裏了,聽見那個店裏的掌櫃的說,前些個日子,那個鎮店上有一個德成錢舖,這天去了一個人,拿著一隻鐲子,到那個錢舖裏賣去了。那個錢舖的人剛拿過一個戥子來邀那隻鐲子,這個工夫兒又進來了一個人,就和那個賣鐲子的人說:"剛纔我到您府上,給您送銀信去了。您家裏的人說,您上街來了。這麽著我就到街上找您來了,可巧瞧見您進這個舖子來了。"説話之間,就起懷裹拿出一封信、一包銀子來,説:"這是起浙江來的銀信。"那個賣鐲子的人,把銀信就接過去了,給了那個送信的一百錢,那個送信的就走了。然後那個賣鐲子的人,就和錢舖的人説:"現在是我兄弟起浙江給我帶了銀子來了,我不賣那隻鐲子了,我可以把這銀子賣給你們罷。還有一件事,我是不識字,求你們把這封信拆開,念給我聽聽。"這麽著那個錢舖的人,把那隻鐲子又給了他了,就把那封信拆開了,念給他聽。前頭不過説是在外頭很平安,請放心,後頭説現在先帶了十兩銀子來,請您先用著,等後來有順便人,再多帶銀子就是了。這麽著那個人就説:"你們把這十兩銀子拿下去平一平,都給換了現錢罷。"那個錢舖的人就拿下去一平,是十一兩銀子,心裹很喜歡,可就打算昧起他一兩銀子來,就按著十兩銀子合好了現錢給他了。那個人就拿了走了。趕待了不大的工夫兒,又進來了一個人,拿票子取錢,可就和錢舖的人説:"你們上了檔了,剛纔那個賣銀子的人,是個騙子手。他賣給你們的那是假銀子,你們怎麽會叫他賺了呢?"那錢舖的人聽這話,就趕緊的拿夾剪,把銀子夾開了一瞧,可不是假的麽!這麽著錢舖的人,就問這個人:"你認得那個騙子手的家麽?"這個人説:"你們若是肯給我錢,我就可以帶了你們找他去。"這麽著錢舖的掌櫃的,就給了這個人一吊錢,叫他帶了他們找那個人去。這個人接過那一吊錢來,就帶著錢舖的兩個人走了。趕他們走到了一個點心舖的門口兒,這個人就和錢舖的那倆人説:"你們瞧,那個騙子手在點心舖裹吃點心哪,你們各人進去找他去罷。"這倆錢舖的人,就拿著那包假銀子進去了,見那個騙子手就説:"你賣給我們的這包是假銀子。"那個人説:"我也不知道那銀子是假的不是,那本是我兄弟解外頭帶來的。既是假的,我還你們錢就是了。"這麽著那個人,就求點心舖裹的掌櫃的,給平平那包銀子,是十兩不是。趕那個掌櫃的把銀子接過去,擱在天平上一平,説:"這是十一兩銀子。"那個人聽這話,就和那倆錢舖的人説:"我纔賣給你們的那是十兩銀子,如今這包假銀子是十一兩,那怎麽是我的呢?你們這是拿別的假銀子來訛我來了。"錢舖的那倆人聽這麽説,也還不出話來了。這個工夫兒有幾個別的吃點心的人,聽這件事都不平,全要打那倆錢舖的人。那倆人没法子,就趕緊的拿著那包假銀子,跑回去了。

第三十七章

提起這騙子手來了，我告訴你一件事。前些年我們本鄉地方，有一個出名的大夫姓方，他身上也有個功名，家裏也算是個小財主。見天早起瞧門脈的總有幾十號。有一天早起來了一個人，打扮的是宅門子裏跟班的樣兒，見了方大夫就說："我是在某宅裏，因爲現在我們老爺，和我們太太都病了，打算上您這兒瞧病來，請您明兒個早起在家裏等著。"方大夫說："是了。"趕到第二天早起，就見那個底下人又來了，還同著一個人，手裏拿著一個包袱。那個底下人進來，就問方大夫說："請問您納，是老爺先瞧，是太太先瞧？"方大夫說："那自然是太太先瞧。"這麽著這個底下人，就起那個人手裏，把那個包袱要過來，就拿著出去了，那個人就坐在一個凳子上等著。趕大家都瞧完了病走了，方大夫就問那個人："您也是瞧病的麽？"那個人說："我不是瞧病的，我是估衣舖的人，在這兒竟等著您的跟班的，給我拿出衣裳來哪。"方大夫聽這話很詫異，就問他："我那個跟班的呀？是拿了甚麽衣裳來了？"那個人說："就是剛纔和我一塊兒進來的那個底下人，您不是告訴他說，是太太先瞧麽？他就把衣裳拿到裏頭去了。"方大夫又問他："那個人他怎麽告訴你們說的？他是我的底下人，到底是拿了一件甚麽衣裳來？"那個估衣舖的人說："那個人今兒早起，他到了我們舖子裏，他說他是您的底下人，說是您要買一件女皮襖，拿來先瞧瞧，合式就留下了，叫我們跟一個人來。這麽著我就跟他來了。"方大夫說："我告訴你，那個人不是我的跟人，我也不認得他是誰。他昨兒個來告訴我說，他是在某宅裏，因爲他們老爺和太太都病了，要上這兒瞧病來，叫我今兒早起在家裏等著。剛纔他進來問我，是老爺先瞧，是太太先瞧。我當是他們老爺和太太來到了，所以我說是自然是太太先瞧，我說的是先瞧病，我並不知道甚麽衣裳的事情，你如今快找他去罷。"這個估衣舖的人聽這話，纔明白那個人是個騙子手，把他的衣裳騙了去了。

第三十八章

郭福！

喳！

你去請先生來。

先生來了，在外間屋裏坐著哪。

啊，先生歇過乏來了？

是，閣下也歇過乏來了？

我倒不覺很乏，我今兒個打算和先生斟酌一件事情。

甚麼事情？

就是偺們這盪出外，我作的那本日記得把他修飾好了，找人抄出來。

那麼您把那本草稿兒拿出來，我先看看。

這裏頭我還有件事忘了，求先生替我想想。

甚麼事情？

就是偺們那天，在三和鎮店裏打早尖的時候，聽見有一個客人，説是有一個人，在甚麼地方的廟裏住著，自己弔死了，帶累的那廟裏的和尚，也打了官司了。我記不清是怎麼件事情了，您還記得不記得了？

啊，那件事我記得。

那麼您再説給我聽聽。

那個打尖的客人説，他們那本鄉地方，有一個水神廟，裏頭住著一個客人，這天半夜裏弔死了。趕到天亮，和尚就報了官了。知縣就帶著仵作去驗了一回，那個仵作没驗明白，説彷彿是勒死的。這麼著那個知縣，就把和尚帶到衙門去，問那個和尚，是爲甚麼把那個客人勒死了。那個和尚説："我和那個客人往日無仇，近日無寃，我怎麼能勒死他呢？"知縣不信，就動刑拷打和尚，叫他招定了。和尚白説不招，這麼著知縣就把和尚押起來了。那個和尚有個徒弟急了，就進省裏去，在院上告了。撫台就派隣封，帶著幹練的仵作，到那個廟裏，又驗了一回，那個死屍果然是弔死的。那個隣封知縣就據實的稟報撫台了。現在巡撫把那個原審的知縣參革了，把原驗的仵作也治了罪了，把和尚也放了,就是這麽件事。

不錯,對了,是這麽件事。請先生把這件事也敍在那日記裏頭,您想好不好?

那也好。趕我修飾得了,是叫誰謄呢?

我打算雇人抄寫。

雇人謄寫,怕是給抄錯了。

那麽怎麽辦好呢?

閣下若是不忙,我得空兒謄出來罷。

若是先生肯代勞,那我就感情不盡了。

那兒的話呢。

第三十九章

偺們今兒個這麽空喝酒,也無味,莫若偺們都斟滿了,滑幾拳罷。

可以,偺們倆先滑一拳。

你那拳不是白給麽?

你先別誇口,不定誰輸誰赢哪。

來,四季發財!

六六順!

對手!

五金奎!

你瞧如何?

還是你輸了,你這赢也不過是瞎貓碰死耗子罷咧!

你先喝酒,回頭再批評。

我已經喝了。

你多喒喝了?我没瞧見。

你問大家,我喝了没有。

衆位,瞧見他喝酒了麽?

我們没理會。

大家都没看見,這足見是你混酒了,快喝罷。

我已經喝了,不能再喝了。

你不喝,我們大家動手灌你。

真利害,這麼著罷,我的酒真不行了,罰我説個笑話兒罷。

那也可以,你若説的不好,還是要罰的。

你聽著罷,準好。

快説。

這個笑話兒是刻薄御史的,好在偺們在坐没當都老爺的。

你竟管説罷,没人不答應你。

聽著。有一個鄉下人很窮,没落子,心裏盤算,打算要上京當老公去,又尊貴,又弄錢。這麼著他就到了京裏,拜在一個老太監門下當徒弟。

你先等等説,你這話就不通,就憑這麼個唼鄉下老兒,到京裏,就能進宮裏去麼?好容易事啊!

你聽我説呀,他也是託人,把他引進去的。

那麼你爲甚麼,不把這層先説明白了呢?

你别混挑字眼兒了,聽我快説罷。

你快説,底下怎麼樣了?

他既然拜老太監爲老師了,他就求老太監諸事指教他、照應他,老太監就派他在大内裏管事。這一天内裏傳旨用膳,這個鄉下人就説:"萬歲爺要吃中飯哪。"老太監聽見了,可就喝呼他説:"你别胡説,你説:'萬歲爺要用御膳哪。'"他聽這話記下了。有一天又傳旨大宴羣臣,這個鄉下人又説:"萬歲爺要擺宴哪。"老太監可就又説他:"你説錯了,你該當説:'萬歲爺要擺御宴哪。'你後來切記著,假比大内裏的花園子,叫御花園,那護衛的兵丁,叫御林軍。"這個鄉下人聽這話,恍然大悟,心裏説:"怪不得皇上眼頭裏的東西,都添上一個'御'字呢,我如今可明白了,打這兒我也算是老手了。"這麼著這一天,他解御花園門口兒過,忽然踹了一脚屎,他很有氣,剛要駡,他一想又怕是皇上出的恭,這麼著他就拿手指著那灘屎説:"我若不看你是御史,我一定駡你一頓。"

今兒個幸虧没御史在坐,若不然,你的嘴早叫人擰腫了。

我的嘴没腫,你也該説一個了。

我這個笑話兒是挖苦典史的。

這個有趣兒,我們大家要聽聽。

這叫“典史十令”。

甚麼叫“十令”,你快説一説。

聽著:一命之榮稱得,兩塊竹板拖得,三十兩俸銀領得,四鄉地保傳得,五個嘴巴打得,六路通詳出得,七品堂官靠得,八字牆門開得,九品補子縧得,十分高興不得。

可笑,那九句都好,就是末尾這一句壞了。

今兒個若有典史聽見,只要饒得了你。

第四十章

你這兩天竟在家裹過年了,老没出來麼?

我見天晚上出來。

那麼你怎麼不上我這兒來呢?

我這兩天,是同著幾位朋友,晚上到存古齋古玩舖門口兒,打燈虎兒去了。

是誰出的?

是一個舉人出的。

作的好不好?

作的還算可以的。

你猜著了幾個没有?

我揭了幾個。

都是甚麼?

我猜的,一個是“没點的言字”,打四書四句。

打那四句,你説一説。

一句是“是何言也”,一句是“吾與點也”,一句是“前言戲之耳”,一句是“誠哉是言也”。

這個好,難爲你猜。

我還猜了一個,是三句話,打一個字的。

你快説,是怎麼三句話,打一個字。

你聽著。子路曰:"是也。"顔回曰:"似也。"孔子曰:"非也,直在其中矣。"打一個"乜"字。還有一個是四句話,猜一個字的,是:"十字口中擡,莫作田字猜,無頭又無尾,悶死一秀才。"我猜的是"魚"字,揭了來了。

這兩個作的也很好。

我昨兒個晚上,又猜了兩個。一個是"累朝事蹟過龍門",打四書人名,是"史魚"。一個是"節孝祠的祭品",打四書一句,是"食之者寡"。

這兩句都恰。

還有我一個朋友,打了一個,是"圍棋盤内著象棋",猜四書一句,是"子路不對"。

這個更恰了。我告訴你,前幾年我打了一個燈虎兒,是"東街淘溝,西街不乾净",打兩句小孩兒語,是"這邊兒有水,那邊兒有鬼"。

這個是更妙了。據我看,像現在那位舉人作的這幾個,也就算在好的一路了。

我還告訴你一件事。頭年我有個朋友,他是當缺的,託我給他寫春聯。我給他寫的上聯是"等因前來辭舊歲",下聯是"須至咨者大有年"。

你有多麼可惡,怎麼說起他們的行話來呢?他大概準不肯貼這副春聯罷?

那自然他不肯貼,他說的也好:"這副春聯我雖然不貼,我可要收著,因爲這是我們的本色,將來也算是一件傳家寶。"

你别瞎咧咧了,快穿衣裳,偺們出去趟達會子去罷。

你等一等兒,我就换衣服同你走。

第三卷　使令通話

第一章

誰呀?

是我呀。

你進來。

老爺,您上回叫我找的那十幾歲的小孩子,我找來了。現在您若有工夫兒,可以帶他進來,老爺先看一看他。若是您願意,就留下他了。

那是自然的。

這就是鄭老爺,你請安罷。

他是甚麽地方的人? 姓甚麽? 今年多大歲數兒了? 他行幾?

我是山東人,姓張,今年十八歲了,我排大。

他在京裏有好幾年了,他説的話不像是外鄉人。他原來是我們的街坊,人很聰明,可是向來没當過跟班的,所以得叫他慢慢兒的歷練歷練纔行哪。

那好辦。可是我是新近到這兒來的,還没使唤過人了,可不知道得要保人不要?

那是隨老爺的意思。

那麽就這麽辦罷。既然是你舉薦他來的,你就作保,可以不可以?

可以。那麽叫他解多喒來伺候您哪?

哼,今兒是二十八,離月底還有兩天,索性叫他趕下月初一那天再來倒好。

是。

還有他的舖蓋甚麽的,也都叫他一塊兒拿來罷。

喳,還得定規他住的屋子哪。

我想這院子儘溜頭兒,那白牆兒後頭,挨著洗澡房的西邊兒,向陽兒的那一間閒屋子,叫他住怎麽樣?

那敢自很好了。

這兒某老爺打發個人來,拿了這個字兒來,給您瞧瞧。

現在某老爺請我,我這就要去。那麽這件事,就按著那麽辦就是了。

第二章

來！

喳！

給先生沏茶。

老爺，是要沏甚麼茶？是嘎啡，是紅茶？

兩樣兒都不用，沏日本茶罷。

老爺，這錫鑞罐兒裏的茶葉都没了。

那麼裏間屋裏的那櫃子上的第二層格子上，不是有個洋鐵罐子麼？就拿那個罷。往後你瞧著，多喒這罐子裏頭的茶葉完上來了，就是我不告訴你説，你就續上罷。

是。

你趕緊的拿茶葉去，我自各兒沏上罷。

請先生瞧那盃茶好，就喝那盃罷。可是你昨兒個迷迷糊糊的擱了有多少茶葉，那個茶沏的彀多麼釅，苦得簡直的喝不得了。你没瞧見昨兒個吴少爺喝茶的時候，苦的直皺眉麼？

是，往後小的沏茶的時候，留點兒神就是了。

你把那茶机兒上的茶盤兒裏擺著的那茶壺、茶碗、茶船兒都拿過來，你再瞧瞧這火盆裏有火没有了。

喳，火快滅了。

那麼你快拿開水去，就手兒帶點兒熟炭來。

老爺，甚麼叫熟炭哪？

你真是個糊塗人，連熟炭都不知道。我告訴你，没燒過的炭叫生炭，燒紅了的炭就叫熟炭。

喳！是！老爺開水來了，您沏上罷。

哼，現在這痰盒兒裏的吐沫都滿了，你拿出去涮乾淨了再拿來。

是。

第三章

誰叫門了？

老爺，天不早了，您快起來罷。

哼，你打洗臉水來罷。

臉水打來了，漱口水也倒來了，胰子盒兒在臉盆架子上擱著哪。

刷牙散在那兒了？

是在那張桌子的抽屜裏，和刷牙子在一塊兒了。

把擦臉手巾拿來。

是。

你忙甚麼？你現在先不用擦地板了，等著疊好了舖蓋再擦罷。今兒還得換換枕頭籠布和被單子哪。

喳！老爺這就要點心麼？

哼，就拿來罷。雞子兒不要像昨兒個那麼老，越嫩越好。

是，今兒個麵包是抹上黄油烤麼？

不用了，可別烤煳了。

是。

這兒還短把匙子和鹽盒兒哪。

是，給您拿來了。白糖彀不彀？

彀了。

這個雞子兒煮的是筋觔兒。

我問你一件事。我聽見説，這京裏賣的牛奶，裏頭總攙多一半兒水，這話是真的麼？

平常住家兒的買的牛奶，也許有這個事，偺們這公館裏用的，他們可不敢那麼胡攙亂對的。

這個地方買牛奶，是論斤哪，還是論瓶呢？

是論瓶論碗。大概的價錢，總在九百錢一瓶，二百錢一碗。老爺還要嘎啡不要了？

得了,撤了去罷。我現在要上某老爺屋裏去,若是有人來找我,你給我送信去。

是。

第四章

老爺,您的跟班的來説,飯得了,請老爺吃飯去。

知道了,就去。

來!

喳!

你請我來吃飯,怎麼還磨蹭著不擺台,是幹甚麽來著?

因爲剛纔送煤的送煤球兒來了,我邀了邀,又因爲他開來的賬錯了,小的查了一查摺子,瞧瞧他是送了多少回來。就爲這個,可就是躭悮擺台了。

那就是了。煤球兒原來是多少錢一百斤?

四吊多錢罷。

那麼現在你就開飯罷。

是。

你告訴廚子,昨兒晌午他做的那雞湯不好吃,明兒再做湯的時候,叫他留點兒神,把油撇浄了纔好。

是。

盛飯來。

喳。

這不是我的飯碗,是少爺的。

啊,這是拿錯了,把您的换來罷。

不用换了,你瞧這兒還短一件要緊的東西,你想一想。

是,是。這兒刀子、鍤子、匙子、七星罐兒、碟子、盤子、筷子都有了,我直想不出是還短什麼東西來,求老爺提醒我罷。

還短酒盃哪。

啊,不錯,小的是真忘死了。

這是甚麽?
這是芋頭和雞肉做的湯。
這樣兒是真合我們的口味,巧了是廚子擱了木魚了罷。
大概是罷。
這個牛肉很好。遞給我芥末和白鹽。
是。
哎喲!你瞧瞧,你的袖子把這個碗給拐躺下了,快拿搌布擦擦罷。
是。
你幹事老是這麽忙忙叨叨的,你瞧把這湛新的台布都弄成了這麽哦嗹半片的了。
啊,請老爺饒恕小的罷,往後我幹事一定要留神的。
拿鹹菜來。
今兒没有醃白菜,這兒拿了醬荳腐和腌黄瓜來了,黄瓜裏頭已經擱了醬油了,還招點兒醋不招了?
不要醋。現在都吃完了,你都拿下去罷。
老爺,給您牙籤兒。
哼,把茶拿來。你也吃飯去罷。

第五章

今兒是初九,老爺不上隆福寺逛廟去麽?
哼,我已經約會了吴老爺一塊兒逛去,你去打聽打聽鄭少爺在屋裏没有。
我剛纔看見他出門去了,巧了是没在屋裏。
那麽你拿出我的衣服來罷。
是要甚麽衣裳?
要西國①的衣裳。

---

① 國:原文字跡被塗抹掉,旁批手寫“洋”字,“國”字據《官話指南》(吴啓太、鄭永邦著,楊龍太郎出版,1903年)補。

您是穿氈子的好，是穿布的好？

今兒天氣凉一點兒，可以拿那件原青的絨褂子，和那條藍白線兒的布褲子來罷。

是，老爺看一看，坎肩兒、汗褟兒是要這兩件不是？

啊，這副鈕子我很不愛，你換那副水晶的來罷。這個領子漿得這麽軟，而且這上頭的泥也没洗掉，又是翻過來熨的。明兒洗衣服的再來的時候，你告訴他説，得留點兒神洗，還得多用點兒粉子漿，噴上水，叫他好好兒的拿熨斗熨一熨，那纔能周正了。靴子是拿那雙短鞠子的來罷。

是。

襪子這兒破了一點兒，叫丫頭找一塊補釘給補上。

是。

你先别走，在這兒服侍我穿上衣裳。你現在要上那兒去？

給老爺雇車去。

不用雇車去，離這兒不遠，我可以走着去罷。

坐車去，倒是體面些兒。

那麽等我穿好了衣服，再雇去還不晚哪。

是。

拿鞋拔子來，把褲脚兒給往下攦一攦。拿一塊手帕子，和那個金表來。

老爺要烟荷包不要？

要。你回頭把我脱下來的東洋衣裳，給疊起來，可别拿刷子刷。

是。老爺再略等一等兒，這兒有一塊縱着了，得拉一拉。

都舒展開了麽？

都舒坦了。

那麽我在某老爺屋裏坐着去，竟等着你雇車來罷。

是。

第六章

回老爺，車來了。

你告訴他說，先到交民巷，起那兒再上琉璃廠，我要買點兒古玩去。

是。老爺若是在那兒有躭悞兒，我想莫若就雇一送兒倒好。

還是雇來回的好，免得又累贅。你雇的這個車乾净不乾净？車箱兒大小？騾子好不好？

都好。今兒雇的不是那站口子的車。

那麽是跑海的車麽？

也不是，是宅門兒的車。

宅門兒的車，怎麽能拉買賣呢？

是因爲他們老爺没差使，怕牲口閒出毛病來，所以叫趕車的套出來拉一天買賣。老爺不信回頭瞧，不但騾子肥，車圍子、車褥[1]子都是應時對景的，而且還有傍帳兒。

啊，那敢情是很好的了。還有一層，那趕車的若是個力把兒頭，趕到了前門，走到石頭道上，可就把車竟往跩窩裏頭趕，把人碰的頭暈眼花，連坐車的屁股蛋兒，都可以給撴腫了。

現在這個是個好手趕車的，決不至於這麽樣。

是多少錢雇的？

跟他説妥了的是六吊錢，連飯錢也在其内。趕老爺坐回來的時候，若是天太晚了，再賞給他幾個酒錢也可以的。小的不用跟老爺去麽？

哼，你可以胯在車沿兒上，跟了我去罷。

是。

你先把那塊花洋氊子，拿到車裏頭去舖好了罷。你不是有兩頂官帽兒麽？你可以借給趕車的一頂戴罷。

是。老爺上車，不要板凳兒麽？

哼，要。你拿脚把板凳兒那頭兒蹰住了罷。啊，你快把棍子取來。

小的拿來了，遞給您，您就掖在氊子底下就得了。

哼，你快上車罷。

吆喝罷。

---

① 褥：原作"褲"。

第七章

來!

喳!

今天我有一點兒不舒服,先生來了告訴他説,我今兒個不用功,因爲我不舒服,也不用讓他進來坐着了。

是。

你把那凳子拿過來,把烟盤兒擱在上頭。今兒早起我不吃點心,竟拿嘎啡來就得了。再去吩咐廚子,不必給我預備飯,就給我熬一點兒粳米粥,要爛爛兒的,可別把米粒弄碎了,要不稀不稠,匀溜的纔好。

是。

你給我把被窩再往上蓋一蓋。

是。老爺這陣兒好點兒了麽?剛纔您叫買的那花兒,已經買來了,插在那個汝窰花瓶裏好不好?

可以的,現在我的腦袋還是覺着沉,又有點兒惡心。你趕緊的拿我的名片,到我們公館,快請用吉大夫去。

那位用吉大夫是出馬麽?

不出馬,這是交情的事情。而且他的醫道是最高,到這兒日子雖不多,在這京裏,可是很出名的。

不錯,我也聽見中國老爺們説過,用吉大夫的醫藥靈極了。

可有一層,中國人和他有交情的,常請他出去瞧病,所以在家的時候少,就怕你這個時候去撲空。

好在老爺的病也不重,若是他不在家,就請個别的大夫來瞧瞧罷。

哼,那時候你請個中國大夫來也使得。

我們的大夫都是行本地的醫道,不通外國醫術。您請施醫院的德大夫來治,那不很妙麽?

哼,那麽也好。

回老爺,巧極了,用吉大夫望看您來了。

這實在是造化了，快請進來。你可以預備酒和點心。

老爺，開甚麽酒？

開三賓酒罷，紅酒若有也拿來罷。點心和菓子，瞧有甚麽，就可以拿甚麽來。

是。老爺，那把酒鑽，是老爺收着了麽？

是。在那櫃子裏頭槅板兒上了，和趕錐在一塊兒了。拿茶來。

喳。

斟酒。

是。

拿烟捲兒來。

你替我送送這位老爺罷。

是。大夫走了，叫我告訴您説，那麪子藥叫分三回吃，務必要臨睡的時候吃纔好，還説叫忌生冷。

怎麽剛纔他没告訴我説呀？

怕大夫是纔想起來罷。

那麽趕晚上，你服侍我吃就是了。

是。老爺喝粥不喝呢？

得了就拿來罷，把梨也拿來。

老爺，大夫不是叫忌生冷了麽？

哼，那麽就不要了。

是。

第八章

過兩天我要上居庸關去，回頭的時候，就順便邊到西山去，逛一逛那一帶那有好景致的地方，然後再回來。你願意跟我去麽？

怎麽不願意去呢？就是老爺赴湯投火去，我也要跟了去的。

你從前上那兒去過没有？

是，去年跟着别位老爺去過一盪。老爺是打算坐轎子去呀，還是騎牲口去呢？

我是怎麼着都行，這盪打算要帶太太逛去，所有應用的各樣兒的傢伙，你先都說給我聽聽。

既然太太也要去，那實在得多帶些個東西。怎麼呢？從這兒起身一住店，有一件老爺想不到得用的東西，爲太太可是很要緊，就是太太忽然若是走動的時候，怕是没有個方便地方。

那麼怎麼着好呢？

我們這兒的娘兒們走路的時候，都是自己帶着個馬桶，所以這盪也得帶着那樣兒東西。若不然，就帶上一塊很寬很長的布，再拿下四根竹杆子，趕到了店裏住下之後，可以在院子裏搭起一個帳房來當茅廁，也使得。

啊，敢情還有這麼件不方便的事情哪。

我還告訴老爺說，别說是鋪蓋、傢伙得帶上，就連太太吃的東西，也得多帶些個去。倘或老爺要上湯山洗澡去，那就得多躭誤幾天工夫了，在那兒住着，用的東西自然是更得多了。

那麼明兒個你先雇停當了一頂轎子，和一頭騾子，回頭你再細細兒的想一想，得帶甚麼吃的，你就都預備出來，裝在一個簍子裏，爲得是帶着方便。

是，這帶東西的那層，老爺倒不必操心，有小的了。該帶去的東西和吃食，趕都歸着好了，小的單雇一輛車，都裝在車裏頭。小的又照看着東西，又坐車，那就都很妥當了。

第九章

啊，好容易我今兒纔租妥了一所兒房子。本來是一個小廟，那個屋子可很乾浄，房錢也不大。

是在甚麼地方？有幾間屋子？

在齊化門外頭，日壇西邊兒，我可不知道那個地方的地名兒叫甚麼。那房子是三間正房，有四間廂房，還有兩間倒座兒，東嘎拉兒裏有廚房和你們住的屋子。茅房是我搬了去之後，我得找個地方蓋一間。

那麼老爺打算多喒搬呢？

我打算今天就趕緊的挪過去,爲得是到那兒給房錢的時候,解月頭兒起好算。

那麼小的今天得趕緊的,把東西先歸着歸着罷。

哼,你先把這零碎東西,挪到院子裏去,把地毯拿茶葉先掃一回,捲起來,拿繩子綑上。後來那書槅子和櫃子,還有其餘的那些個粗重的東西,你挑那皮剌的,都裝在那個劉二雇來的大車上罷。

是,老爺。外頭的那些個小物件,是我想要裝在一個大傢伙裏,叫苦力挑了去倒妥當。

很好。可是那些個磁器,可得好好兒的拿紙包上。那床若是不好搭,可以卸下來,等拿過去,到那兒再安上,然後把帳子還照舊的搘上。

老爺,從先掛那些對聯和扁幅的那個釘子,是都得拔下來麼?

哼。嘿!嘿!你留神,看牆上的土掉下來。你怎麼不拿鉗子拔呢?倒拿鎚子打呢?

是。

嗳,你和苦力説,小心出大門的時候,磨傷了桌子。

是。那麼我也跟着東西一塊兒去,先把東西都照舊擺好了罷。

那先不必,等那兒掃得了之後,鋪上地毯。那桌子、椅子就先暫且散擱着,等我過去再調度安置。若你一個人兒弄不了,找個夥伴兒幫着也使得,務必儘這一天,都挪過去纔好哪。

是。

第十章

今兒天氣好,也没風,把衣裳得曬曬。

是。老爺,連那被窩一塊兒都曬麼?

哼,你先拿根繩子,起這根柱子拴到那棵樹上去,趕拴好了,把衣裳搭在繩子上曬一曬。

是,那麼那皮箱和箱子,都得搭出院子裏去罷?

哼,給你鑰匙,你自各兒開罷。那衣架子上掛着的那些個皮襖、皮褂子、斗蓬,是得在背陰兒地方晾晾。

是。老爺,我已經把衣裳都抖摟好了,曬上了,請您去看看。

哼,那麽我去瞧瞧罷。這是怎麽了?我不是說過,那皮衣裳是得晾麽?怎麽你和别的衣裳,都掛在一塊兒了?難道你不知道,皮東西一曬,毛稍兒就焦了麽?

喳,那麽着小的找根棍兒穿上,掛在那釘子上罷。

那就對了。回頭你還得好好兒的抖晾抖晾。

是。

那些個衣服,也得分出裌的和棉的來。

這是棉衣裳。

你從這一頭兒搭起,一直的搭到那一頭兒去。

是。我想到了晌午,都翻一翻,把那曬過的,也倒一倒,把那背陰兒的,都叫他向陽兒,您說好不好?

那都很好。你現在都把他弄完了,把那箱子磕打磕打罷。

是。老爺想曬到甚麽時候,就得收起來呢?

等太陽壓山兒的時候,不差甚麽就都得收起來了。可是你還得把那根繩子,拴到屋裏來,叫他們透透風是要緊的,不然那羊毛織的東西,若是把暑氣藏在裏頭,往箱子裏一擱,寶色就掉了,那可就都糟了。

是。那麽着那綢子、緞子的呢?

那也是一樣,所以今兒晚上,就這麽先擱着罷。趕到明兒早起,再照舊的擱在箱子裏,一層一層兒的都墊上紙,下上潮腦,拿包袱蓋上,四周圍都掖嚴了,再蓋上蓋兒,不然潮腦就走了。

是。

來,把那繩子還照舊的繞起來,掛在那堆房裏樑上去。

是。老爺我忽然想不起來,那東洋衣服的疊法了。

啊,你真是個廢物!我那麽用心的教給你,怎麽又忘了,太没記性了!你瞧,是這麽疊,你先把左底邊疊上,再把右底邊折在上頭,然後再把衣裳一攏,把領子合上,摩抄平了,倆袖子往兩邊兒外頭一折,然後再一合就得了。

承老爺的指教。

第十一章

來！

喳！

明兒個我要請客，你出城定地方去。

您打算着請多少位客？

我想有十位客罷。

這麽説，飯莊子比飯館子好。

這兩處有甚麽分别呢？

飯莊子是成桌的，飯館子是成桌的也有，零要也可以。若是請的客多，倒是飯莊子好。

成桌的是甚麽？

成桌的都是八大碗、四冷葷，另外愛添甚麽小吃兒，那是隨便再要。

那麽零要呢？

那是人喜歡吃甚麽東西，隨便叫他現做。

那麽還是成桌的爽快。可是定的菜，要清淡的，不要油膩的。

老爺想是那幾樣兒菜，合衆位的口味呢？

那些個菜名兒，我可叫不上了。你總要挑那不膩的，斟酌着定就是了，總要一百吊一桌的纔好。酒是要黄酒，不要燒酒。

打算聽戲不聽呢？

聽説中國人請客，總是要聽戲的多，我也要照那麽辦。

官座兒若是現在立刻定，還怕没有，若是没有的時候，定桌子行不行？

那也使得。定官座兒，可總找那不吃柱子的地方纔好。

是。那麽上場、下場，都不論罷？

總是下場好，上場有那個鑼討厭。還有我這兩天聽戲，瞧見對面兒官座兒裏，有一個人吃東西，那也可以麽？

怎麽不可以呢？那總是有相公陪客坐着的時候，吃東西的多。

甚麽叫相公？

您没瞧見，常在戲台上傍邊兒站着的小戲子，長得那麼很標緻的麽？

啊，我想起來了，不錯，有這麼項人。那是幹甚麼的？

他們也唱戲，也陪酒。若是老爺要看，明天到飯館子裏，可以發一個條子，叫他們一兩個來陪酒，那也很助酒興了。

這也倒有趣。

老爺若是喜歡武戲，就聽梆子；喜歡文戲，就聽二黄。

還是聽二黄好。

那麽聽三慶啊，是聽四喜呢？

聽四喜罷。

那麽我這就定去罷。

啊，還有那跑堂兒的酒錢和戲價，明兒個就起你手裏給他們就是了。

是。

第十二章

那十塊錢換來了麽？

是，都换來了。

换了多少錢？

换了一百一十四吊四百錢。

合多兒錢一塊？

合十一吊四百四一塊。

怎麽比昨兒個倒多换了？

是，今兒個銀盤兒長了。

怎麽又長了呢？

是因爲行市下來的大。

這是誰定的行市呢？

老爺您不知道，這前門外頭珠寶市，有一個銀市，見天一清早，所有京裏錢舖的人，都到市上買銀子賣銀子去。若是這天市上的銀子多，行市就落。若是銀子少，行市就長。趕他們買賣定規了，合多少錢一兩，這錢數兒就算今兒的行市,九城的錢舖,都按着這一個行市。每天買銀子的賣銀子的,不能一定,一天是一個行市。

那麽一塊洋錢,合多少銀子呢?

通行都是按七錢銀子一塊合,説的可是那貿易的洋錢,和鷹洋,是一個樣,那一圓的,少换一點兒。在平常用的時候,可也没甚麽分别。那麽給您這票子,這都是和豐本出的。

這票子上的錢數兒,怎麽這麽宗寫法呢?我簡直的不認得。

是。這是五拾吊一整張,這是拾吊一張的,這是零的,五吊的、四吊的、三吊的、兩吊的。這是那四百四十錢的零兒。

是了,我各人點點這票子。

您點了對不對?

不錯,都對了,可是這個五拾吊一張的,不好使唤,你拿去取五吊錢的現錢,下剩的破了零的來。

是。還要他本舖子的麽?

若是他本舖子没零的,磨别處的也使得,總要那字號靠得住的要緊。

那是自然的,都磨四恒家的,可就妥當了。

那麽你就辦去罷。

第十三章

你上那兒去了?

剛纔有小的一個本家的哥哥,從鄉下來,找小的,説是小的的母親病得很重。他把小的搭出去説了會子話,所以就誤了這麽半天,没得禀知老爺。

你這都不像話,無論出去多大夫兒,你都應當告訴我説。

是,小的後來再不敢這麽大意了。還有一件事,小的要告幾天假,回家瞧我母親的病去。

真是你母親病了麽?不是告謊假呀?

小的天膽,不敢咒我母親有病。

既是真的,你打算告幾天的假呢?

若是我母親病不礙事,小的三兩天就回來,萬一小的的母親有個好歹,那就怕是得多躭誤幾天了。

你走了有替工没有呢?

小的有個朋友,他在法國府裏當過跟班的,小的可以把他找來替幾天。

那個人怎麽様?

他没别的不好,就是吃幾口烟。

哼,我不要吃烟的。這麽辦罷,你不用找替工了,可以叫吴老爺的跟班的,代管幾天罷。

那更好了。

你打算多喒走呢?

若是老爺肯放小的去,我就今兒晚上趕出城去。

你既打算今兒個趕出城去,現在天不早了,你就别愣着了,快歸着東西罷。

還有一件事,求老爺把下月的工錢支給小的。

我没那麽些個錢,不能都支給你,先給你三塊,另外我賞給你一塊錢。

謝老爺的恩典。

那麽你現在把吴老爺的跟班的找過來,把這屋裏的事都交代明白他,再把昨兒個破的那個燈罩子找出來,交給他,叫他明天照様兒配一個來。

是。

第十四章

明天有一位客人要來,你帶着苦力,把上屋裏拾掇出來。

是。那三間有一間棚都破了,棚架子也掉下來了,牆上的紙因爲犯潮都搭拉下來了。

哼,不錯,不錯,那麽得叫裱糊匠來糊糊罷。

是。老爺,您收着銀花紙了不是?

有好幾刀了。底半截兒牆得糊外國紙,棚上四面兒都拿藍條紙鑲上。

喳。還得買十幾根秫秸,紮架子哪。

哼,那麽一天可以報結麽?

現在天長,一天總可以完了。

那搭交手,還得偺們給他預備杪槁麼?

那是他們各人帶來。

還有甚麼得買的?

就是還得買打糨子的麵和竹籤子,還有蔴繩兒這三樣兒東西。

現在你先把外頭屋裏那兩間好好兒的掃掃,棚上若有蜘蛛網,可得掃乾净了,把牆上的土都胡拉下來,把槅扇都撢净了,把窻户上的玻璃也擦一擦,然後拿墩布蘸上水,擰乾了,把地板都擦了。可小心着,别拿墩布髒了牆。你就辦去罷。

是。

來!

喳!

現在來了信了,不行了,客人回頭就到了。

那麼棚還没糊了,可怎麼好呢?

這麼着罷,你就趕緊的先拾掇出來,就讓客人先將就着住罷。

是。

你聽大門外頭車站住了,光景是客人來了。

回老爺知道,可不是客人來了麼。

我先迎出去,你就叫苦力快打掃屋子,你出去搬行李去。

行李都搬進來了,請客人點點件數對不對。

客人説都對了。

還有趕車的説,還攏他兩塊錢的車錢哪。

把這兩塊錢給他拿出去罷。你去瞧瞧,若是屋子拾掇出來了,你把這行李挪到那屋裏去,安置好了,再來沏茶、打洗臉水。

是。

第十五章

怎麼了? 燈罩兒又炸了?

可不是麼,又壞了一個。

我常告訴你説,剛點上的時候,燈苗兒要小,趕慢慢兒的,再往大裏撚。你老聽不進去,太没記性了罷。去年就幹過這麼一回了,老改不了。總是你没把我的話擱在心上,這是怎麼個理呢?

也是小的一時没留神的緣故。

你不止一時没留神了,永遠没小心過。就拿去年冬天説罷,爐子永遠没乾浄過,趕今年撤了火了,爐子裏頭的剩煤也不弄出來,爐子也不刷上黑色,就扔在那堆房裏了,趕後來日子多了,全上了鏽了。還有那個煤,就在院子裏那麼堆着,不定那一天就許着了。

那是我不知道。

莫非你是瞎子麼?

那是苦力的事情,不是我應管的。

你别滿嘴裏胡説,你不會叫苦力收起來麼?

我告訴過他好幾回了,他老不聽。

你别混遮掩,你向來是嘴硬。

我怎麼嘴硬了?

那麼我問你,昨兒個我回來,你上那兒去了?

我任那兒没去呀。

那麼我這屋裏,瓢朝天、碗朝地的,招了好些個蒼蠅,你也不管,那是怎麼了?

是因爲我有個朋友來了,躭誤了一會兒的工夫,没能拾掇。

我不管那些個,起今兒往後,我出去的時候,你總要把屋子拾掇俐儸了,把衣服給疊好了,小爐裏燒上炭,拿灰培上,瞧有甚麼使不得的東西,該倒的該扔的,就都倒了扔了,那纔是有眼裏見兒哪。竟等着挨説纔幹哪,那還算人麼?還有你常愛砸東西,也不是事。近起來又添了一樣兒毛病,你有朋友來,把我的各様兒的東西拿出去用,這還像事麼?

我多喒拿您的東西了?

你别不認賬,昨兒個你拿我的茶葉,我悄悄兒的進來瞧見了。

我没拿。

你説你没拿,我現在到你屋裏搜一搜去。

您竟管去搜。
你瞧瞧,這是甚麽?你還狡情麽?
那是我各人買的。
這兒有真贓實犯,你還不肯認賬,你滚出去罷,我不要你了。
老爺别生氣,是小的拿老爺的東西了,求您寬恕罷。
你既認了,我還要你就是了。後來再若有這些毛病,一定立刻得走出去。
是,給老爺請安,謝您的恩典。

第十六章

回老爺知道,馬籠頭壞了。
是那個地方壞了?
是嚼子那兒壞了。
那麽你拿到鞍韂舖裏去,收拾收拾。
是。
還有近起來所有鞍子、馬鐙、肚帶,這些個傢伙,都臢的了不得,怎麽你也不拾掇啊?
没有的話,那天都拾掇。
那麽那上頭的鐵活,怎麽會上了鏽呢?
那是没用磚麪子擦的緣故。
我這幾天騎馬出去,馬的脚底下彷彿是發軟,老愛打前失,那是怎麽個緣故?
不錯,我也覺着是有那麽點兒毛病。
我想光景是馬掌掉了,或是釘錯了,也未可定。
那麽我今兒個拉到獸醫椿子上去,再從新釘一回罷。
也好。還有一件,馬怎麽老不上膘呢?
怎麽不上膘?老爺瞧不出來就是了。
我很瞧得出來,我知道,你是夜裏不餧的緣故。若是馬再不長肉,我可就不叫你包餧了。

老爺别這麽説，所有麩子、黑荳、紅高粱①、棒子、草，没不夠足了他的。

我今兒早起瞧見馬棚外頭，地下汪着好些個水，那是甚麽水？

那不是我弄的水，那是管洗澡房的他幹的。

那麽你把他叫來。

是，我就找他去罷。

老爺現在要洗澡麽？

我先問你一件事，你怎麽把澡盆的髒水，都倒在馬棚外頭了呢？

不是倒的，是因爲溝眼堵住了，水漾出來了。

那麽你得把那溝眼通開纔好哪。

是，我回頭就通去。可是，今兒個不是您洗澡的日子麽？

你燒得了洗澡水了麽？

是，都倒在洗澡盆裏預備好了。

那麽你拿着手巾和胰子，跟我去罷。你先前頭走一步，等我解完了手兒就去。

是。

你可要把澡房的地板都刷乾净了，别弄的那麽溜滑的。

是。

老爺水熱不熱？

熱一點兒，再對一點兒凉水。你給我搓搓澡。

是。

油泥②多罷？

不算很多。

那麽你給我擦乾净了罷。

是。

---

① 粱：原作“梁”。

② 泥：原作“呢”，據《官話指南》（吴啓太、鄭永邦著，楊龍太郎出版，1903 年）改。

第十七章

我現在要上上海去,你把東西都歸着起來。

老爺打算多宗晚兒起身呢?

一兩天就要動身。

那麼這粗重的傢伙,也都帶了去麼?

不咖,那我打算託朋友,都把他拍賣了。等我今兒晚上連夜,把拍賣的和留着的分出來,再打點罷。

我先把這箱子騰空了,把這零碎兒都插在裏頭好不好?

好是好,趕插在裏頭之後,可得拿滑藉或是棉花揎磁實了,别叫他在裏頭摇晃纔行哪。

那是自然的。還有那些衣服怎麼樣呢?

那等着歸在那皮箱兒裏,軟片一塊兒打包。

那就是了。

那書槅子上的書和字帖、條幅,都拿紙裹上就行了。

那匾額竟把字撤出來,那架子不好帶,可怎麼辦呢?

那就先擱着罷。

老爺,箱子都裝好了。那麼把蓋兒蓋上,可以就先釘死了罷?

可以可以。你把那張紅紙遞給我,寫個籤子,貼在箱子上。

那皮箱還得上鎖,拿馬蓮包包上,然後拿繩子綑上,可就省得車磨了。

不錯,那繩子扣兒務必要勒死了,看上車之後晃蕩開。你快打發苦力去買兩張油紙來,包那綢子。

喳。那軟帘子摘下來,捲上不好麼?

也好。還有那把旱傘也套上罷。再把這文具都裝在白拜匣裏。

現在把您的鋪蓋也都捲起來罷?

把夾被、棉被都疊起來,裝在褥套裏。那褥子明兒個還要鋪在車上哪。

是。明兒個把那個馬蓮包的箱子,煞在後車尾兒上,您想怎麼樣?

使得罷。那磁器得拿紙蘸上水糊上,再裝纔妥當。

這個法子更妙了。

回老爺知道,某老爺打發人,給您送了送行的禮物來了。

拿進來。給他拿出個片子去,叫他回去道謝就是了。

第十八章

你幹什麼來着?

我在花園子澆花兒來着。

那花兒開的怎麼樣?

現在正是盛開的時候,開的好看極了。

怎麼你這手上這麼些個泥?

我是在花園子弄土來着。

你回頭吃完了飯,我要打發你送禮去。

是給那宅裏送禮去?

是給後門徐老爺送禮去。

那麼小的這個工夫兒,先剃頭去罷。

哎,你别竟剃頭,還得打辮子哪。

剃頭和打辮子,那是一回事。

你還得换上乾淨點兒的衣裳,平常在家裏做粗活,那原不講究,到别的宅裏去,總[①]得要撒俐纔是樣子哪。

靴子、帽子,小的可没有。

你可以和夥伴兒們借一頂帽子、一雙靴子就得了麽。你就快拾掇去罷,别磨稜子了。

老爺,小的都拾掇完了,有甚麽話,請老爺吩咐罷。還有那禮物,您都打點出來了麽?

你瞧,這是四匣子東西,這是我的職名。

那麽小的得雇一輛車去罷。

---

① 總:原作"纔",據《官話指南》(吴啓太、鄭永邦著,楊龍太郎出版,1903年)改。

不行,這裹頭有嬌嫩東西,怕車撴。若不然,就叫苦力挑着跟了你去罷。

喳,那也好。

趕你到那兒就說:“這是我們老爺新近打外頭回來,帶來的土物,奉送這[①]兒的老爺用。”務必把職名給留下,然後你就回來。

是,那麽小的這就去罷。

啊,還有你到花園子去,掐幾朵花兒來拿着,順便到吴宅,給那位老爺送了去。

老爺,小的回來了。

徐老爺在家了麽?

是,在家了,把小的叫進去了,説是:“老爺起外頭大遠的帶了點兒東西來,留着自己用就結了,又何必費心惦記着我呢?實在我心裹不安得很。”這麽着給了我一個回片子,給老爺道費心。

是了。你手裹拿着的那紅封兒是什麽?

可是,小的還要回稟老爺哪。這是那兒的老爺給小的一個賞封兒,小的原不敢接,徐老爺説:“你只管拿着,若是不接,我就有了氣了。”小的這纔勉强接過來了。

好,好,你歇歇兒去罷。

第十九章

你洗完了臉了麽?

洗完了。

我要叫你買東西去。

買甚麽東西去?

我要買口蘑、大蝦米和掛麵。

你買四牌樓的麽?

别買四牌樓的,那幾個舖子的東西,連一個好的也没有。

① 這:原文此處字跡模糊,據《官話指南》(吴啓太、鄭永邦著,楊龍太郎出版,1903年)補。

那麽我出城買去罷。

你出城要買前門大街,路東那個海味店的纔好哪。

不錯,那兒的東西可好,就是貴一點兒。

貴一點兒也有限的。

您是要買多少呢?

我要買一斤口蘑、斤半大蝦米、十子兒掛麪。可是那口蘑多兒錢一斤?

有六吊四的,有四吊八的。

賤的東西總次罷。

那是自然的。

那麽買那貴的罷,分兩可叫他們邀足了。

他們不敢短分兩的。

那些買賣人的習氣,都愛要謊價,你也别竟聽他們要,總要還個價兒 。

老爺不知道,他們那大字號,都是言無二價,不敢要謊的。

那就是了。另外你打城外頭,再給帶些個鮮菓子來。

老爺打算要買甚麽鮮菓子呢?

杏兒和李子還有没有了?

那兩樣兒菓子,現在可没了。

那麽就買梨、桃、平菓、莎菓子、檳子、脆棗兒、葡萄,這幾樣兒罷。

一樣兒買多少呢?

買一斤葡萄、一斤棗兒,下剩那些個菓子,每樣兒買十個就得了。

是。

你帶這四十吊錢的票子去,除了買這些個東西,剩下錢想着再買冰糖和藕粉來。

是。那麽小的現在就去麽?

等一等,這兒還有十吊一張的退票,你給珠市口兒那個萬順皮貨舖裏帶了去,告訴他們,這是一張假票子,叫他們立刻給換上,交給你帶回來。

老爺怎麽知道,是他們的退票呢?

我收着他們了,並且這是前幾天,我到他們那兒買東西去了,他們找給我的。

老爺打那麽没别的事了麽?

還有事,趕你回頭的時候,順便到那個熟裁縫舖裹,問一問我定做的那件衣服得了没有。若是得了,你就拿包袱包上,帶回來了。

第二十章

張福!

喳!

你來,我有話和你説。

是,老爺有甚麼話吩咐?

現在有一位老爺,陞到廣東作領事官去,要找一個跟班的,我打算把你薦給他,你願意去不願意去?

蒙老爺的抬愛,小的願意去,可不知道得去幾年?

那位老爺大概得在廣東三年。他願意你跟他在那兒三年,你的意思怎麼樣?

那倒可以的。

可有一層,若是將來滿了三年,那位老爺陞到別處去,他可以給你船價,把你打發回來。若是不到三年,他不要你了,也是他給你船價,叫你回來。倘或没滿三年,你自己不幹了,要回來,那可是你自備盤費,他是一概不管。

是,小的都明白了。

還有工錢那層,那位老爺説,每月給你十塊錢[①]的工錢,四季的衣服,都是他管。你想怎麼樣?

十塊錢的工錢,小的也倒願意。就有兩層,求老爺給説一説。

是那兩層呢?

一層是先求那位老爺,支給小的十塊錢安家。還有一層,每月小的的工錢得起京裹,兑給小的家裹五六塊錢,就省得小的打外頭往京裹帶錢囉瑣了。

那我給你説一説,也倒可以行。可是先支給你這十塊安家的錢,你想每月是怎麼個扣法呢?

---

① 錢:原作“銀”,據《官話指南》(吴啓太、鄭永邦著,楊龍太郎出版,1903 年)改。

那是隨那位老爺的便,每月扣一塊兩塊都使得。

那就是了。

若是那位老爺都答應這兩層了,小的願意每月起老爺手裏,兑給小的家裏錢,纔妥當哪。

那都好説的,趕定規之後,我可以寫個取錢的執照給你。每月初一,你們家裏,可以打發人,拿着那個執照,到我這兒來取就是了。

費老爺的心。還有小的走之後,老爺不得另找個跟班的麽?小的有個親戚,可以來伺候老爺,好不好?

你這個親戚多大了?

他今年十八歲。

當過跟班的麽?

是,他原先在俄國公館當過跟班的。

那件事先挨一挨兒再説罷。因爲現在有一位老爺,給我薦了一個人,一兩天可以來試一試。若是不行,再叫你那個親戚來罷。

是,小的竟聽老爺的信兒就是了。

你這兩天,先把我的東西都歸着齊截了,好交代給新手兒,把外頭首尾的事情也都要算清了。

是。若是定妥了,小的可以多喒上工呢?

脚下離個月頭兒還有八天,那總是下月初一上工罷。

那就是了。

第四卷　官話問答

第一章

這是我們新任的欽差大人,特來拜會王爺、中堂、大人們來了。

啊,久仰久仰! 今日幸得相會,實在是有緣哪。

我們大人問王爺、中堂、大人們好。

啊,托福托福。請欽差大人上坐。

我們大人説,不敢那麽坐,還是請王爺上坐罷。

那如何使得呢? 大人今日是初到敝署,該當上坐的。

我們大人説,既是那麽着,就從命了。

理當理當。大人是幾時到的京?

我們大人是貴國本月十六到的。

我們久已就聽説,這位大人處事公平,尤重和好。如今既來駐劄敝國,遇事必能持平和衷商辦,於兩國商民均有利益,何幸如之。

我們大人説,承王爺、中堂、大人們過奬,實在是自愧才短,謬膺重任,諸事還要求王爺、中堂、大人們指教。

大人實在是太謙了,我們遇事,還要請教大人哪。

我們大人説不敢當。

請問這位大人,今年高壽了?

我們大人,今年六十一歲了。

大人年逾六旬了,精神還是如此的强健,實在是養法好。來!

喳!

擺點心、菓子,快盪酒來。

我們大人説,今日是初次到貴衙門來,那兒有就叨擾的理呢?

大人這話説遠了,我們今日和大人雖是初會,就如同故交一樣。况且這不過預備一點兒粗點心,爲得是彼此可以長談,請大人賞臉,不必推辭。

我們大人説,叫王爺、中堂、大人們如此費心,實在是於心不安。

那兒的話呢,這實在是不成敬意,請大人别見怪。

豈敢豈敢,我們大人説,這太盛設了。

這有甚麽,這實在的不成格局的很了。
我先敬大人一盃。
我們大人説,那實在不敢當。
大人請坐罷。
我們大人還要回敬王爺一盃。
那我可真當不起。
那麽我替我們大人回敬王爺、中堂、大人們一盃罷。
閣下是客,我們如何敢當,還是我們自己斟罷。
那麽我就恭敬不如從命了。
隨便隨便,請大人嚐一嚐這個點心。
我們大人説,請王爺、中堂、大人們别周旋了,還是自取倒好。
若是大人肯依實,我們也就不布了。
我們大人説,决不會粧假的。
那更好極了。
請大人再用一點兒點心。
我們大人實在是彀了。
那麽請大人過那邊兒屋裏坐罷。
我們大人請問王爺、中堂、大人們,那國書可以幾時呈遞?
那層是等我們這一兩天之内,奏明皇上,請旨定於何日,然後再照會大人就是了。
那麽竟候王爺的信就是了。
就是。
我們大人現在要告辭回去。
何妨再多談一會兒呢?
我們大人是還有些緊要公事,得趕緊回去料理,不能在此久坐了,還給王爺、中堂、大人們道費心。
些須微意,何足掛齒,實在是簡慢得很。
那兒的話呢,等改天我們再到貴館去謝步。
不敢當,不敢當,請王爺、中堂、大人們留步罷。
請了請了。

再會再會。

第二章

大人這一向好?

托王爺的福。王爺近來倒好?

托福托福。

列位中堂、大人們,這一向也都好?

承問承問。大人那一天回來好啊?

喳,承諸位掛心。

今日我們到這兒來,一來是給大人賀喜,二來是謝步。

不敢當,王爺和列位中堂、大人們,實在是多禮了。

大人恕我們來遲。

豈敢,這位大人怎麽稱呼?我們還没會過面了。

可是,我們倒忘了,你們二位大人見一見。這是新任的欽差某大人,這是我們劉大人。

久仰久仰。

彼此彼此。日前蒙大人光顧,我正告着假了,故此失迎,求大人原諒。

豈敢豈敢。大人貴處是甚麽地方?

敝處是江蘇。

大人現在是那衙門行走?

我現在是吏部侍郎,兼管總理衙門事務。

是。大人貴科分?

我是己卯科舉人,癸未科進士。

大人都是榮任過外省甚麽地方?

我没作過外任,自從癸未那年僥倖之後,就在翰林院供職,後來放過一次學差,又派過一次試差。

都是放過那省的學差?

放過一次四川的學差,後來試差派的是陝西。

大人今年貴庚？

今年虛度四十七歲。

大人年歲未及五旬，已經榮膺顯秩，這足見是大人才高了。

過獎過獎，我這不過是僥倖，實在是自愧無才，濫竽充數就是了。

大人太謙了。今兒個我預備一點兒菓酒，請王爺、中堂、大人們[1]，在此多談一會兒。

承閣下費心，我們理當討擾的，無奈今日是有奉旨特派的事件，必須趕緊回去辦理，我們心領就是了。

既是如此，我也不敢强留了。

那麽我們改天再來領教，就此告辭。

勞王爺、中堂、大人們的駕。

那兒的話呢，大人留步罷。

候乘候乘。

磕頭磕頭。

第三章

請大人見一見，這一位是我們新任的欽差大人，今日特來拜望大人來了。

啊，久仰久仰！

我們大人問大人好。

哦，大人好？

我們大人説，託大人的福。

貴國大皇帝一向聖體康泰？

是，我們大人説，敝國大皇帝一向倒很康泰。請問貴國大皇帝，一向聖駕安康？

是，敝國大皇帝一向倒很安康。請大人上坐。

我們大人讓大人上坐。

---

① 們：原作“門”。

豈敢,大人到此,理當上坐的。

我們大人説,這實在是膽大了。

請坐請坐。請問大人是幾時由貴國動的身?

我們大人是敝國上月初十動的身。

一路倒都很平安?

是,我們大人説,托大人的福庇,沿途都很平安。

大人到上海住了幾日?

我們大人在上海,住了不過兩天,就往這麽來了。

沿路上走着,往這麽來,也很遠哪。可不知道有甚麽新聞没有?我們要請教的。

我們大人説,沿路上的古蹟倒不少,但是關係現在國政的事情,倒没甚麽新聞。

是。那麽大人上京,定規是那一天?

我們大人打算後日就要北上。

大人行期何必如此緊急?

是因爲欽限將滿,不敢久延。

是由水路走,還是由旱路走呢?

我們大人,是因爲行李太多,打算由水路走。

船隻都雇妥了麽?

今日已經打發人雇去了,大約明日可就雇齊了。

告訴大人説,我可以派兩個武弁,帶領二十名兵丁,護送大人到通州。

我們大人説,大人如此費心,實在是感謝不盡了。

豈敢,大人到此,我這是該當効勞的。

我們大人説,實在領情。

那麽我今晚就發文書,咨報總理衙門,就提欽差大人,是後日由水路北上就是了。

那好極了,我們大人今晚也有文書到京裏敝國公館去。

那更妥當了。

我們大人現在要告辭回去。

請大人再略坐坐兒,多盤桓一會兒。

我們大人還有點兒公事,得趕緊回去辦理。
那麽勞大人的駕,我明日再回拜大人去就是了。
我們大人說,不敢勞動大人的駕。
該當的。
大人留步罷。
候乘候乘。
磕頭磕頭。

第四章

我今日來,一來是回拜大人,二來是給大人謝步。
豈敢,大人實在是多禮。
那兒的話呢,是該當的。大人榮行準在明日麽?
是,明日一準起身的。
船隻想都齊備了。
是,俱已齊備了。
那麽明早,是在何時啟節呢?
大約就在巳初罷。
那麽我明早辰正過來送行就是了。
那實在不敢勞動了,今日偺們一見,就都有了。等後來我再來之時,或是大人上京,偺們[①]可以再多盤桓幾日。
既是如此,我就遵命不過來了。
豈敢。大人約摸可以幾時到京去呢?
大概今年冬子月底,可以到京去,彼時必當到貴館拜會的。
倘或大人上京之時,請您先期賞我個信,我便當掃榻[②]以待。
豈敢,要去之先,必然要預先奉告的。

---

① 們:原作"門"。
② 榻:原作"搨",據《官話指南》(吴啓太、鄭永邦著,楊龍太郎出版,1903 年)改。

還有一件事托咐大人。

大人有甚麽事，只管吩咐。

豈敢。我們這個領事官，人甚年輕，況且又是初次當差，尚欠歷練，倘有不到之處，求大人擔待些個纔好，並且還要求大人諸事指教，俾伊有所遵循，則我感同身受矣。

大人太謙了。這位領事官，人雖年輕，才情敏捷。數月以來，我風聞所辦的交涉事件，均甚妥善，我心中實在佩服得很。不過是在敝國年分尚淺，於敝國制度、風土人情，恐還不能周知。倘有不甚明白的事情，問及於我，我必要詳細告知的，以副雅囑。

大人實在是過加獎譽了，他這不過是學習當差而已。

我現在還有公事在身，就要告辭了。

那麽偺們就等在京裏相會了。

是，趕大人到京之後，還要求賞給一信，以慰遠念。

是，到京之後，必有信奉致大人。

那麽明早我就派武弁，帶領兵丁到此，聽候大人指使就是了。

豈敢，實在承大人的盛情了。

該當的。大人請留步罷。

請了，再會再會。

第五章

中堂、大人們都好？

承問承問。閣下這一向好？

托列位大人的福，這一向倒很好。

閣下請坐。

中堂、大人們請坐。

這一向公事忙不忙？

這一向倒不甚忙。

閣下今日到此，有何公事見諭？

今日我是奉我們欽差大人的委派,到貴衙門來,有件面談的公事。

哦,請説一説,是件甚麽事呢?

因爲上月有敝國一個繙譯官,領有護照,到某處游歷去。趕他到了那個地方,就住在一個店裏頭了。誰知那兒的百姓,少見多怪,每日三五成羣,在店門口兒擁擠觀看,其中還有口出不遜者。並且敝國繙譯官,風聞那些個百姓,有意滋事。因爲那個店離汛官衙門不遠,於是他就到汛官衙門去,意在面見汛官,請他設法彈壓,免生事端。誰知那個汛官,竟自托病不見。敝國繙譯官無法,就又到知縣衙門去拜會。趕他到了知縣衙門,把名片投進去了,等候許久,門丁出來説:"知縣陪客説話哪,不能接見。"這麽着敝國繙譯官,就回店裏來了。次日清早,他又到縣衙門去請見,有一個姓王的書辦出來,把他讓到科房裏去了。王書辦問他的來意,他就將百姓有意生事,打算請知縣設法保護的話,説了一遍。王書辦説,因爲知縣現有公事在身,不與接見。敝國繙譯官就説:"既是知縣公事煩冗,我也不便請見,不過求閣下將此事回明知縣,就提我請他趕緊彈壓,免生意外之事,是要緊的。"王書辦滿口應允,然後敝國繙譯官就告辭回店裏去了。誰知他在店裏又等了兩日,並没音信。百姓越聚越多,信口胡言,勢必要鬧出事來。他看情形不妥,就一面發稟帖,稟報我們欽差大人,一面他就起身到府裏去,打算面求知府,轉飭知縣,妥爲保護。可不知道到府裏去辦理如何,但是我們欽差大人接到他的稟帖,十分詫異,因想各國人民到處游歷,既領有護照,地方官就應當照章保護纔是,此事不但載在條約,而且屢次奉旨,飭令各省督撫,轉飭各地方官,恪遵條約,保護洋人。何以各省督撫,倒能遵守條約,而地方州縣仍是以保護之責,視爲無足輕重之事?令人實不可解。如今我們欽差大人就求王爺、中堂、大人們,再咨請各省督撫大人,轉飭所屬,後來若是有外國人帶着護照,到處游歷,地方官總應當加意保護,以符條約,是要緊的。

是了,閣下回去,可以告訴欽差大人説,這件事我們明日就行文到那兒去,請該省的巡撫要查問那個知縣和那個汛官,究竟他們是爲甚麽不肯接見,及不設法彈壓的原故。若是查出他們有辦理不善之處,必須將他們開衆的。並且我們還可以再行咨請各省督撫,嚴飭各州縣,日後若有洋人,到各地方游歷去,總要按照條約,加意保護。倘或有不肯盡力保護的,一定要指名奏衆的。

是,中堂、大人們如此費心,敝國的官民實在感謝不盡了。

那兒的話呢,這是我們該當盡力的。

那麼我回去,就遵照中堂、大人們的話,回明我們大人就是了。

閣下回去,替我們問欽差大人好。

是,回去都替説。

請了請了。

再見再見。

第六章

今日,我是奉了我們大人的委派,到貴衙門來,和王爺、中堂、大人們説知一件公事。

啊,是甚麽公事呢?

因爲是上月,有敝國的一隻火輪商船,船名“風順”,由上海往天津來,行至葛沽的上邊兒,撞壞了貴國停泊的一隻商船。趕到風順輪船到天津之後,船主業將此事稟報敝國領事官了,並且稟明了,那隻中國商船停泊的地方,有礙輪船往來之路。説是既然那隻商船,不按河泊章程停泊,此次被輪船碰壞,便不應認賠的。後來敝國領事官接到貴國道台的照會,説是據中國船户周立成稟報,該商船正在葛沽水面上行走之間,敝國風順輪船由後面來將該商船撞壞,船舵已經撞折了,船幫也撞壞了。彼時敝國領事官照復道台,就提風順船主,已經稟明了,説是中國那隻商船是在河裏灣着了,因他停泊處所,有礙輪船往來之路,以致被碰。按照河泊章程,是不應賠的,但是現在兩國應當先彼此派員,會同到碰船之處,查看一回,然後再議應賠不應賠的事。這麽着道台就派了一位委員,會同敝國繙譯官,到碰船的地方查看了一回。那個船户周立成原稟的,是把他的船舵撞折了,把船幫也撞壞了。趕他們一看,不過將船舵撞折了,並没撞壞船幫,這一節就先與原報不符。又據船户周立成説,那天他的船,實在是正走之間,被輪船碰的。然而據敝國船主説,那天周立成的船,並没在河内行走,實在是在河裏停泊,阻礙輪船之路,以致被碰的。道台總以敝國船主之話不足信,以中國船户之言爲足憑。敝國領事官和道台辯論説,若是以中國船户之話爲可信,那麽那個船户原稟的是輪船將他的船舵碰折了,將船幫也撞壞了,及至一查,不過將船舵折了,並未碰壞船幫。只舉此一端,可見那個船户的話,不足爲憑了。道台雖然無話可答,到底還是堅請敝國領事官,飭令輪船船主,賠償修費。敝國領事官,據輪船船主供説,那個中國船户,既然不按照河泊章程停泊,致被碰壞,照例是不能賠償的。敝國領事官,若强令該船主賠償修費,實不足以服其心。無奈道台總不以敝國領事官之言爲然,彼此辯論不休。敝國領事官實無法可辦,所以詳報我們欽差大人,請示辦法。我們大人派我來,請問王爺、中堂大人們,此案應如何辦理,方免彼此争論。

雖然今日王爺不在坐,依我們之見,這案兩造各執一詞,都不可憑信,總應由貴國欽差大人,札飭領事官,由我們札飭道台,叫他們飭令兩造,各尋見證,然後彼此會訊,自然就有個水落石出了。閣下回去,將此節回明欽差大人。如以爲可,就請賜一信來,我們就給道台行文去就是了。

是,那麼我回去,將中堂、大人們所論的辦法,回明我們大人,斟酌可否,再寫信來就是了。

是,就這麼樣罷。

那麼我暫且就要告辭了。

請了請了。

第七章

大人這一向好?

托福托福,閣下一向可好?

承問承問。

閣下請坐。

大人請坐。

閣下這一向公事忙不忙?

公事倒不甚多。

閣下今日光臨敝署,是有甚麼公事麼?

是,今日是奉了我們領事官的委派,到貴衙門來,商量一件公事。

是甚麼公事呢?

因爲有這本地一個商人，名叫劉雲發，由福州雇定了敝國一隻夾板船，裝載雜貨，運到此處。議定水脚是四千五百塊洋錢，在福州地方，先付過一千五百塊。説明白的，下欠那三千塊錢，是到此處付清，船主當時也都答應了。這其中並没有中人行棧經管，俱是他們彼此對講的。趕前四天船到了此處，次日一早，劉雲發用撥船將貨物起下來，裝上了，運到海關門口候驗，然後他和船主説，他先到家去措辦水脚，晚上必回船上來，把下欠的銀兩，都要交清的。他還開了他的住址，交給船主收着。船主看他那個人，是個正經商人，可就答應叫他去了。趕到那天晚上，劉雲發並未回船，直等到昨日晚上，仍未回船。船主就遣人按他所開的住址，到那個地方去找，並未找着，心裏就未免設疑。故此禀報領事官，函致税務司。若是劉雲發完清税項，暫且將貨物扣留，等他交清水脚銀兩，再爲放行。後來接得税務司函復，説："若是劉雲發完清税項，海關没有暫行扣留貨物之例，此事礙難照辦。"領事官恐怕劉雲發忽然交清税課，海關將貨船放行。這項水脚銀兩可就無着落了。所以領事官派我來，請大人函致税務司，如若劉雲發完清税項，暫且把他的貨船扣留，等他還清水脚，由我們領事官知會大人，轉致税務司放行。請大人千萬費心，給辦一辦，我們就感情了。

這件事，若以公事而論，劉雲發完清税項，海關原無扣留貨船之例。如今領事官既然託咐我，我不過按着私交情，轉託税務司，把劉雲發貨船暫且扣留就是了。趕到他交清水脚銀兩，請領事官趕緊賜我回信，我好知會税務司，把貨船放行。這不過是暫時通融辦理，後來不可以此爲例。

大人如此費心，我們實在感謝不盡了。

那兒的話呢，這回頭我就給税務司發信。

那麽我要告辭了。

請請。

改日再見。

第八章

今日我是奉了我們道台的委派，到這兒來，是和領事大人説一件公事。

是甚麽公事呢?

因爲前次大人照會我們道台,説是這本地慶長洋貨舖東家趙錫三,批定了貴國天盛洋行哈喇六十包,立有批單。趕到上月貨到了,洋商催趙錫三起貨,趙錫三藉詞挑剔,不肯將貨物起去。大人請我們道台,飭縣把趙錫三傳案査訊。後來據知縣稟復,説把趙錫三已經傳到案了。據他説,去年封河之先,他在天盛洋行,批定了六十包哈喇,立了一張批單。他付過定銀一百兩,言明今年三月初間交貨兑銀子,兩無躭悮。趕到本年三月初間貨到了,天盛洋行遣人去給他送信,他就拿着原様去到洋行,把貨包折開,拿原様一比,内有十包,貨様不符。所以他不肯收貨,要把原給的定銀退回,叫洋商將貨物另行出售。洋商不肯退還定銀,這麽着倆人也没説開就散了,不料洋商竟自將他稟控。他不肯起貨。實在是因有貨様不符的緣故,並非是藉詞推托。我們道台據知縣的稟復,已經照會大人了。後來又接到大人的回文,説是趙錫三在縣署所供的情形,是一面之詞,不足爲憑,請飭縣仍舊叫趙錫三收貨兑銀子。我們道台説,雖然趙錫三所供的是一面之詞,無奈他既供出,因貨様不符,他不肯起貨,如今若是勒令叫他收貨付銀子,實在不足折服他的心。若是一定以趙錫三之言爲憑,洋商又未必肯服。我們道台現在想了一個善法,遣我來和大人商量,打算定規本月某日,我們道台同大人在會訊公所,把原被兩造傳來,叫洋商雇人,把那六十包哈喇抬到公所去,大人和我們道台過一回堂,公同看一回貨物,孰是孰非,自然立判。不知道大人的尊意,以爲何如?

此事我原無成見,如今既然兩造各供一詞,難以定案,道台所想的辦法也很妥當。然而以我的愚見,由道台飭令趙錫三,約兩個華商,由我飭令天盛行的東家,邀兩個洋商,是日都齊集會訊公所,叫他們四個商人看明貨物,是否與原様相符。以他們四個人爲憑據,若果他們四個人看明貨様相符,道台便可飭令趙錫三起貨付銀子。如果貨様不符,彼時我訊明天盛行主,再和道台商議辦法。愚見若此,閣下以爲何如?

大人所論的辦法,更盡善盡美了。我回去將此節稟明道台,再回復大人就是了。

閣下再坐一會兒罷。

今日是有公事在身,不能久陪,等底下再給大人來請安。

豈敢豈敢。

大人留步罷。

改日再見。

第九章

今日我們領事官委派我來，和大人商量一件公事。

是什麽事呢？

就是敝國寶昌行掌櫃的朱曉山，虧空銀兩的那一案。

那一案前日我已經照會領事官了，不知道領事官以爲何如？

我們領事官的意思，是這麽着。當初寶昌行聘請朱曉山之時，有祥立、仁和、福順、晉昌四家具的保單，言明嗣後朱曉山如有虧空等事，除將朱曉山家私變價賠還外，下欠若干兩，四家保人一律攤賠，各無異議。前日我們領事官接到大人的照會，説現在除將朱曉山家私變價一千兩賠還外，下欠四千兩，應著落保家晉昌綢緞舖，賠出銀二千兩，其餘二千兩，著落祥立、仁和、福順三個洋貨舖保家一律攤賠。我們領事官看大人如此辦法，實有不解，所以打發我來，請問大人，因何不按保單上所説的，叫他們四家保人均攤？怎麽單叫晉昌號多賠，叫那三家少賠呢？

我叫晉昌號多賠，叫那三家少賠，這其中有個緣故。因爲前次我把那四家保人傳來審訊之時，據祥立、仁和、福順三家舖東説："當初具保單時，雖然言明，將來朱掌櫃的如有虧空等事，除將朱曉山家私變價賠償外，下欠若干兩，四家保人一律均賠。然而這些年，晉昌號時常有借用朱曉山銀兩買貨之事，其所借用之銀兩，並無利息。所以他這些年，也頗沾朱曉山之光。我們這三家保人，這些年和朱曉山並没有交往錢財的事情，向來没有沾過朱曉山之光。如今若是叫我們都一律攤賠虧空，我們三家實在寃屈。"這麽着我又問晉昌東家，他們那三家所説的，是實有其事麽？據他供認，這些年實有借用朱曉山銀兩買貨之事情，實沾朱曉山之光頗多。因此我纔將朱曉山虧空的這四千兩銀子，斷令晉昌號賠出銀二千兩，那三家保人分賠那二千兩銀子，他們四個人都情願具輸服甘結，此事我也並未十分勉强。閣下看如此判斷，還有甚麽不公平之處麽？

我斗胆説一句話，求大人可別見怪。

閣下有話不妨明言。

據我看,如此斷法,似乎不甚公平。

有何不公平之處呢?

大人之意,是以爲晉昌號這些年沾過朱曉山之光,所以如今斷令他多賠,那祥立、仁和、福順三家,向來並没沾過朱曉山之光,所以斷令他們少賠。依我的愚見,斷此案,總應當據保單上所説的話爲憑。保單上既然言明,將來賠補朱曉山虧空,應當四家保人一律均攤。如今若單叫晉昌號多賠,不但與保單原議不符,且恐那三家有幸免之詞,似乎不公。至於説晉昌號常借用朱曉山銀兩買貨,並没利錢,這些年沾朱曉山之光頗多,因此斷令晉昌號多賠。然而晉昌號借用朱曉山銀兩,那是他們的私交情,與此案無涉,斷無因此案,而牽涉伊等私情之理。在那三家保人,希圖少賠錢,原可以任意混供,在大人原不必據他們之言而斷。設若這四家保人,内中有兩家沾過朱曉山之光,那兩家没有沾過朱曉山之光,那麽就應當竟叫這兩家沾過光的賠銀子,那兩家没沾過光的,就可以置身事外麽?所以大人總應當據保單斷令他們四個保人一律均賠,不可有賠多賠少之分,方爲公允。

閣下所説的是據理而論,我所説的,是隨勢酌情權變之法。

大人所説的,隨勢酌情權變之法,那是據理判斷有萬難之處,方可用權變之法。如今此案據理而斷,並無礙難之處,又何必用此權變之法呢?

閣下既然看我所斷的不甚公平,請閣下回去之時,和領事官商量商量,然後偺們再從長計議,也未爲不可。

既是如此,偺們再議就是了。我現在要告辭回去。

忙甚麽,偺們再談一會兒罷。

我還有公事了,偺們改天再會罷。

請了請了。

再見再見。

第十章

今日我到貴衙門來,是和大人面商一件事情。

哦,請教是甚麼事呢?

就是因爲貴國信成洋貨舖,欠敝國恒裕洋行的貨銀那一案。因爲上回恒裕洋行,稟控信成洋貨舖的時候,我先把信成的東家王保山傳來問了一問。據他說,這本地富順雜貨棧,欠他有一萬多兩銀子的貨銀,屢次去催討,總也没還。若是能把那項銀子追出來,除了還恒裕洋行貨銀五千兩,還富餘五千多兩銀子哪。他求我照會大人,飭縣先把富順棧的東家傳到案,把那項銀子追出來,他就可以歸還恒裕洋行的貨銀。我是恐怕恒裕洋行貨銀無著落,所以照會大人,飭縣傳訊富順棧的東家,把他該信成的貨銀追出來,爲得是好歸還恒裕洋行的欠款。昨日大人遣委員楊大老爺到敝館去,說是此案,恐怕是信成東家託出恒裕洋行東家,捏詞代爲控追富順棧的欠款。如果照辦,怕是開洋商包攬插訟之端,請我細細的查問明白再議。這麼着我又把恒裕行的東家叫了去,細問了一問。據他說,信成洋貨舖,實在欠他行裏的貨銀五千兩,有賬可憑,他並不知道富順棧該信成洋貨舖銀兩的事。至於求我照會大人,飭縣傳富順棧的東家,訊追欠款,那實在是王保山的主意,並非是他們倆人商量的辦法。如今我既然查明白了,這其中並没有毛病,那麼就還請大人飭縣照辦就是了。

大人雖然查明白了,這其中並没有弊病,總還該當由洋商控追信成,由信成控告富順,各清各賬,方爲正辦。若是隨便牽扯,雖然這案没毛病,難保後來不滋生弊端,這也不可不預爲防範。大人尊意以爲何如?

我想大人所說的也很有理。不過有一層,請大人吩咐知縣,將來王保山到縣控告富順,知縣把富順棧欠信成的銀兩追出來的時候,先别叫信成領去,由知縣把信成欠恒洋行那五千兩貨款扣下,其餘的銀兩,再叫王保山領去。大人想這麼辦好不好?

這層我倒可以飭縣遵辦就是了。

既是如此,我明日行文過來就是了,暫且失陪。

那麼偺們改日再見。

請了請了。

再會再會。

第十一章

老兄大喜了。

老弟同喜。

因爲昨日我看京報,知道老兄選上了,所以今日特來,給老兄賀喜。

實在勞駕得很了。老弟請坐[①]。

老兄請坐。

老弟這一向官差忙不忙?

這一程子公事很忙,總暇未得。

何以如此之忙呢?

是因爲這一向,竟辦理秋審的事情哪。

秋審也快辦結了罷?

是,也就在這個月底,就可以辦結了。

是。

老兄是幾時驗放?

大概就在本月初十驗放。

缺分怎麽樣呢?

算是個中缺罷。

老兄如此大才,不久便要調首縣的。

那如何敢指望呢?我這初次作官,但願得一簡缺,免有竭蹶之虞。若遇一煩難之缺,轉恐才不勝任,必致貽笑大方。

老兄太謙了。那麽老兄行期,大約得幾時呢?

大約也就在冬子月初間罷。

限期是多少日子呢?

限期原是三個月,若是有緊急的事,也還可以再告一個月的假。在我的意思看,若到臨時,没甚麽緊要事件,也就無須告假了。

---

① 坐:原作"座"。

老兄此次攜眷去麽?

我想冬天路上太冷,若是攜眷去,諸多不便。我打算今年我先到任上去,趕明年春天,再遣家人來接家眷去,倒方便些個。

是,老兄這麽辦,倒很妥當。我現在要上衙門去,改天再談罷。

老弟有官差在身,我也不敢久留。等我驗放之後,再到老弟府上請安去就是了。

不敢當,老兄請留步罷。

老弟請走罷,那兒有不送之理呢。

老兄請進去罷。

候乘候乘。

磕頭磕頭。

第十二章

老兄久違了。

彼此彼此,老弟大喜了。

同喜同喜。

我是前日到的家,看見題名録了,知道老弟高中了,所以今日特來賀喜。

勞老兄的駕。

那兒的話呢。

老兄請上坐。

老弟請坐。

老兄一路上倒都很好?

是,托福,一路都很平安。

老弟此次中的很高,足見是學問有素了。

承過獎了,這不過僥倖如此就是了。

老弟太謙了。此次房師是那位?

房師是張太史。

都拜過了麽?

是,前日座師、房師都拜過了。
令弟此次抱屈的很。
那兒的話呢。
出了房了没有?
是,薦卷了,就是因爲詩不妥批落了。
這也是一時的科名蹭蹬,下次鄉試,一定要取中的。
借老兄的吉言罷。
您此次進京來,是有何公幹?
我是解銅來了。
都交代完了麽?
昨日已經都交代清楚了。
那麽您此次回省,就可以補缺了罷?
今年回省,署事還可以,補缺大概總得明年罷。
可是覆試是多喒哪?
覆試是本月二十三。
那麽等過了老弟覆試,偺們再談罷。我現在要告辭了。
老兄何妨多坐一會兒呢。
我是今兒個還要拜客去哪。
那麽等過了覆試,我再到府上請安去罷。
不敢當,老弟留步罷。
偺們改日再會。

第十三章

今日我到府上來,是有奉懇兄台的事情。
豈敢,老弟有何見教?
是,因爲有我們一個敝鄉親,由四川運來有十數箱川土,托我給他辦這上稅的事情,我也是一概茫然,所以特來奉懇兄台代爲辦理。
大概貨物得幾時到呢?

大約後日可以到京。

此事容易辦。

兄台可以託誰給辦呢?

你們這位貴鄉親,現在到京了麽?

他是昨兒晚上到的京,打算把這上税的事情安置好了,他再出城迎貨去。

是,我今兒可以出城託好了税務司的經承,叫他派兩個人,後日一清早,到您的寓所去,跟着您那位貴鄉親,一同出城迎貨,然後叫那倆人押着貨車到務。囑咐貴鄉親,可以先期開一清單交給我,是日由我呈請查驗,趕查驗之後,就可以先打印子放行。等科房把税銀算清,告訴我説,我再和貴鄉親要出來,給税務司送去,不過得給底下當差的些個飯錢就是了。

我們那個敝鄉親,倒不怕多花幾個錢,只要保其平安,就是造化。如今聽您説的這個辦法,是妥當極了。

請貴鄉親竟管放心,此事既是我承辦,我管保萬無一失。

您不知道,我們那個敝鄉親,現在是驚弓之鳥。

怎麽?

他前年運來十箱子川土,趕到了彰儀門的時候,城關了,他就住在一個店裏頭了。趕車的起車上把煙土卸上來了,被巡役看見了,報他私卸貨物,因此罰了若許銀兩。所以此次他是膽戰心寒,故此纔託我預先安置。

您告訴他萬安,決不能有差錯。

那麽實在承您費心了,我明日在寓所候您的佳音就是了。

就是就是。

第十四章

前次承兄台枉顧,今日特來謝步。

豈敢,老兄實在多禮。

那兒的話呢,這是該當的。

老兄這一向官差如何?

這幾日稍微的漸消停一點兒。

老兄是能者多勞。

承過獎了，不過以勤補拙就是了。

老兄太謙了。

今日兄弟來，打算初五，奉請兄台，在同慶堂一聚會，求老兄千萬賞臉別推辭。

兄台何必如此費心，偺們一見如故，似無須拘此形跡。

這不過是兄弟一點兒誠心，聊盡地主之情，況且同座幾位，都是偺們道義中人，又是和兄弟至好，大家不過聚在一處談一談就是了。

既蒙老兄抬愛，我就遵命了。

豈敢，這是兄台賞臉賜光了。那麽明日我備帖過來就是了。

偺們今日既當面説明白了，老兄就不必送帖來了，不過請告訴我時辰就得了。

那麽我就從命不送帖來了，偺們初五午初，在同慶堂會面就是了。

我屆時必要早到的。

那好極了。

還有一件事，我要奉懇老兄替我爲力。

兄台有何事吩咐？

因爲我這是初次到京，舉目無親，現在要投供，無處找互結官，老兄若有素識投供的朋友，求給我找一位互結官纔好。

此事甚巧，現在有一位朋友是舉人，他連今年會試，算是已過三科了，正打算要投供候選了。你們二位互具保結，倒是很好。偺們初五這約，就有此公在座，那個時候便可當面商議。

這實在是萬分湊巧了。此事全仗老兄爲力了。

豈敢，該當効勞的。我也要告辭回去了，偺們初五見就是了。

老兄回去了。

再見再見。

第十五章

你們二位見一見，這是朱筱園，這是黄毅臣。

久仰久仰。

彼此彼此。

老兄請坐。

請坐請坐。

我常聽見這位李芝軒老兄提閣下學問淵博，實在仰慕得很。今日一見，真是有緣有緣。

豈敢，兄弟是才疎學淺，承芝軒兄台謬奬，實在是慚愧的了不得。

老兄太謙了。請問老兄，是由幾時丁的憂？

是由今年春間。

老伯大人在的時候，都是榮任過甚麽地方？

先父是由翰林轉御史，後來陞給事中，然後京察一等，簡放廣東督糧道，去年升任河南藩司，今年春天二月初五，在河南藩司任内出的缺。

老伯大人今年高壽了？

今年六十六歲。

實在可惜可惜。

伯母大人今年高壽了？

家母今年整六十。

身體倒還康健？

是，托福，倒很健壯。

閣下是在翰林院供職麽？

是，兄弟是癸未科僥倖之後，入翰林當庶常，去年散館，授職編修，今年春間丁憂，就回籍守制來了。

貴昆仲幾位？

我還有一個兄弟，就是我們兩個。

令弟原先榮任過甚麽地方？

他没當差,他是壬午副榜。先父在的時候,他隨侍任所,現在是在家裏念書。

是。兄弟這是初次到貴處,一切未諳,諸事總是求老兄指教。

豈敢。老兄從先是在何處遊幕?

前年曾就易州衙門刑席,去年冬間,舊居停因案去任,兄弟脱館,就囘家去了。趕到今年夏間,我們這位朋友選授此缺,執意邀兄弟同來,誼不容辭,所以就一同來了。

我們這位老父台是由甚麽出身?

他是由舉人國史館議叙。

是。我現在要告辭囘去,改日再來領教。

豈敢。老兄囘府,先替我給伯母大人請安,兄弟改日親身到府上請安去。

不敢當,兄台留步别送,

請了請了。

第十六章

前次我是聽見孔竹菴兄提老兄大名,不敢造次晉謁,託孔兄代爲先容,今日特意到府上來請安。

豈敢,勞兄台的駕。我也是久仰大名,只因家事煩雜,還没得過去拜訪。今日一見,深慰下懷。

我這是初到貴處,人地生疎,諸事仰仗兄台指教。

豈敢,有甚麽事,兄弟是必當効勞的。請問老兄,是幾時到的敝處?

我到此,不過兩個月。

我聽見孔兄説,老兄現在是辦理本處釐捐局的事務。

是。我到省裏,稟見撫台之後,奉委幫辦本處釐捐事務。

老兄在省裏,住了有多少日子?

住了不過一個月。

老兄可以幾時補缺呢?

補缺大概還得過三年罷。

貴班次的，還有幾位候補的？

連我還有五個人。

老兄名次在第幾呢？

我的名次是在第四。

是了。

兄台是幾時起服呢？

後年正月起服。

現在老兄是在崇正書院主講麽？

是，因爲是敝處紳衿，公舉兄弟在書院主講。其實自愧無才，徒負虛名而已。

那兒的話呢。

前次兄弟曾託孔兄來，面求老兄一件事，今日我斗膽特來奉懇。

不是爲令弟的那件事情啊？

不錯，就是那件事。

我是因爲才疎學淺，恐怕躭誤令弟的科名，不敢率允。

老兄太謙了。若是舍弟拜在老兄門下，得親大教，學業日新，何幸如之。

兄台既然願意令弟問道於盲，那麽我就勉强從命了。

老兄既然允許了，我就感激非淺了。等着擇吉，我帶舍弟來拜師就是了。

不敢當，不敢當。令弟是幾時進的學？

他是前年進的學。我怕是他在家裏荒疎學業，所以我把他帶出來，投一位名師肄業，以圖上進。如今得蒙老兄陶鎔，將來舍弟成名，舉家感戴，没齒不忘也。

豈敢豈敢。那麽等老兄定妥日子，我和令弟會面就是了。

等我擇定日期，先託孔兄過來，知會老兄罷。

就是就是。

第十七章

兄台這一向少見，是有甚麽貴幹去了麽？

是同着幾位朋友到西山遊玩去了。

去了有多少日子呢?

在山上住了有十天。

住了十天,可逛足了罷?

遊玩的地方倒不多,在那兒竟住了好幾天。

在那兒住着,幹甚麼來着?

我們這幾個人,是在西山上一座關帝廟裏,立了一個詩會。

這雅的很哪。都是每月逢幾開會呢?

每月初一至初五,十一至十五,二十一至二十五,這都是作會的日子。

這麼説,一會是五天,一個月共是十五天。

不錯,每月是十五天。

這每月作會的日子很多呀,共總有幾位朋友呢?

偺們京裏的,連我是五個人,還有那本地的兩位朋友,共總七個人。

那麼你們這五位,作會的日子,得在那兒下榻罷?

是,我們每逢作會的日子,頭一天去,趕過了作會就囘來。

在山裏頭,是住在那兒呢?

就住在那本廟裏。

那麼飯食,是怎麼辦呢?

我們是由京裏帶一個廚子去,吃的東西也是由京裏買了帶了去。酒和肉,彼處有一個小鎮店,還可以買。

既是如此,我也願意入這個詩會。

若是得兄台去,與這個會更增光了。

承過奬了,我是不長於做詩,不過去給衆位研墨就是了。

兄台太謙了。

還有飯食這一層,我也是一律均攤,我纔肯去哪。

那一層,兄台倒無須介意,都在兄弟身上就是了。

若是不説明白了,那我决不敢從命的。

既然如此,偺們就同席吃飯,各自會錢就是了。

如此,我便可以去。可是誰是會首呢?

我們這麼商量的,大家輪流着當會首。

這麽辦到是很好。

那麽二十一早，我來約上兄台，偺們一齊動身就是了。

是，就這麽辦罷。

第十八章

閣下是貴國那一縣？

我是敝國長崎縣的人。

那麽離敝國甚近哪。

不錯，離貴國很近。

閣下到敝國來，有幾年了？

我到貴國有三年了。

閣下在敝國三年，官話能説得這麽好，實在是聰明絶頂，佩服佩服。

承閣下過獎了，我這不過粗知大概，那兒就能説到會呢？

閣下的口音，與敝國人的口音，毫無差别。不是我當面奉承，像閣下這樣聰明的人，實在是罕見的。

那兒的①話呢。

閣下在此，是當甚麽差呢？

我現在是在此當繙譯官。

這好極了。偺們這兩下裏，時常有會辦的事件，若是有我不知道的，還要求閣下多指教。

豈敢豈敢，我這是初次當差，一切未諳，諸事還要請教閣下哪。

不敢當，偺們倒是常常的互相討論，彼此都可以有進益。

不錯，閣下所論甚是。請問閣下，是由甚麽出身？

我是由舉人揀發到此。

閣下揀發到此，有幾年了？

我到此不過纔一年多。

① 的：原作“説”，據《官話指南》(吴啓太、鄭永邦著，楊龍太郎出版，1903年)改。

閣下貴處是甚麼地方？

敝處是湖北江夏縣。

寶眷也在此麼？

我没攜眷來，因爲家母年邁，不耐舟車之苦，故不能同來，就是我隻身在此。

是。我到此，聽見我們領事官說，閣下在此，與各國官員往來交際，均甚水乳，實在令人欽佩。

那兒的話呢，我本不甚熟諳洋情，蒙上憲委派到此，幫辦交涉事件，不過以實心行實事。總望兩無猜疑，推誠相信，彼此自可融洽，這就是我的本意。

閣下常存此意，自然辦理妥當。我今日還要到別處拜客去，等底下我再到貴寓來，面領大教。倘閣下得暇時，請到敝館談一談去。

是，既蒙閣下不棄嫌，過一天，必要到貴館望看去。

豈敢，那麽我在敝館，恭候大駕就是了。

不敢當，閣下乘上走罷。

閣下留步罷，磕頭磕頭。

再見再見。

第十九章

今日我到府上來，是有一件事，奉懇老弟替我爲力。

兄台是有何吩咐？

是因爲我們舍親顧子恒，去年春天，借用令友秦寶臣一項銀子。新近秦寶臣索取此款，倆人言語不合，就吵鬧起來了。現在我聽見說，秦寶臣要和舍親搆訟，我因爲知道老弟和秦寶臣是莫逆之交，所以特來，求老弟出頭，給他們說合說合。

兄台知道，當初令親借銀子的時候，有中人没有？

我知道，有一個中人，名字叫高五，去年冬天已經去世了。

令親借用秦寶臣，是多少兩銀子？有利錢没有呢？

舍親借的是二百兩銀子，言明是分半利錢，立了一張借字兒，寫的是二年歸還,到現在纔一年半。前倆月秦寶臣告訴舍親説,他要置房子,等這項銀子用,他也不接利錢,要停利歸本。我們舍親説,一時不能歸本。秦寶臣叫我們舍親盡力湊辦就是了,然後也就散了。新近秦寶臣又到舍親家裏去,要立刻歸本。舍親説:“一時實難湊辦,總得再緩幾個月,纔能如數歸還哪,現在還是照舊按月給利錢就是了。”秦寶臣不依,定要歸本,不要利錢,因此倆人言語不合,就吵鬧起來了。現在我聽見説,秦寶臣要打官司。在舍親因爲没到約期,不能歸本,況且又不拖欠利錢,就是打了官司,也不算没理的事。不過是他有官差在身,若是一打官司,便要誤差的。所以我打算奉求老弟,給他們出來説合説合,叫他們兩下裏平安没事,那不好麽?

您打算叫我出頭,怎麽説合呢?

求老弟見秦寶臣,和他説一説,過兩個月,一準給他歸本就是了,現在還是按月給他利錢。倘屆期舍親不能歸本,都有我一面承管了。

既是如此,我明日就見寶臣和他説去就是了。

勞老弟的駕,等事完之後,我再帶舍親,給老弟道乏來。

豈敢豈敢。

第二十章

今日我們倆人,是專誠來拜望閣下。

勞二位的駕,請坐請坐。

閣下請坐。

你們二位怎麽稱呼?

我姓島,他姓井。

是幾時到的此處?

我們是昨日到的。

住在那兒了?

住在這東關德元店裏頭了。

閣下在敝國有幾年了?

我在貴國有四年了。

這位在敝國有幾年了？

他來了不過纔半年。

通曉敝國的語言麽？

他不通曉，還没學話哪。

你們二位，是到此處游歷來了，還是有公事呢？

没有公事，不過到此來游歷。

閣下是貴國甚麽地方的人？

我是敝國大坂府的人。

此公和閣下也是同鄉麽？

他和我不是同鄉，他是横濱人。

請問閣下，貴同鄉有一位姓福的，他原先在上海當繙譯官，閣下認識不認識？

是，認識。他和我們還是老世交了。

現在福公在貴國，是當甚麽差使呢？

他現時没在敝國，他自從由貴國回去之後，就奉命到英國去了。

那就是了。

閣下和福繙譯相好麽？

是，我們倆人至好。

閣下和他是在那兒認識的呢？

原先我在上海當委員的時候，我們倆認識的，結爲文字之交，最相契厚。趕後來福繙譯囘國去了，他到了長崎的時候，還給我來過一封信了。後來因爲我奉委到直隸來了，從此就踪跡渺茫了。如今聽閣下説，纔知道他奉命到英國去了。我這兩天修一封信，交給閣下，遇便求您給他帶到英國去。

可以的，我們還得在此住幾天了，閣下可以隨便寫得了，遣人送到店裏，交給我帶去就是了。

我這兩天，還要到貴寓囘拜你們二位去哪。

那我們實在不敢當。閣下公務甚忙，况且閣下既然是和福繙譯相好，偺們這更親近一層了，似不必拘此形跡。

那是該當的。

我們現在要告辭囘去了。

勞二位的駕。

那兒的話呢,閣下留步别送。

那麽我就從命,不遠送了。

豈敢,改日再會。

明治三十六年四月三十日印刷
明治三十六年五月三日發行
明治三十八年四月五日再版發行
明治三十九年三月三十日三版發行
明治四十年四月十日四版發行
明治四十二年一月三十日五版發行
明治四十二年九月五日六版發行
明治四十三年十一月十日七版發行
明治四十四年八月廿三日八版發行
大正二年三月廿九日九版發行
大正三年五月十五日十版發行
大正八年十月三十日第十五版發行
大正十四年五月一日二十版發行
大正十五年四月十日廿一版發行
昭和二年六月二十日廿二版發行
昭和三年六月一日廿三版發行

定價金壹圓八拾錢

著作者　鄭永邦
著作者　吴啓太
改訂者　金國璞
發行者　田中慶太郎　東京市本鄉區本鄉一丁目六番地

印刷者　大久保秀次郎　東京府荏原郡世田谷字下町五十番地
印刷所　株式會社東京築地活版製造所　東京市京橋區築地二丁目十七番地

發行所　文求堂書店　東京市本鄉區本鄉一丁目六番地
长電話小石川四八〇番
振替貯金口座二一八番

“早期北京話珍本典籍校釋與研究”
叢書總目録

早期北京話珍稀文獻集成

（一）日本北京話教科書匯編

《燕京婦語》等八種

華語跬步

亞細亞言語集

北京風土編·北京事情·北京風俗問答

伊蘇普喻言·今古奇觀·搜奇新編

四聲聯珠

官話指南·改訂官話指南

京華事略·北京紀聞

（二）朝鮮日據時期漢語會話書匯編

改正增補漢語獨學

高等官話華語精選

速修漢語自通

速修漢語大成

中語大全

修正獨習漢語指南

官話華語教範

無先生速修中國語自通

官話標準：短期速修中國語自通

“内鮮滿”最速成中國語自通

（三）西人北京話教科書匯編

尋津録

語言自邇集

官話類編

華語入門

漢英北京官話詞彙

漢語口語初級讀本·北京兒歌

北京話語音讀本

語言自邇集（第二版）

言語聲片

華英文義津逮

北京官話初階

（四）清代滿漢合璧文獻萃編

清文啓蒙
清話問答四十條
一百條·清語易言
清文指要
續編兼漢清文指要
庸言知旨
滿漢成語對待
清文接字·字法舉一歌
重刻清文虛字指南編

（五）清代官話正音文獻

正音撮要
正音咀華

（六）十全福

（七）清末民初京味兒小說書系

新鮮滋味
過新年
小額
北京
春阿氏
花鞋成老
評講聊齋
講演聊齋

（八）清末民初京味兒時評書系

益世餘譚——民國初年北京生活百態
益世餘墨——民國初年北京生活百態

早期北京話研究書系

早期北京話語法演變專題研究
早期北京話語氣詞研究
晚清民國時期南北官話語法差異研究
基於清後期至民國初期北京話文獻語料的個案研究
高本漢《北京話語音讀本》整理與研究
北京話語音演變研究
文化語言學視域下的北京地名研究
語言自邇集——19世紀中期的北京話（第二版）
清末民初北京話語詞彙釋